Lucien DESLINIÈRES

DÉLIVRONS-NOUS DU MARXISME

PARIS
FRANCE-ÉDITION
19, Rue Gazan (14e)

1923

DÉLIVRONS-NOUS

DU

MARXISME

AUTRES OUVRAGES DU MÊME AUTEUR

L'Application du Système collectiviste, fort volume de 528 pages, grand in-8° .... *épuisé*

Entretiens socialistes .... *épuisé*

Qu'est-ce que le Socialisme ? .... *épuisé*

La Société future .... *épuisé*

La Vie chère .... *épuisé*

Organisons-nous .... *épuisé*

Projet de Code socialiste, trois volumes, le premier épuisé, les deux autres librairie Marcel GIARD & Cᴵᵉ .... *prix, les deux* **10** fr.

Comment réaliser le Socialisme, librairie de *l'Humanité* .... *prix* **1 fr. 25**

Pour abolir la Souffrance humaine, librairie M. GIARD & Cᴵᵉ .... *prix* **6** fr.

Le Maroc socialiste, projet de colonisation socialiste au Maroc .... *prix, franco* **3** fr.

La France Nord-Africaine, étude critique de la colonisation anarchique pratiquée jusqu'à ce jour, projet de colonisation organisée (*voir à la fin du présent volume la notice consacrée à cet important ouvrage*) fort volume in-8° de 726 pages .... *prix, franco* **12** fr.

L'Association générale, base économique du socialisme. Programme de la Ligue pour la réforme économique et sociale .... *prix, franco* **1** fr.

Lucien DESLINIÈRES

DÉLIVRONS-NOUS DU MARXISME

PARIS
FRANCE-ÉDITION
19, Rue Gazan (14ᵉ)

1923

J'avais deux fils, rayonnants de jeunesse, de force, d'intelligence, de bonté : une mort prématurée me les a ravis.

Le premier a succombé à une fièvre contagieuse, une de ces maladies que la science reconnaît évitables, mais que la criminelle incurie d'une société inhumaine laisse se propager.

Le second est tombé dans une tranchée allemande.

Quand le Socialisme existera, on ne connaîtra plus ni les maladies évitables, ni les guerres, et la plupart des sources de la douleur humaine seront taries.

Je publie ce livre pour hâter, autant qu'il est en mon pouvoir, l'avènement du socialisme, afin d'épargner à des millions de pères et de mères les souffrances qui ont déchiré ma vie, et d'affranchir l'humanité du lourd tribut qu'elle paye au mal social.

L. D.

Juillet 1922.

PRÉFACE

Nécessité d'une simplification des connaissances humaines

Pourquoi cette thèse générale, en tête d'un ouvrage consacré spécialement à la critique du marxisme ?

Parce que le marxisme ne peut être isolé du milieu dans lequel il est né et s'est propagé, parce qu'il n'est que l'une des manifestations d'un état d'esprit morbide dont le monde souffre profondément et dont il continuerait à souffrir si, en faisant disparaître l'effet particulier, on laissait subsister la cause.

Le mal dont il étouffe, c'est l'hypertrophie scientifique. Expliquons-nous :

*** Bien qu'il ait été favorisé par les développements considérables de l'industrialisme, au cours de la seconde moitié du dix-neuvième siècle, le marxisme ne se serait jamais répandu dans la classe ouvrière du monde entier s'il ne lui avait été interprété et rendu accessible par des intellectuels.

Seuls, en effet, les cerveaux cultivés peuvent arriver à pénétrer la pensée de Marx dans la forme abstruse qu'il lui a donnée. Et à ceux qui y parviennent, il faut encore une grande force déductive pour en dégager des conséquences pratiquement intéressantes, qui n'apparaissent guère au premier examen.

Si des intellectuels, en nombre appréciable — bien qu'en infime minorité — se sont faits les champions et les vulgarisateurs de la doctrine marxiste, c'est que leur esprit était préparé aux méthodes de raisonnement par lesquelles elle est exposée. Il y était préparé par leur culture philosophique et scientifique.

Marx, qui était un puissant travailleur, avait étudié la philosophie, le droit, l'histoire, la littérature, les langues anciennes et modernes avant d'aborder l'économie politique.

En présentant ses thèses comme l'expression du socialisme *scientifique*, en leur donnant pour base principale une nouvelle philosophie de l'histoire, il devait impressionner les hommes d'une formation analogue à la sienne, séduire et entraîner les uns, obtenir au moins la considération des autres.

Ainsi, bien qu'il s'oppose nettement aux conceptions classiques de l'organisation sociale, le marxisme s'apparente à elles par ses origines. Il est issu de la même ambiance.

Et c'est pourquoi, s'il est aujourd'hui prouvé que le marxisme est beaucoup plus nuisible qu'utile et que l'avenir du socialisme exige son abandon, il est nécessaire qu'en même temps l'humanité se débarrasse de l'encombrant et lourd bagage de fausse science qu'elle traîne après elle, dont le marxisme ne constitue qu'une partie, et qui ralentit sa marche en avant au point de l'arrêter parfois tout à fait.

Essayons de ramener à ses termes les plus simples le problème humain qu'on a si fâcheusement compliqué :

L'homme existe sur la terre. N'allons pas nous demander comment il y est venu et s'il n'aurait pas mieux valu qu'il n'y vînt pas. Ce sont là des questions sans intérêt pratique. Tenons-nous-en au fait.

L'homme a des besoins qui, aux époques primitives, ont dû être purement physiques, mais auxquels, depuis, se sont ajoutés des besoins moraux.

L'homme est heureux s'il peut satisfaire ses besoins. Il souffre et meurt s'il ne le peut pas.

Donc, tout ce qui concourt à la satisfaction de ses besoins est bon ; tout ce qui l'empêche est mauvais ; tout ce qui, sans aller à l'encontre de la satisfaction de ses besoins, n'y contribue pas, est inutile ; tout ce qui est inutile est nuisible comme absorbant du temps et des forces qui pourraient être mieux employés.

Sur ces quelques vérités d'évidence, il est facile d'édifier une nouvelle classification des sciences ; elles se rangent d'elles-mêmes en deux catégories :

Celles qui augmentent le bien-être de l'homme,

Et celles qui le diminuent en occupant des intelligences et des bras ainsi détournés du but principal.

Ces dernières sont des sciences de luxe qui n'auront pas d'inconvénients lorsque l'humanité sera parvenue à s'affranchir entièrement des besoins matériels, mais qui, en attendant, sont une perte sèche pour le progrès.

Qu'on ne se hâte pas, sur les quelques lignes qui précèdent, de nous accuser d'un grossier utilitarisme excluant toute préoccupation élevée. Rien ne serait plus injuste, car au nombre des besoins moraux, dont la satisfaction est indispensable, nous n'hésitons pas à ranger toutes les jouissances esthétiques. L'homme moderne — et nous ne voulons pas retourner aux temps barbares — ne vit pas seulement de pain ; il ne peut se passer d'une nourriture spirituelle.

Tout ce qui orne et ennoblit sa pensée, tout ce qui excite son admiration, tout ce qui épure son goût, tout ce qui fortifie son jugement, tout ce qui trempe son caractère, tout ce qui le porte à la bonté, tout ce qui lui cause un plaisir, tout ce qui berce et dissipe ses chagrins, tout ce qui le distrait et l'amuse, tout cela ne saurait être amoindri sans que la vie lui devienne intolérable.

Mais il est des branches de la connaissance humaine qui, manifestement démuées de ce qui peut embellir l'existence, ne peuvent se justifier que par leur utilité matérielle. Et s'il est reconnu qu'elles sont absolument stériles et nuisent à la croissance des fleurs et des fruits sur les autres branches, en leur retirant une partie de la sève nourricière, il faut absolument les retrancher.

Or, depuis que les bûchers de l'Inquisition se sont éteints, l'arbre de la science a pu, sans être jamais émondé, étendre librement ses ramifications, toujours plus larges, plus hautes et plus touffues. Chaque pousse des branches mères a donné naissance à de nouveaux rejets qui, à leur tour, en engendrent d'autres. L'arbre est devenu forêt et ses frondaisons immenses étendent au loin leur ombre sur la plaine.

Un Aristote, un Léonard de Vinci, un Pic de la Mirandole possédaient l'intégralité des connaissances de leur temps. Aujourd'hui, quel cerveau serait assez puissant pour les contenir ? On ne peut arriver à en toucher le fond, sur un seul ou sur quelques points, qu'en sacrifiant les autres. Et c'est pourquoi nos plus grands savants ne sont que des spécialistes.

Sans doute, cela est inévitable, et nul ne peut songer à faire rétrograder la science au point où la spécialisation a commencé. Mais la spécialisation n'en entraîne pas moins de graves inconvénients, en ce sens qu'elle affaiblit la faculté d'embrasser une situation dans son ensemble et de s'élever à la conception des idées générales. On ne saurait s'exagérer les maux qui en résultent.

Ainsi la France, ruinée par la guerre, aurait besoin pour se relever du concours actif de tous ses enfants, et surtout des plus instruits. Elle compte heureusement par milliers les hommes remarquables. Mais chacun d'eux continue à exercer son activité dans le cadre où il la renfermait avant la guerre, sans concourir directement à l'œuvre de salut national, sans même, le plus souvent, s'en préoccuper beaucoup. Que cependant le gouvernement ait besoin d'éclaircir une question particulière, il trouvera, pour l'assister, toutes les compétences désirables. Mais qu'il pose le problème total et provoque une solution d'ensemble, impliquant la refonte plus ou moins complète de nos institutions, qui lui donnera un avis vraiment autorisé, qui fera entendre, au-dessus des clameurs de l'intérêt privé, la puissante voix de la vérité éternelle ?

Pourtant, ce qui importe avant tout, ce sont les principes fondamentaux, puisque les détails en dépendent. Ce sont eux qu'il faut déterminer en premier lieu, puisqu'ils constituent la base de toute reconstruction. Et la cause de l'impuissance où se débattent les gouvernements depuis le retour de la paix, c'est qu'ils suivent la méthode contraire en prétendant résoudre isolément des difficultés solidaires et enchevêtrées.

La science synthétique leur manque, et c'est elle qui donne au véritable homme d'Etat des vues supérieures. Cependant elle n'exige pas plus d'intelligence qu'il n'en faut à un de nos savants pour s'élever au premier rang dans sa spécialité. Mais elle ne peut s'acquérir que par une préparation laborieuse, incompatible avec l'étude approfondie d'autres branches de la science.

******* Non seulement la spécialisation a tué les idées générales, mais elle a tué l'idée. A force de rétrécir son horizon en limitant ses recherches à un petit nombre d'objets, le savant moderne en arrive à perdre de vue le but essentiel de la science, qui est d'améliorer les conditions d'existence de l'homme. Cantonné dans son étroit domaine, n'en franchissant jamais les limites pour entrer en rapports avec ses voisins et travailler en liaison avec eux, dans l'intérêt public, il ne trouve presque plus l'occasion d'exercer ses facultés pensantes, et c'est pourquoi elles s'atrophient. L'habitude d'observer éteint peu à peu celle de réfléchir. La constatation se substitue au raisonnement, l'analyse à la synthèse, le fait à l'idée.

Sur ce point, ouvrons une parenthèse : l'idée abstraite, c'est-à-dire détachée des réalités, n'a aucune valeur pratique. Seule l'idée basée sur les faits est féconde. Mais les faits non fécondés par l'idée ne portent pas de fruits. Il ne faut donc jamais séparer le fait de l'idée, ni, à plus forte raison, éliminer l'idée et proclamer que le fait se suffit à lui-même.

Pour les sciences physiques et naturelles, dont l'objet est la détermination des lois qui régissent la matière, on conçoit bien que la plus grande place soit laissée à la précision des faits. Ce qui est inadmissible, c'est que cette méthode soit étendue aux sciences sociales.

Et c'est à cela, cependant, qu'on en est arrivé.

Ouvrons au hasard quelques-unes des nombreuses publications consacrées à la sociologie : nous n'y trouverons que des constatations, des documents, des descriptions, des monographies, des compilations. Les quelques thèses qui s'y rencontrent de loin en loin tendent à justifier cette prépondérance donnée aux faits en démontrant que, dans l'accomplissement des événements, le rôle de l'idée est nul. La plus puissante conception d'un cerveau génial n'aboutit à rien, dit-on. Par contre, le moindre fait spontané présente un intérêt. On ne le discute pas, on ne se demande pas s'il est bon ou mauvais : on l'enregistre et on attend.

S'il prend consistance et devient un élément appréciable de la vie sociale, on redouble d'attention pour les manifestations auxquelles il donne lieu. Les uns redoutent sa généralisation qui peut bouleverser l'ordre existant, les autres la souhaitent comme l'unique moyen, selon eux, de produire ce bouleversement. Tous reconnaissent son importance. Aucun ne paraît songer que l'avenir peut se fixer dans une toute autre direction, ni, par conséquent, essayer de la découvrir.

Certes, tout organisme nouveau qui surgit a sa raison d'être et s'il se développe, c'est qu'il présente un intérêt pour ses adhérents. Il se peut que cet intérêt soit durable ; mais il se peut aussi qu'il soit momentané. Il se peut qu'il corresponde à l'intérêt général, mais il se peut aussi qu'il lui soit contraire.

Il ne suffit donc pas qu'un courant se produise pour qu'on doive s'y jeter ; il faut d'abord chercher à savoir où il aboutira. Mais pour cela, il faudrait raisonner, et la raison est proscrite comme sans action sur les faits.

Les faits se déterminent eux-mêmes, dit-on, sans que la volonté humaine puisse en troubler le cours. Et ce n'est pas seulement la volonté isolée qui est impuissante, mais la volonté collective érigée en loi. On professe, en effet, que la loi doit se borner à consacrer un état de faits antérieur et qu'elle est inopérante lorsqu'elle prétend innover.

Ainsi le culte du fait et le mépris de l'idée aboutissent au pur fatalisme et ne laissent aucune place à l'action. Il n'y a plus qu'à se croiser les bras.

Faut-il réfuter de telles absurdités ? Non. Il n'y a qu'à les dénoncer au tribunal du sens commun qui, tôt ou tard, en fera justice. Mais en attendant, elles sont dominantes, et, selon nos sociologues, constituent ce qu'on appelle *l'esprit scientifique*.

*** Nos savants spécialisés sont en général des conservateurs sociaux, parce que leur situation personnelle les met à l'abri de la misère et que, d'autre part, absorbés par l'étude, ils ne songent guère à ce qui peut se passer dans les bas-fonds où s'agitent les déshérités. Pourtant certain d'entre eux, moins égoïstes ou mieux renseignés, comprennent vaguement que de profondes transformations sont nécessaires. Mais leur attention distraite ne va pas jusqu'à pousser bien avant l'étude de ces questions. Ils trouvent plus simple de s'arrêter aux faits et d'en suivre les développements.

Les deux grands mouvements ouvriers qui ont marqué la seconde moitié du dix-neuvième siècle : la coopération et le syndicalisme, leur paraissent dignes d'intérêt, à raison de la place qu'ils ont prise.

Ni l'un ni l'autre n'a pour point de départ une de ces idées haïssables dont « l'esprit scientifique » se refuse à tenir compte : la coopération est née du fait que des consommateurs groupés pour faire leurs achats à une maison de gros payent moins cher que s'ils s'adressaient séparément au commerce de détail ; le syndicalisme, non moins simpliste, repose sur cet autre fait que des ouvriers unis pour discuter avec le patron les conditions du travail ont beaucoup plus de chances de faire prévaloir leurs revendications que s'ils agissaient individuellement. Il n'y a dans tout cela pas ombre d'idéologie. Aussi la sympathie de la fraction avancée de nos corps savants va-t-elle à l'un ou à l'autre de ces deux mouvements.

Par contre, elle va beaucoup moins au socialisme, que ses bases critiques et doctrinales rendent suspect. Avec lui, il faut remuer des idées, dégager des conclusions, tandis qu'avec les autres il suffit d'observer en curieux. L'école marxiste réunit pourtant quelques adhésions, parce qu'elle dénie toute valeur à l'idée et envisage l'avenir comme la résultante fatale des faits passés et actuels.

Si tout sens critique n'était pas aboli chez les partisans de la souveraineté des faits, ils comprendraient que le triomphe définitif de la coopération exclut celui du syndicalisme et inversement, puisque ces deux organisations pratiquent des méthodes complètement différentes. Donc l'une au moins, est appelée à disparaître sans laisser de traces. Laquelle ? On ne sait. Et pourquoi ne disparaîtraient-elles pas toutes les deux ? Pourquoi l'avenir ne serait-il pas dans une troisième voie ?

Il suffit que cette question puisse se poser pour ramener les faits à leur juste valeur. Quelle que soit la place occupée par certains d'entre eux, on ne peut dire d'aucun avec certitude qu'il est destiné à devenir le principal agent de la transformation sociale. Ce rôle est réservé à un seul qui peut être encore inconnu.

Au lieu de se mettre passivement à la remorque des faits, il faut donc les assujettir au contrôle de l'idée, s'efforcer de déterminer ce qu'ils peuvent contenir d'éléments utilisables pour l'amélioration du sort de l'humanité, et selon l'opinion qu'on s'en sera formée par une sérieuse étude, les seconder ou les combattre.

Certes, la vérité la plus éclatante, si elle n'a germé que dans un seul cerveau, ne peut prévaloir immédiatement contre une erreur ancrée dans l'esprit de la foule. Mais il vient un jour où l'erreur tombe d'elle-même et alors la vérité s'impose à tous.

Il est donc absurde de nier l'efficacité de l'idée en proclamant la toute puissance du fait. Dans les conflits qui peuvent s'engager entre l'idée et le fait, la première reste toujours victorieuse si elle est juste et raisonnable. Elle peut être longtemps méconnue ; mais le dernier mot lui appartient.

La thèse déterministe que les idées dérivent des faits n'a rien de contradictoire avec ce qui précède, car de ce que toute idée a sa source dans le milieu où vit celui qui l'a conçue et dans le milieu antérieur, il ne s'ensuit nullement qu'une fois jetée dans la circulation elle ne puisse exercer une influence modificatrice sur l'avenir. Il faut fermer les yeux à l'histoire et abdiquer sa conscience d'homme pour nier la force de l'idée, et il est inouï que, par l'effet de la spécialisation croissante, la science moderne en soit arrivée, sinon à proclamer ouvertement une telle hérésie, du moins à agir comme si elle la tenait pour vraie.

*** L'abaissement de l'idée entraîne l'abaissement des caractères, car le caractère consiste précisément à s'attacher avec force à une idée qu'on croit juste, et à lui sacrifier même ses intérêts, même sa vie.

Dans nos sociétés modernes où les brillants esprits fourmillent, on ne trouve presque plus de caractères ; ils sont particulièrement rares parmi les hommes politiques. Jadis, on avait une foi, des convictions pour lesquelles on luttait. Aujourd'hui on considère comme une tare chez un homme d'Etat d'avoir des vues arrêtées et de les défendre obstinément. Pour être jugé digne des fonctions gouvernementales, il faut avoir une grande connaissance des hommes et des choses, de l'habileté, du savoir-faire, de la souplesse, être capable de s'adapter à toute situation, de s'inspirer des circonstances, et selon le côté d'où souffle le vent, de brûler ce que, la veille, on adorait.

Il n'y a donc plus de principes, plus d'idéal, et, par suite, il n'y a plus de partis, mais des groupements d'intérêts privés qui se disputent le pouvoir en vue des avantages personnels qu'il assurera à leurs membres. La solution de tels conflits est toujours au détriment de l'intérêt général.

Nos politiciens modern-style pourront trouver que les choses vont fort bien ainsi et regarder avec mépris les vieilles barbes qui en sont toujours à l'antique conception des devoirs de l'homme public ; l'histoire impartiale flétrira un jour la corruption du temps présent et dira qu'il fut une de ces périodes de décadence qui précèdent la fin des empires ou des régimes.

*** Tout se tient dans la vie, et l'affaiblissement de l'idée a eu une funeste répercussion sur la littérature. Jamais on n'écrivit ni on ne lut autant. Mais jamais le niveau de la production intellectuelle ne fut aussi bas. Si Voltaire a dominé le XVIIIe siècle et Victor Hugo le XIXe on cherche en vain de nos jours, quel nom citer à la place de ces géants. Nul n'émerge au-dessus du niveau de la médiocrité. La mièvrerie a remplacé la puissance. Ni l'esprit ni l'éloquence ne sont diminués, pourtant ; mais la pensée a disparu. Pour nous tenir lieu des œuvres de haute envergure, qui éclairaient l'humanité comme des phares, nous allumons des milliers de chandelles. Impuissants à créer, nos écrivains ne savent que commenter, analyser, critiquer, interpréter. Et quand ils ne trouvent plus rien à dire sur les œuvres célèbres, ils s'en prennent à leurs auteurs, recherchent, pour les décrire longuement, les moindres particularités de leur vie, examinent à la loupe leurs manuscrits et jusqu'à leurs brouillons pour y découvrir des bizarreries ou des fautes et en faire l'objet de réflexions puériles autant qu'interminables. Quant au théâtre, peut-on citer une pièce moderne, une seule qui mérite de passer à la postérité ?

*** Il faut donc remettre l'idée en honneur, lui restituer sa légitime prépondérance, sans cependant abandonner la spécialisation des connaissances, bien qu'elle soit la cause principale de son recul, mais qu'il faut considérer comme l'inévitable rançon du progrès.

On pourrait toutefois tenter d'arracher les savants à ce qu'il y a d'excessif dans leurs habitudes de spécialisation en exigeant d'eux une participation régulière à la vie sociale, une contribution à l'étude des grands problèmes d'ordre général qui, aujourd'hui, leur sont presque totalement étrangers. Par exemple on pourrait les réunir dans un Institut qui serait appelé à donner son avis sur les questions soumises à son examen et même à formuler de sa propre initiative, les solutions qu'il croirait utiles. De cette façon on amènerait les savants à consacrer une fraction de leur temps à l'intérêt public, au lieu de l'absorber entièrement dans leurs travaux spéciaux. Le même but pourrait également être poursuivi par d'autres moyens.

Mais le plus nécessaire est d'envisager nettement l'abandon de toutes les branches de la connaissance qui ne concourent pas directement à améliorer et à embellir l'existence de l'homme.

Évidemment on ne pourra pas empêcher quiconque aura du goût pour les études abandonnées de s'y livrer personnellement et de publier les ouvrages qu'il pourra leur consacrer. Mais si on retranche les sciences inutiles de l'enseignement public, si leur culture cesse de constituer une carrière, si l'on ne farcit plus les jeunes cerveaux de leur fatras encombrant, leur source se tarira peu à peu.

La question est d'établir une distinction bien précise entre les sciences à conserver et celles à éliminer.

Il y aurait quelque puérilité à en dresser la liste complète et à en faire le classement motivé.

D'ailleurs, les limites qui les séparent les unes des autres sont, presque toujours, si incertaines, leur nombre est si variable, le désaccord est si grand entre savants pour accorder ou refuser la qualité de science à quelques-unes d'entre elles, qu'il serait imprudent de s'aventurer sur ce terrain mouvant.

D'autre part, il est rare qu'une science soit à rejeter entièrement. En général, toutes ont une raison d'être et ne deviennent nuisibles que par les développements infinis dans lesquels elles vont se perdre.

Il suffit donc de poser la règle simple qu'il faut écarter des programmes d'enseignement tout ce qui n'est pas utile à l'humanité et d'en préciser la portée par quelques exemples.

On voit immédiatement que toutes les sciences mathématiques, physiques et naturelles sont à conserver sans restriction. Les premières sont indispensables à l'intelligence des autres, dont les applications permettent à l'homme de pourvoir à ses besoins matériels et de se défendre contre les maladies. Leur utilité n'est pas discutable.

Pour les raisons énoncées plus haut, il n'y a pas davantage à toucher aux arts, bien qu'on puisse émettre le vœu platonique d'opposer une digue au flot des non-valeurs qui monte sans cesse et de restreindre la production artistique aux œuvres d'une véritable beauté.

Par contre, toutes les branches de l'archéologie doivent subir de notables amputations. Le passé est un gouffre sans fond où l'on peut faire indéfiniment des découvertes. Mais le plus grand nombre ne présentent aucun intérêt pour le présent et l'avenir et ne servent qu'à satisfaire quelques curieux et quelques maniaques. Il faudrait limiter les recherches aux objets d'une utilité réelle.

La même observation s'applique à l'histoire. Poussée trop loin, elle tombe dans des détails fastidieux. A quoi bon s'en charger le cerveau ?

Elle s'applique également à la linguistique et à la philologie qui perdent tout intérêt si elles étendent trop leur domaine.

Dans la littérature, il faut distinguer l'enseignement et la production.

Le premier gagnerait à être fort simplifié : on ne devient pas un bon écrivain en étudiant la rhétorique, mais en lisant les grands auteurs, et ces lectures se font en dehors de l'école. Chacun les règle selon sa capacité, ses goûts et ses facultés de travail et en profite dans la mesure de ses dons naturels.

Quant à la production, qui, pour la plupart des auteurs, n'est qu'un gagne-pain, il est difficile de la restreindre sous un régime démocratique et individualiste qui, en distribuant assez libéralement l'instruction, n'assure des moyens d'existence à personne. Du temps de Voltaire, la littérature était déjà un métier : « Faites des romans, disait un bel esprit à un jeune marquis ruiné ; c'est une excellente ressource à Paris. » C'est une maigre ressource aujourd'hui. Mais mieux vaut manger maigre que pas du tout. Le malheur c'est que cette littérature mercantile corrompt de plus en plus l'esprit public et étouffe sous son pullulement les ouvrages de valeur.

Seul le socialisme, en donnant à chacun une situation en rapport avec ses aptitudes et toujours bien rétribuée, arrachera au pis aller littéraire le plus grand nombre de ses victimes. Et, dût-il restreindre la liberté d'écrire, lorsqu'elle se traduit par des insanités, il ne permettra la publication que des livres qui en vaudront la peine. Alors seulement le problème sera résolu.

***** Le droit est sans contredit l'une des sciences les plus encombrantes. Ses grandes divisions : droit civil, droit commercial, droit criminel, droit administratif, droit international, font autant de mondes à part, et on s'effraye de penser qu'elles comprennent des subdivisions dont chacune suffit pour meubler un cerveau.

Ainsi il y a des jeunes gens qui se consacrent à la carrière de l'enregistrement. Elle les absorbera entièrement. Ils auront à s'assimiler le contenu de vastes bibliothèques affectées exclusivement à cette matière. Et admirez quel degré de certitude cette culture introduira dans leur esprit : si vous interrogez sur un point litigieux plusieurs contrôleurs, receveurs ou directeurs de l'enregistrement, vous aurez autant d'avis différents que de consultations !

Le droit, dans les conditions où il est enseigné et appliqué, est d'ailleurs, avec la philosophie dont on parlera tout à l'heure, la science la plus propre à fausser le jugement. En effet, pour chaque cas à résoudre, le magistrat décide, non d'après ses lumières propres, mais d'après la loi écrite. Et comme la loi ne saurait tout prévoir et qu'elle se borne à poser des règles générales, il faut recourir, pour l'interpréter, à la jurisprudence. Le malheur, c'est qu'il ne se trouve jamais deux espèces absolument identiques et qu'une décision équitable pour l'une sera pour l'autre, malgré leur analogie apparente, absolument injuste.

En dehors de la jurisprudence, il y a bien la doctrine ; mais comme les auteurs sont rarement d'accord, les juges en reviennent plus volontiers à leur jurisprudence, qui les dispense d'avoir du discernement, couvre leurs bévues et rassure leur conscience, pour autant qu'elle soit inquiète.

Les principes essentiels du droit sont souvent justes et élevés ; mais dans la pratique l'esprit est sacrifié à la lettre, et comme on fait dire tout ce qu'on veut à un texte en le torturant, les tribunaux, serviteurs de l'autorité établie, en arrivent, au nom du droit, à donner à l'équité d'effroyables entorses :

> Selon que vous serez puissant ou misérable,
> Les jugements de cour vous rendront blanc ou noir

écrivait le bon La Fontaine.

« Si on m'accusait d'avoir volé les tours de Notre-Dame, je commencerais par passer la frontière », déclarait le président de Harlay.

« On trouve toujours un article de loi quand on veut condamner quelqu'un », disait un procureur général à l'auteur de ce livre.

Quand deviendra-t-il possible de reléguer au grenier ou d'utiliser comme combustible l'amoncellement énorme des lois, de la doctrine et de la jurisprudence et d'instituer une justice plus simple et plus vraie ?

Seulement — c'est de toute évidence — après une transformation sociale qui aura sinon totalement supprimé, du moins restreint aux objets mobiliers à usage personnel la propriété privée. Car c'est pour la défendre contre « le vol et l'iniquité » que cet arsenal de lois, décrets, règlements, avec tout ce qui s'ensuit, a été créé. C'est elle qui introduit dans les rapports sociaux ces complications inextricables et ces difficultés sans cesse renaissantes.

Sous le régime actuel, il est nécessaire, pourtant, de sauvegarder la propriété, puisqu'elle est l'unique garantie d'existence de ses possesseurs. Mais dans une société solidaire, qui prendrait en charge la satisfaction des besoins de tous ses membres, de leur naissance à leur mort, et les couvrirait des pertes accidentelles qu'ils pourraient éprouver, tout cela en échange de leur participation au travail commun pendant leur période de validité, la propriété privée, l'entreprise privée n'auraient plus aucune raison d'être et il n'y aurait nul inconvénient à l'abrogation des lois qui en assurent le respect.

Jusqu'à ce que la solidarité, vain mot, mensonge dérisoire aujourd'hui, devienne effective, il ne faut pas espérer que notre droit soit sérieusement simplifié. Mais il est satisfaisant de penser qu'il le sera un jour.

On peut en dire autant de l'aride science financière dont les représentants les plus autorisés sont réduits, par les événements actuels, à avouer leur impuissance, ainsi que de l'économie politique officielle, presque aussi envahissante que le droit, et dont les faux principes sont mis à néant par l'évolution des modes de production, de transport et d'échange. Toutes ces vieilleries désuètes ne seront définitivement mises au rancart que par le socialisme. Que le lecteur nous pardonne une affirmation aussi catégorique, dont les preuves ne peuvent se placer ici. Il les trouvera, très complètes, dans les volumes qui suivront.

*** Mais il est une branche des connaissances humaines sur laquelle, dès à présent, on pourrait si on le voulait, porter la hache et elle occupe une telle place que son ablation apporterait déjà une atténuation sensible au surmenage intellectuel qui nous accable : nous voulons parler de la philosophie, avec son inséparable compagne la métaphysique.

En quoi tous les systèmes de philosophie ont-ils été utiles à l'humanité ? Le fait seul qu'ils s'opposent les uns aux autres suffit à prouver le néant de tous. Confinés dans l'abstraction, ils n'ont avec la réalité aucun contact. Ils égarent la raison au lieu de la guider, car, même lorsque la base de leurs interminables argumentations est juste, il suffit qu'à un moment donné ils fassent une erreur, si minime soit-elle — et comment n'en pas commettre, dans de telles subtilités ? — pour que la déviation s'élargisse à l'infini.

Souvent aussi nos philosophes accumulent des montagnes de dialectique pour démontrer des choses évidentes. A quoi bon ce verbiage, grands dieux ? Et quels ravages on cause ainsi dans les intelligences ! Penser que, depuis trois siècles, on apprend à nos écoliers à admirer l'inepte : « Je pense, donc je suis », de Descartes, qui admet qu'un sage doit commencer par douter de sa propre existence !

Ces graves insanités, ces solennelles sottises, ont été couvertes d'un éternel ridicule, et devraient avoir été mises à néant par l'ironie acérée du grand Molière, dans son immortel *Mariage forcé*. Comment ceci n'a-t-il pas tué cela ? Il suffit d'en rappeler deux scènes célèbres pour ne rien avoir à ajouter.

On sait que « le seigneur Sganarelle, qui n'a que cinquante-deux ou cinquante-trois ans », a dessein d'épouser la jeune et belle Dorimène ; mais quelques indices lui font redouter « la disgrâce dont on ne plaint personne » et il va consulter à ce sujet deux philosophes ses voisins.

L'un est disciple de Pyrrhon ; il doute de tout, et lorsque Sganarelle lui dit : « Seigneur Marphurius, je suis venu... »

Il l'interrompt par ces mots :

— Changez, s'il vous plaît, cette façon de parler ! notre philosophie ordonne de ne point énoncer de proposition décisive, de parler de tout avec incertitude, de suspendre toujours son jugement. Et par cette raison, vous ne devez pas dire : je suis venu, mais : il me semble que je suis venu.

— Il me semble, s'écrie le bon Sganarelle stupéfait.

— Oui.

— Parbleu ! il faut bien qu'il me le semble, puisque cela est.

— Ce n'est pas une conséquence, et il peut vous le sembler sans que la chose soit véritable.

— Comment ? il n'est pas vrai que je suis venu ?

— Cela est incertain et nous devons douter de tout.

— Quoi ? je ne suis pas ici et vous ne me parlez pas ?

— Il m'apparaît que vous êtes là, et il me semble que je vous parle, mais il n'est pas assuré que cela soit.

— Eh ! que diable ! vous vous moquez. Me voilà et vous voilà bien nettement. Laissons ces subtilités, je vous prie et parlons de mon affaire. Je viens vous dire que j'ai envie de me marier.

Mais c'est en vain que le pauvre Sganarelle, déconcerté, s'efforce de ramener son interlocuteur au fait qui l'intéresse et lui expliquer ses désirs et ses craintes. L'autre, imperturbable, lui répond par des : « Je n'en sais rien, il peut se faire, il n'y a pas d'impossibilité, la chose est faisable », si bien qu'à la fin, Sganarelle, exaspéré, lui applique une volée de coups de bâton. Voilà notre sceptique guéri. Les coups de bâton n'ont pour lui rien d'hypothétique. Mais Sganarelle, vengé, lui fait la leçon à son tour :

— Seigneur Marphurius, changez, s'il vous plaît, cette manière de parler ; nous devons douter de toute chose et vous ne devez pas dire que je vous ai battu, mais qu'il vous semble que je vous ai battu. »

Ah ! la belle revanche du clair esprit et du bon sens français sur le galimatias philosophique ! Il y a plus de lumière et de force démonstrative dans ces coups de bâton que dans cent in-folios de métaphysique.

L'autre philosophe, le docteur Pancrace, est disciple d'Aristote. Il entre en scène fort en colère contre un ignorant qui lui a voulu soutenir une proposition détestable, condamnable, abominable, à savoir qu'il faut dire « la forme d'un chapeau » alors qu'Aristote professe qu'il faut dire « la figure d'un chapeau ».

Sganarelle a beaucoup de peine à le calmer, et ce n'est qu'après bien des détours qu'il parvient à dire à son irascible voisin qu'il est venu le consulter sur une petite difficulté.

— Ah ! ah ! s'écrie le docteur, sur une difficulté de philosophie, sans doute ?

— Pardonnez-moi : je...

— Vous voulez peut-être savoir si la substance et l'accident sont termes synonymes ou équivoques à l'égard de l'Etre ?

— Point du tout. Je...

— Si la logique est un art ou une science ?

— Ce n'est pas cela. Je...

— Si elle a pour objet les trois opérations de l'esprit, ou la troisième seulement ?

— Non. Je...

— S'il y a dix catégories ou s'il n'y en a qu'une ?

— Point. Je...

— Si la conclusion est de l'essence du syllogisme ?

— Nenni. Je...

— Si l'essence du bien est mise dans l'appétibilité ou dans la convenance ?

— Non. Je...

— Si le bien se réciproque avec la fin ?

— Eh ! non. Je...

— Si la fin peut nous émouvoir par son être réel ou par son être intentionnel ?

— Non, non, non, non, non, de par tous les diables, non.

— Expliquez donc votre pensée, car je ne puis pas la deviner.

Et pendant que Sganarelle s'efforce d'expliquer sa pensée, Pancrace, sans l'écouter, entreprend un beau discours sur la parole qui « a été donnée à l'homme pour exprimer sa pensée ».

Dira-t-on que Molière a mis dans la bouche de ses personnages des propositions grotesques de son invention pour ridiculiser la philosophie ? Nullement. Les questions que pose le docteur Pancrace étaient bien en réalité celles qui, à son époque, soulevaient entre les diverses sectes des controverses passionnées. Et qui donc oserait soutenir que celles qu'on discute aujourd'hui sont beaucoup moins absurdes ?

Ce n'est pas qu'il n'y ait quelque chose à prendre dans ce fatras pédantesque. Réduite à un petit nombre de règles simples, la philosophie pourrait avoir une certaine utilité pratique, si tant est que la sagesse enseignée à l'école détermine ensuite les actes de ceux à qui elle a été inculquée. Mais à cet égard aussi, Molière a pris soin de nous enlever toute illusion dans le *Bourgeois Gentilhomme*, où l'on voit le maître de philosophie de Monsieur Jourdain haranguer son maître d'armes, son maître de musique et son maître à danser sur les dangers de la colère :

— Eh quoi, messieurs, faut-il s'emporter de la sorte ? Et n'avez-vous point lu le docte traité que Sénèque a composé de la Colère ? Y a-t-il rien de plus bas et de plus honteux que cette passion qui fait d'un homme une bête féroce ? et la raison ne doit-elle pas être maîtresse de nos mouvements ?... Un homme sage est au-dessus de toutes les injures qu'on peut lui dire ; et la grande réponse qu'on doit faire aux outrages, c'est la modération et la patience.

Mais un moment après, comme l'orateur, en dépit de la modération qu'il prêche, parle avec mépris de la profession de ses interlocuteurs, ceux-ci lui répondent par des injures, et oubliant aussitôt sa leçon de tout à l'heure, notre philosophe se jette sur eux et ils lui rendent ses coups avec usure.

Combien ce trait du grand satirique est profond ! Quand une passion violente domine l'homme, les préceptes qu'il a pu apprendre ne l'empêchent jamais de s'y livrer. A quoi bon dès lors se farcir l'esprit de maximes et de raisonnements qui, au moment critique, ne seront d'aucun poids ?

Toutefois, gardons-nous d'exagérer. Rien n'est absolu ; et si la philosophie s'était bornée à poser quelques principes de morale comme celui de Kant : « Agis toujours de telle sorte que les maximes de ta conduite puissent être érigées sans contradiction en règles universelles », on aurait mauvaise grâce à lui chercher chicane. Mais elle ne sait jamais se limiter à ce qui est simple et utile ; dans sa rage de vouloir toujours prouver ce qui est évident et éclaircir ce qui est limpide, elle s'embarque et se perd constamment sur l'océan sans bornes de la métaphysique. Par exemple quand on songe que les œuvres de Kant ont fait l'objet de trois ou quatre mille volumes de commentaires, n'est-on pas fondé à dire que messieurs les philosophes abusent de notre patience ?

Outre la morale, il y a quelques questions de pure philosophie dont la solution présente un intérêt pratique, comme celle du libre arbitre, car cette solution est la base du droit pénal. En effet si l'homme est libre, il est responsable et on doit le punir du mal qu'il fait. Si au contraire sa raison est déterminée par des causes indépendantes de sa volonté, il est irresponsable et il faut simplement le mettre dans l'impossibilité de nuire. Mais une vingtaine de pages suffiraient à traiter ce problème si on ne le compliquait pas à l'infini.

En somme, ramenée à ce qui est directement utile à l'homme, la philosophie pourrait tenir dans les sciences une place honorable. Ce sont ses amplifications démesurées qui la rendent haïssable et ce sont elles qu'il faut retrancher.

Nous avons depuis longtemps banni de nos chaires la vaine scolastique du moyen âge avec ses éternelles querelles des « nominaux » et des « réalistes » sur la question de savoir « s'il n'y a de réel que l'individu » ou « s'il n'y a de réel que l'universel » et autres sujets non moins palpitants. Nous haussons les épaules avec mépris en nous rappelant qu'au moment où Mahomet II plantait l'étendard du Croissant sur les murs de Byzance, les Romains dégénérés du Bas-Empire se disputaient avec fureur sur des points comme : la lumière du Thabor était-elle créée ou incréée ? Le Saint Esprit procède-t-il du Père par le Fils ou du Père et du Fils ? Mais la philosophie moderne, qui, a dit Victor Cousin, est fille de la scolastique, fait-elle beaucoup mieux ?

Par ses développements abusifs, elle absorbe et stérilise des intelligences qui, mieux employées pourraient servir utilement l'humanité. Elle fait pis encore. Par son inévitable réaction sur les autres sciences, elle fausse le jugement, même de ceux qui ne s'y sont pas exclusivement consacrés. C'est elle principalement, avec la spécialisation, qui a engendré le faux esprit scientifique signalé plus haut. C'est sous l'influence de ses sophismes que s'est établie, entre les sciences positives et les sciences morales, une assimilation injustifiée dont la conséquence a été d'appliquer à celles-ci les méthodes d'observation et de recherche employées avec fruit par celles-là, alors que les unes et les autres, étant de natures tout à fait différentes, devaient se servir des méthodes propres à chacune. Et c'est ainsi qu'au lieu de se tenir sur le terrain de l'idée se dégageant des faits pour les déterminer ensuite, les sciences morales se bornent à enregistrer les faits en déniant toute valeur à l'idée.

*** Le marxisme est sorti de cette aberration. Nous allons maintenant l'étudier spécialement et montrer son rôle néfaste.

CHAPITRE PREMIER

Généralités

Les socialistes qui ont précédé Karl Marx justifiaient leur doctrine en démontrant que le socialisme est une forme d'organisation sociale supérieure aux autres et que son avènement, en marquant la fin des injustices dont souffrent les déshérités, ouvrirait à l'humanité une ère de régénération matérielle et morale où elle trouverait toute la somme de bonheur qu'elle peut atteindre.

Faire entrer dans les cerveaux éclairés, par une active propagande, la conviction que le socialisme serait le souverain remède aux maux qui affligent les hommes, il semble bien que ce soit, en effet, le plus court et le plus sûr chemin à suivre pour le réaliser.

Karl Marx a changé tout cela et a enseigné le socialisme par une méthode toute nouvelle.

La justice, la vérité, le droit, la fraternité ne sont pour lui, selon l'expression de son *alter ego* Frederich Engels, que des « marottes idéalistes » négligeables, ou, selon l'expression de Paul Lafargue, son gendre, que des « blagues bourgeoises », voire des « grues métaphysiques ».

A leur place, il a prétendu donner pour base au socialisme une conception philosophique de l'histoire, de laquelle il résulterait que le socialisme est l'aboutissement inévitable de l'évolution économique.

Nul ne contestera que c'est bien là le caractère distinctif du marxisme. Les plus authentiques marxistes sont unanimes à le proclamer :

« La théorie marxiste, a écrit Gabriel Deville dans la préface de *Principes socialistes,* ne part d'aucun principe abstrait. Pour base, elle a la constatation des frais étudiés dans leur développement historique. »

« Je tiens la théorie de Karl Marx pour la plus grande innovation introduite dans la philosophie depuis plusieurs siècles » déclare de son côté M. Georges Sorel dans l'*Ere nouvelle* de mars 1894.

Ainsi le marxisme est essentiellement une nouvelle philosophie de l'histoire, c'est-à-dire une conception qui, pas plus qu'aucun autre système philosophique, ne peut apporter dans les esprits une absolue certitude.

Et en effet si elle a été acceptée avec enthousiasme par quelques-uns, elle a été rejetée par le plus grand nombre.

On peut donc, sans aller plus loin, hésiter à croire que le marxisme a apporté une force nouvelle au mouvement socialiste, et penser au contraire que le socialisme a plus perdu que gagné à substituer cette plateforme à l'ancienne.

Même si l'on admet que la thèse marxiste soit inattaquable, en dépit des critiques qu'elle a soulevées jusque dans les rangs socialistes, il est permis de se demander en quoi elle sert notre cause et si elle n'a pas endormi les énergies combatives au lieu de les exciter.

Soit : l'évolution économique nous conduit au socialisme. Mais sera-t-il un bien ou un mal pour l'humanité ? Doit-on le désirer ou le craindre ? Faut-il travailler à sa réalisation ou s'y opposer ?

L'œuvre marxiste est absolument muette sur ces questions ? C'est un point de vue qui lui est étranger, et c'est là, en vérité, une grande faiblesse.

Sans doute, implicitement, Marx envisage le socialisme comme le meilleur des régimes. Mais il n'en apporte aucune preuve ; il n'en donne même aucune raison. Cela n'est pas son affaire.

Il faut avouer que c'est là une singulière façon de déchaîner les enthousiasmes et d'entraîner les foules.

*** Pourtant il est des cerveaux dans lesquels s'est ancrée la conviction d'une réalisation certaine du socialisme par la marche de l'évolution spontanée.

Ceux-là doivent se demander en quoi leur action personnelle peut contribuer à avancer l'heure marquée par l'histoire. Par une des nombreuses contradictions qu'on relève chez lui, Marx, qui a prêché d'exemple l'utilité de l'effort, l'a complètement découragé dans ses écrits en déniant toute force à l'idée individuelle au milieu des grands courants généraux qui, selon lui sont seuls déterminants. Dès lors, à quoi bon lutter? Autant vaut se croiser les bras. L'inévitable ne s'en accomplira pas moins.

Ce raisonnement n'a pu manquer l'influencer d'innombrables marxistes, d'amener les uns à se tenir hors de la mêlée et les autres à en sortir dès qu'ils n'y trouvaient plus de suffisantes satisfactions. Et c'est en effet ce qui s'est produit. Nous pourrions en citer des exemples célèbres. De plus ceux qui ont été mêlés à la vie du parti socialiste ont pu constater combien sont nombreux les militants de second plan qui se retirent prématurément de la lutte. On voit par là combien le fatalisme marxiste est impuissant à retenir dans le devoir, c'est-à-dire dans la bataille quotidienne, les plus ardents de ceux qui y étaient entrés. A plus forte raison en a-t-il détourné les timides qui, en grand nombre, se sont bornés à faire pour le socialisme des vœux stériles sans s'exposer aux dangers de l'action.

Si, au lieu de croire que le socialisme triomphera inéluctablement par la seule force de l'évolution, les socialistes se disaient : le monde est en proie aux plus cruelles souffrances parce que l'organisation sociale est mauvaise. Ses épreuves ne prendront fin que par l'avènement du socialisme. Mais cet avènement ne deviendra possible que lorsque la majorité, sinon des masses inconscientes, du moins de l'élite éclairée aura compris la puissance bienfaisante du socialisme et lorsque celui-ci aura prouvé qu'il est capable de dresser le plan et d'assurer l'application d'un régime nouveau fondé sur ses principes ;

Si, au lieu de se perdre dans les nuages d'une inutile et contestable interprétation du passé, les socialistes s'attachaient à préparer l'avenir en étudiant, d'abord dans l'ensemble, puis dans les détails, les institutions par lesquelles leur doctrine pourra se réaliser ;

Si, par cette recherche concrète, ils devenaient pleinement conscients des harmonies splendides et de la puissance rénovatrice sans bornes de cette doctrine dont le marxisme ne leur fait connaître que le côté destructif ;

S'ils comprenaient que c'est de leur zèle et de leur dévouement, et non pas des forces aveugles de l'évolution, qu'il dépend d'avancer l'heure où l'humanité sera affranchie du mal social — qui est presque tout le mal,

L'equel d'entre eux pourrait abandonner la tâche commencée et, dans un but d'égoïsme, assumer la pesante responsabilité de prolonger la durée de l'odieux régime des privilèges ?

On ne conçoit pas la possibilité d'une telle défection chez des hommes, ayant la foi socialiste — foi raisonnée et non imposée, bien entendu. Mais le marxisme, en tarissant la source des sentiments, n'engendre qu'un scepticisme desséché qui, facilement, conduit à l'abstention.

*** Soyons juste pourtant : tout n'est pas à condamner dans l'affirmation que le socialisme est assuré de triompher un jour. Et le fait d'en être convaincu peut être un puissant réconfort plutôt qu'une raison de découragement. Le résultat dépend des motifs sur lesquels une telle confiance est fondée.

Le terme d'une évolution inconsciente est toujours incertain. Marx lui-même l'a reconnu en des passages qui seront cités plus loin et à l'encontre de l'interprétation habituelle qu'on donne à sa doctrine. Mais on peut fonder des espoirs plus solides sur la lutte universelle menée pour la justice sociale tant par ceux qui sont victimes des abus — et c'est le plus grand nombre — que par ceux qui, sans avoir à en souffrir personnellement, se font leurs champions. Cette réaction incessante et générale contre l'injustice est parfois bien faible et bien obscure dans ses moyens ; les changements qu'elle détermine sont souvent peu sensibles, sa marche est lente et indécise. Mais à la longue, cependant, les intelligences s'ouvrent à la vérité et si, au lieu de ressasser sempiternellement les rengaines marxistes, les propagandistes s'attachaient à mettre en lumière les effets bienfaisants du socialisme et ses voies de réalisation, ils détermineraient un courant dont la force, toujours croissante, deviendrait irrésistible.

Ainsi ce n'est pas parce que Marx considère l'avènement du socialisme comme inévitable qu'il affaiblit l'ardeur combative de ses propres troupes, c'est parce qu'il émascule l'action individuelle en lui déniant toute efficacité, en n'attribuant la puissance transformatrice qu'au rôle, déterminé d'avance par l'histoire, de la classe ouvrière prise dans sa masse, en n'admettant même pas que l'action de cette classe puisse être influencée, en bien ou en mal, par la conception d'un seul cerveau fût-il génial, bref en montrant l'avenir comme enchaîné à un processus de faits matériels et échappant totalement au pouvoir de ces impondérables où résident en réalité les véritables forces naturelles et sociales.

Il est vrai que Karl Marx a écrit : « Une théorie qui s'empare des masses devient une force matérielle » ; mais ce n'est là qu'une des nombreuses contradictions qui émaillent son œuvre dont l'esprit général est l'impuissance de l'idée individuelle.

***** Arracher le socialisme à un fatalisme déprimant, faire revivre les grandes puissances idéales qui l'animaient jadis et que Marx a tuées, remettre en honneur l'idée et l'action individuelles, déconsidérées par lui, en répétant et en prouvant — sans contester le rôle prépondérant de l'évolution spontanée qui, d'ailleurs, travaille pour nous — que l'avenir n'est pas fixé d'avance et qu'il sera la résultante des efforts de tous, telle est actuellement l'une des tâches les plus nécessaires et celle que, pour notre modeste port, nous voudrions remplir.

Les prévisions économiques de Marx ne se sont pas réalisées, puisque la petite bourgeoise se maintient à côté du grand capital, en dépit de l'accroissement prodigieux de ce dernier, et que, d'autre part, le prolétariat, en qui il mettait tous ses espoirs, s'est montré inférieur à sa mission historique. En effet, au lieu de marcher uni à l'assaut de la bastille capitaliste, il n'a su que se diviser en plusieurs organisations, étrangères et même hostiles les unes aux autres, et dont chacune est d'ailleurs déchirée par les luttes de tendances ; de sorte que, dans les circonstances favorables créées par la guerre, le prolétariat n'a montré qu'une absolue impuissance.

Les découragements résultant de cette situation, évidente à tous les yeux, sont pour le socialisme une nouvelle cause d'affaiblissement.

Et le triste spectacle que présentent les agitations confuses des organisations ouvrières montre à quel point on a été imprudent en abandonnant les anciennes bases du socialisme et en lui donnant la doctrine marxiste comme unique support.

Chez les hommes où la morale n'a pour fondements que la crainte des peines ou l'espoir des récompenses ultra-terrestres, elle s'effondre dès que cette croyance disparaît, et la conscience ne connaît plus de frein.

Ainsi l'écroulement du marxisme pourrait entraîner le socialisme dans sa ruine s'il ne s'en dégageait à temps. Et même sans envisager une catastrophe totale, combien d'éléments se détournent du socialisme, identifié au marxisme, en voyant les prophéties marxistes démenties par les faits.

******* Essayons donc de prouver que, loin d'être le socialisme lui-même, le marxisme n'est qu'une mauvaise manière de le présenter. Essayons de mettre fin à la synonymie injustifiée autant que dangereuse qu'on a laissée s'établir entre deux mots dont l'un exprime un principe éternel et l'autre la conception faillible d'une seule intelligence.

CHAPITRE II

Le Marxisme a-t-il contribué au développement du socialisme ?

Le socialisme marxiste est actuellement au pouvoir en Russie.

Il existe, à l'état de parti d'opposition dans les pays suivants, et même certainement dans plusieurs autres :

France, Grande-Bretagne, Allemagne, Italie, Espagne, Belgique, Hollande, Suisse, Autriche, Hongrie, Tchécoslovaquie, Yougo-Slavie, Pologne, Roumanie, Bulgarie, Finlande, Esthonie, Lithuanie, Lettonie, Japon, Hindoustan, Chine, Afrique du Sud, Egypte, Etats-Unis, Argentine, Australie.

En dehors de lui, on ne connaît aucune organisation socialiste importante ; tout au plus, çà et là, quelques petites écoles dissidentes sans influence appréciable.

En fait, de nos jours, le marxisme est tout, ou presque tout le socialisme.

Cette situation lui crée incontestablement un prestige énorme et peut faire paraître téméraire, presque ridicule, toute tentative dirigée contre son hégémonie.

Elle peut aussi inspirer quelques appréhensions, sur les conséquences d'une tentative de cette nature, à de sincères socialistes, tellement accoutumés à vivre dans l'atmosphère marxiste qu'ils ont fini par se persuader que le socialisme est redevable au marxisme de ses développements, et qu'il perdrait toute sa force s'il en était séparé.

Reconnaissons-le franchement : il y a quelque chose de

fondé dans de telles craintes : les racines du marxisme sont si profondes qu'on ne pourra les extirper sans ébranler le socialisme. Nos adversaires triompheront, nos amis seront abattus. Mais le socialisme a trop de vitalité pour ne pas triompher vite de cette crise de croissance. Bientôt il se raffermira, et débarrassé de la tutelle qui le paralysait, il reprendra sa marche ascendante avec une vigueur accrue.

Telle une opération chirurgicale grave, mais indispensable, dont le malade sort plus fort et plus sain après en avoir passagèrement souffert.

La nécessité de trancher dans le vif sans hésitation apparaîtra beaucoup mieux lorsque les trois propositions ci-après auront été établies :

1° Le socialisme était déjà une puissance morale considérable avant l'apparition de la doctrine marxiste ;

2° Il disposerait aujourd'hui d'une puissance morale et matérielle bien supérieure à celle qu'il possède effectivement si le marxisme n'avait pas bouleversé et détruit ses anciennes méthodes de propagande et d'action ;

3° Il ne pourra conquérir le pouvoir, le conserver définitivement et accomplir son œuvre de régénération humaine qu'après avoir abandonné totalement le marxisme.

La première de ces trois propositions sera démontrée dans le présent chapitre ;

Les deux autres le seront au cours de cet ouvrage.

*** Dans le premier volume de l'*Encyclopédie socialiste*, Charles Rappoport, écrivain marxiste d'une indiscutable orthodoxie, constate en ces termes le développement pris en France par les idées socialistes, avant Marx :

> Dans aucun pays du monde nous ne trouvons autant qu'en France — véritable berceau du socialisme, aussi bien du socialisme utopique que du socialisme scientifique moderne — une telle abondance d'idées socialistes et de personnalités originales, géniales, ou simplement marquantes, dont l'unique passion est de régénérer notre société, bien vieille et bien malade.

Plus loin le même auteur consacre tout un chapitre à décrire les hommes et les idées au milieu desquels est née la doctrine marxiste :

> La période de 1840-1850 est caractérisée par une alliance intime entre les esprits les plus libéraux de l'Europe et les théoriciens

les plus remarquables du socialisme. Et cela malgré le caractère sectaire dont ne voulaient pas se départir les écoles saint-simonienne et fouriériste. Nous assistons, à cette période, au premier réveil de la conscience européenne. Les hommes les plus éminents de l'Europe prévoient et prédisent une profonde transformation sociale. Ludwig Boerne, le grand démocrate allemand, un peu oublié en France, écrit des pages spirituelles et éloquentes sur le mouvement social naissant.

Henri Heine, à la fois son ami et son antagoniste, qui, plus tard, avec son génie divinatoire, prédira le rôle historique de Karl Marx et de Ferdinand Lassalle, ainsi que le sort du communisme tout en craignant — à tort! pour celui de l'art, assistait alors aux prêches saint-simoniens.

Mazzini écrit : « Le monde individuel a fait son temps ; le monde social commence. De partout en Europe, il s'élève un appel aux choses nouvelles, aux nouvelles passions, un appel aux nouveaux éléments que le siècle a mis en fermentation. » Johann Scher, qui n'a pas eu encore l'occasion de se compromettre dans son pamphlet contre la Commune, s'exprime dans les mêmes termes.

Les combattants pour l'indépendance de la Pologne, de la Hongrie, tous les apôtres de la liberté politique et nationale se lient d'amitié avec les socialistes devenus depuis célèbres. On pouvait à cette époque, selon le témoignage de Benoît Malon, rencontrer le même jour, à Paris, des hommes dont l'énumération seule caractérise cette période féconde, peut-être plus grandiose par ses effets sociaux et intellectuels que celle de 1793 : Manin, Mazzini, Henri Heine, Cœsar de Paëpe, Karl Marx, Lassalle, Charles Grün, Rittinghausen, Alexandre von Humboldt, J. Ogareff et son ami Alexandre Herzen, J. Stuart-Mill, Colins, de Potter, A. Mickiewicz, Cabet, Vidal, Proudhon, Pecqueur, Victor Considérant, Eugène Sue, Pierre Leroux, George Sand, Béranger, Victor Hugo, Lamartine, Michelet, Louis Blanc, Caussidière, E. de Girardin, Quinet, Auguste Barbier, Baudelaire, Villegardelle, Auguste Comte, Littré, Enfantin, Raspail, Arago, Barbès, Blanqui, de Kersausie, Balzac, Ribeyrolles et tant d'autres que nous omettons.

La plupart de tous ces hommes, qui ont conquis par leurs œuvres ou leurs actes une place d'honneur dans l'histoire du progrès humain, sont d'un esprit profondément libéral et sympathisent avec les idées socialistes.

Plusieurs leur ont donné toute leur vie, toute leur activité intellectuelle. Et, plus tard, Bakounine, l'apôtre anarchiste qui, à cette époque, sollicitait l'honneur d'être membre d'une ligue républicaine pour la paix universelle, racontera à un ami ses souvenirs de ce mémorable temps dans les termes suivants : « Nous étions arrivés à croire fermement que nous assistions aux derniers jours de la vieille civilisation et que le règne de l'égalité allait commencer. » Bien peu résistaient au milieu révolutionnaire socialiste de Paris et, généralement, deux mois de boulevard suffisaient pour transformer un libéral en socialiste.

Le spirituel A. Herzen, d'esprit toujours en éveil, se déclarait un « socialiste incorrigible ». Plus tard, J. Stuart-Mill, l'esprit le plus large et le plus libéral parmi les penseurs de la libérale Angleterre, déclarait que la vie ne vaudrait pas la peine d'être vécue si l'ordre actuel condamnant la grande majorité des hommes à une lutte barbare pour l'existence devait se prolonger indéfiniment. Lamartine proclamait que « les prolétaires dont la situation a empiré remueront la société jusqu'à ce que le socialisme ait succédé à l'odieux individualisme ».

Il n'est pas inutile de renforcer ces constatations, aussi décisives que peu suspectes, en complétant la citation de Benoit Malon qui y est à peine indiquée et qui est extraite du *Socialisme Intégral*. Faisons observer, à ce propos, que Benoit Malon, bien qu'il soit plus particulièrement connu par sa tentative de réaction idéaliste contre l'excès de sécheresse matérialiste du marxisme, en acceptait parfaitement les données fondamentales :

Il faudrait de longues pages pour donner même une faible idée des progrès du socialisme dans les cercles lettrés et dans les masses populaires, en France seulement, pendant cette décade mémorable.

Même la bourgeoisie fut séduite. Elle serait allée loin dans cette voie, si les coups de foudre de *Février* et de *Juin*, les calomnies de la coalition libérale-cléricale de la rue de Poitiers et les échos de la formidable agitation chartiste ne l'avaient apeurée et fait se jeter brusquement en arrière. Pour le moment on était à l'époque idyllique qu'on peut bien appeler l'âge d'or du socialisme théorique.

Il est une heure heureuse et charmante où « les idées s'échappent du cœur une à une, sans ordre et sans suite, presque sans ressemblance ; on reconnaît la source d'où elles partent ainsi que leur aimable parenté, à la grâce naïve qui les décore ; elles s'ouvrent au soleil de côté et d'autre et fleurissent, isolées. Epoque d'illusions ineffables, printemps de la vie des poètes. » (Blaze de Bury, *Essais sur Goëthe.*)

Printemps des idées aussi que ces époques d'optimisme vaillant, de prétentieux mais généreux subjectivisme, d'ardente et de vivante foi, époque où le culte de l'idéal colore l'observation des faits, où l'espérance qui domine, parée de toutes les couleurs éclatantes, de tous les scintillements prismatiques de l'éternelle illusion, revêt autant de formes qu'elle passionne de penseurs et s'élève à autant de degrés qu'elle entraîne de croyants.

Le socialisme en était là en 1840. Audacieux, vague, séduisant, multiforme, répondant à l'efflorescence ultra-spiritualiste du temps, il semait partout, comme une inépuisable bénédiction, des promesses et des espérances.

Il avait si bien le vent en poupe que, parmi ses propagateurs intermittents, il pouvait compter les noms les plus illustres. Toute la pléiade de ce qu'on appelait alors la littérature humanitaire jetait le socialisme à pleine volée dans des pages passionnantes, parfois extravagantes, mais qui n'en pénétraient pas moins toutes les couches de la population, affirmant l'amour des souffrants, flétrissant les abus et les iniquités, ravivant l'espérance d'une prochaine et complète rénovation sociale.

Et Benoit Malon termine ce tableau si vivant par une citation de Henri Heine :

C'est un avantage incalculable pour le socialisme qu'il ait pour lui tous les grands esprits et que ses adversaires, s'il en est, ne se défendent que par une plate nécessité, sans confiance en leur droit, et même sans estime foncière pour eux-mêmes.

Que ne pouvait-on espérer d'une si riche floraison d'idées et de sentiments si le vent desséchant du marxisme n'était venu la flétrir?

*** Il est vrai que Malon, chez qui le marxiste reparaissait derrière l'idéaliste, concluait par ces lignes où semblait se glacer son propre enthousiasme :

Seulement, toute médaille a son revers. De cette course théorique au bonheur universel par les sentiers enchanteurs de l'imagination, il ne fallait attendre ni patientes observations, ni études sérieuses ; la science sociale ne faisait pas un pas.

Mais Malon n'était pas tout à fait juste en son appréciation.

Certes, malgré les travaux considérables de tous les penseurs, le socialisme était encore loin, à cette époque de pouvoir présenter un corps de doctrines complet sinon définitif, et assorti de moyens de réalisation. Il se cherchait ; il ne produisait que des ébauches. La vérité jaillissait à l'état fragmentaire et incoordonné des œuvres de ses écrivains, mêlées à de nombreuses erreurs. Les idées se confrontaient, s'opposaient, se heurtaient parfois avec violence. Mais ce laborieux enfantement promettait la naissance d'un dieu.

C'est que, si le socialisme n'était pas encore arrivé au terme de ses élaborations préparatoires, il y travaillait, quoiqu'en ait dit Malon, par une bonne méthode, par la seule méthode rationnelle.

Il étudiait les faits ; il les passait au crible de la critique ; il distinguait entre les bons et les mauvais éléments qui pouvaient entrer dans la composition de la société future ; recherchant les origines du mal social il était amené presque naturellement à en déduire le remède, et cela en se limitant au milieu vivant où il évoluait, sans éprouver le besoin de remonter au déluge pour chercher dans un passé incertain la solution des problèmes du présent.

Mais laissons à deux représentants qualifiés du socialisme prémarxiste le soin de résumer eux-mêmes cette méthode.

Voici d'abord quelques lignes de Constantin Pecqueur, le véritable père du collectivisme, dans sa *Théorie Nouvelle d'Economie sociale et politique*, publiée en 1842 :

> Ce que l'on appelait hier encore Economie Politique, est mort et bien mort. Les tentatives que l'on fait en ce moment pour la ressusciter seront impuissantes comme tout ce que l'on tente pour ramener un cadavre à la vie : fausse science, d'ailleurs, celle qui laisse faire, qui commence par abdiquer, en se mettant à la remorque des faits, au lieu de les dominer et de leur imposer sa loi ; qui se fait dissolvante, au lieu d'être organique, qui raconte au lieu de prophétiser, qui se borne à l'analyse et à l'inventaire de ce qui est, tandis que la véritable science sera la synthèse de ce qui doit être.

François Vidal, fouriériste, et devenu adepte des idées de Pecqueur, écrit de son côté dans son ouvrage : *De la Répartition des Richesses ou de la justice distributive en économie sociale, paru en 1840 :*

> Dans la carrière nouvelle où la civilisation est aujourd'hui lancée, deux immenses problèmes se dressent qui, par leur importance, dominent et subalternisent tous les autres : les problèmes de l'organisation du travail et de la répartition des richesses. Les économistes proprement dits se sont peu occupés de ces hautes questions. Ils pensent que la concurrence suffit pour stimuler la production ; ils soutiennent que la répartition se fait d'elle-même ; ils proclament dès lors que la science doit se borner à décrire les faits, à constater les phénomènes, puis à laisser faire. Et ils ont, en effet, décrit le mécanisme de la production et de la distribution dans nos sociétés. Mais jamais ils ne se sont demandé si la production était convenablement organisée, si les produits étaient répartis d'après la justice. Ils ont fait de l'empirisme, ils ont complètement négligé la partie rationnelle et théorique de l'économie.
>
> Les socialistes, au contraire (et par socialistes, nous entendons les théoriciens qui veulent l'organisation du travail et l'association des travailleurs) subordonnant les faits aux principes, ont d'abord cherché rationnellement à se faire la plus haute idée de l'ordre et de la justice, puis ils ont étudié les moyens pratiques de réaliser l'idéal qu'ils avaient conçu.

Le lecteur remarquera sans doute l'analogie frappante, presque l'identité des idées de Pecqueur et de Vidal avec celles exprimées dans la préface du présent ouvrage. Malheureusement elles n'ont point prévalu. La « fausse science », adaptée par Marx à la thèse socialiste, a tout envahi, tout étouffé, et le clair esprit français a disparu dans les brouillards de la philosophie allemande.

*** Et quel a été le résultat de la nouvelle méthode?

Il y a quatre-vingts ans, le socialisme avait pénétré dans tous les milieux capables de pensée ; il y était partout aimé ; partout on désirait son avènement.

Pourquoi? parce qu'il se présentait au monde sous son aspect reconstructif, c'est-à-dire humain, bienfaisant, fraternel, plein de promesses de justice et de bonheur.

Aujourd'hui, en dehors de l'avant-garde ouvrière enrôlée sous l'étendard marxiste, il a soulevé contre lui l'exécration universelle.

Pourquoi? parce que le marxisme, doctrine exclusivement destructive, exclut tout idéal généreux et tourne en dérision les sentiments les plus naturels au cœur de l'homme, parce qu'il s'affirme constamment par la menace et la violence, parce que la doctrine de la lutte de classe, sans être en elle-même fondée sur la haine, engendre la haine par l'inévitable interprétation qu'elle reçoit dans les mentalités ouvrières ; parce qu'enfin elle prête au socialisme l'apparence d'un parti de désordre et de subversion, totalement incapable, non seulement de réaliser mais même de concevoir une société meilleure.

On ne peut nier, cependant, que sous la direction des bolcheviki qui sont, quoi qu'on en ait dit, de purs marxistes, le socialisme s'est emparé du pouvoir en Russie et le détient depuis environ cinq ans. Mais ce n'est pas la doctrine marxiste qui a fait la révolution d'octobre 1917 ; c'est l'esprit révolutionnaire des bolcheviki, leur énergie farouche, la haute intelligence de leurs chefs. C'est à raison de ces qualités personnelles qu'ils ont renversé le faible gouvernement de Kerenski, puis qu'ils ont repoussé les ennemis extérieurs et comprimé ceux de l'intérieur. Seulement ils n'ont pas réussi à organiser le communisme et ont dû l'abandonner. Pourquoi? parce qu'ils avaient fait toute leur éducation dans les œuvres de Marx et n'y ayant trouvé aucune indication sur les formes positives du communisme, ils ignoraient tout de la partie essentielle de leur œuvre. Au surplus l'avortement économique des efforts des bolcheviki sera plus complètement expliqué au chapitre XI et on verra qu'il est entièrement imputable au marxisme.

Ainsi, aussi bien en Russie, où il a échoué sur le terrain des réalisations économiques, que dans les autres pays où il est plutôt en recul qu'en progrès, le marxisme n'a pas fait la preuve de la puissance rénovatrice qu'on lui attribue. Pourtant il a eu soixante-quinze ans pour la faire, alors que, de Babeuf au *Manifeste du Parti communiste*, l'ancien socialisme n'avait eu que cinquante ans.

Et ces cinquante ans représentaient une période antérieure, où la culture générale était moindre, où les idées socialistes n'étaient pas parvenues à leur maturité, où l'industrialisme moderne naissait à peine, — alors que le marxisme, qui repose sur l'action du prolétariat, a eu la bonne fortune de surgir au moment où le prolétariat allait grandir et devenir une force énorme. Le marxisme disposait donc de son élément principal. Il aurait dû, de plus, être immensément favorisé par l'horreur universelle excitée par la guerre, et qui semblait devoir pousser l'opinion vers le socialisme, essentiellement pacifique. Dans un pareil concours de circonstances favorables, le marxisme n'a pu se faire accepter que par une petite minorité prolétarienne. Il a contre lui, non seulement les capitalistes qui n'ont jamais été plus puissants, mais les petits et moyens industriels et commerçants, les paysans, les intellectuels et la plus grande partie des prolétaires eux-mêmes.

Son impuissance n'est-elle pas démontrée par les faits?

Elle est peut-être encore plus complète que ce résumé ne l'a fait apparaître, car de tous les membres des partis socialistes modernes, les véritables marxistes ne sont qu'une fraction infime. Les abstractions de la doctrine marxiste — c'est une de ses grandes faiblesses — la rendent inintelligible à la masse des travailleurs. Quelques intellectuels seuls peuvent la comprendre. Ils ont réussi à prendre la tête du mouvement ; le reste suit machinalement, comme il suivrait, si le marxisme n'existait pas, d'autres chefs qui feraient appel à l'esprit de révolte des exploités en s'appuyant sur les éternels antagonismes entre patrons et ouvriers, que Marx n'a ni créés, ni même développés lorsqu'il leur a donné le nom de lutte de classes. Ce nom n'a rien ajouté à la protestation des victimes de l'industrialisme.

En somme, si le socialisme n'avait pas atteint son but avant Marx, c'est que son œuvre préparatoire était encore inachevée, c'est que les temps n'étaient pas révolus ; mais les événements ont prouvé qu'il n'avait rien gagné à changer de méthode. On verra par la suite qu'il a beaucoup perdu.

Si le socialisme prémarxiste n'avait pas encore trouvé sa voie définitive, du moins il avait planté de solides jalons qui devaient guider ses successeurs dans leur marche vers l'avenir. En croyant donner au mouvement une direction meilleure, Marx n'a réussi qu'à briser son essor.

***** Mais pour donner une idée complète de la place occupée par le socialisme, avant Karl Marx, il faut remonter beaucoup plus haut que le début du XIX° siècle.

Le communisme, qui est son but, est aussi vieux que l'humanité puisqu'il a partout précédé la propriété individuelle et que, encore aujourd'hui, il survit chez certains peuples.

Son principe fut repris à travers les âges comme une protestation continuelle contre les abus de l'individualisme.

Le plus illustre de ses défenseurs dans l'antiquité fut Platon.

Le christianisme à son origine fut essentiellement communiste. Ses premiers adeptes mettaient le communisme en pratique. Les meilleurs des pères de l'Eglise et des papes le recommandaient ouvertement.

Plus tard Thomas Morus, Campanella, le curé Meslier, Morelly, l'abbé Mably et bien d'autres moins connus enseignèrent la supériorité du communisme.

Au milieu d'erreurs et de préjugés propres à leur époque, tous ces grands penseurs apportaient des vues dont aujourd'hui encore on doit s'inspirer.

Le pouvoir, dans un Etat bien réglé, ne doit pas appartenir aux plus riches, mais aux plus dignes, disait Platon.

Thomas Morus avait reconnu que la mauvaise organisation sociale entraîne une énorme déperdition des forces productives en créant des oisifs, des parasites, des inutiles. Il concluait que si chacun fournissait sa part du travail commun, six heures de travail par jour suffiraient pour faire vivre les hommes dans l'abondance.

« Tant que subsistera la propriété, écrivait-il encore, la classe la plus nombreuse et la plus estimable n'aura en partage que disette, tourment et désespoir. »

Campanella affirmait, au début du XVIIᵉ siècle, l'idée internationaliste :

« Puissent les peuples s'unir dans une communion pacifique. La science se multipliera et les échanges et les voyages augmenteront le bien-être et les lumières de tous. »

Le *Testament du curé Meslier* apportait une saisissante critique de la propriété individuelle, montrant les maux qu'elle engendrait et leur remède dans la possession commune de tous les biens.

Morelly voyait dans la propriété privée la source de la corruption. Il établissait que le communisme porterait la production au-delà des besoins.

Mably flétrissait les abus du commerce et, en présence des souffrances des déshérités, justifiait la Révolution. Il concevait un Etat seul propriétaire des moyens de production et distribuant à chacun les choses dont il a besoin.

D'autres écrivains sans être théoriquement communistes, attaquaient violemment la propriété individuelle. Ces éloquentes paroles de J.-J. Rousseau vivront éternellement dans la mémoire des hommes :

Le premier qui, ayant enclos un terrain, s'avisa de dire : « Ceci est à moi », et trouva des gens assez simples pour le croire, fut le vrai fondateur de la société civile. Que de crimes, de guerres, de meurtres, que de misères et d'horreurs n'eût point épargnés au genre humain celui qui, arrachant les pieux et comblant le fossé, eût crié à ses semblables : « Gardez-vous d'écouter cet imposteur ; vous êtes perdus si vous oubliez que les fruits sont à tous et que la terre n'est à personne ! »

Si le communisme ne fut pas la doctrine de la Révolution de 1789, du moins y fut-il affirmé par des précurseurs comme Fauchet, Chalier, Jacques Roux, Anacharsis Clootz. De plus il a laissé sa trace dans certaines lois ou déclarations, notamment dans la Constitution de 1793, où l'on relève des passages comme ceux-ci :

ART. 21. — Les secours sont une dette sacrée. La société doit la subsistance aux citoyens malheureux, soit en leur procurant du travail, soit en assurant les moyens d'exister à ceux qui sont hors d'état de travailler.

ART. 33. — La résistance à l'oppression est la conséquence des autres droits de l'homme.

ART. 35. — Quand le gouvernement viole le droit du peuple, l'insurrection est, pour le peuple et pour chaque portion du peuple, le plus sacré et le plus indispensable des devoirs.

Il est évident que l'art. 21 est inapplicable, si la société ne possède pas collectivement tous les moyens de production.

Le XVIII° siècle, qui, en dehors des noms cités plus haut, avait vu se produire un grand nombre d'écrivains communistes moins connus, se ferme sur la mort tragique de Babeuf et de ses amis, dont le seul crime avait été de vouloir réaliser le communisme. Babeuf écrivait dans le *Manifeste des Egaux* :

La loi agraire, ou le partage des campagnes, fut le vœu instantané de quelques soldats sans principes, de quelques peuplades mues par leur instinct plutôt que par la raison. Nous tendons à quelque chose de plus sublime, de plus équitable, le bien commun ou la communauté des biens ! Plus de propriété individuelle des terres : la terre n'est à personne. Nous réclamons, nous voulons la jouissance commune des fruits de la terre : les fruits sont à tout le monde.

Selon des méthodes et avec des tendances différentes, les écrivains du XIX° siècle poussèrent leurs études beaucoup plus loin et entrèrent plus profondément dans les réalités.

Saint-Simon, élargissant l'idée internationaliste de Campanella, devançant de beaucoup les modernes adeptes de la Société des Nations, préconisait un gouvernement suprême au-dessus des gouvernements nationaux.

S'il ne fut pas communiste, son but fut celui du communisme : « Accroître, le plus rapidement possible, le bonheur social du pauvre. »

Ce fut sa préoccupation dominante, exclusive, et il lui subordonnait tout. C'est pourquoi, malgré ses erreurs, sa mémoire restera honorée.

Si sa formule : « de chacun selon sa capacité, à chaque capacité selon ses œuvres » paraît dure pour les faibles, il entendait, par ailleurs, leur venir en aide.

Mais il voulait que la direction des affaires publiques fût confiée aux plus capables et non aux plus nombreux.

Il voulait aussi que la politique, la morale et la philosophie, au lieu de s'arrêter éternellement à des questions oiseuses et sans pratique, fussent ramenées enfin à leur véritable occupation qui est de constituer le bonheur social.

On remarquera encore que c'est là l'idée maîtresse de la préface du présent ouvrage.

Il comprenait que la solution des problèmes sociaux devait avoir pour point de départ une augmentation de la production, et c'est le but qu'il voulait atteindre par une meilleure organisation de l'industrie.

Enfin si l'ensemble de son œuvre ne conclut pas à la transformation des entreprises privées en entreprise sociale, du moins eut-il, par moments, le sentiment de la nécessité de cette transformation puisque, dès 1814, il écrivait cette phrase qui est à la base du socialisme et qui écarte nettement les solutions bâtardes du réformisme : « Il n'y a point de changement dans l'ordre social sans un changement dans la propriété. »

De l'œuvre immense de Robert Owen, il faut se borner à indiquer d'abord son idée fondamentale : l'association ayant pour base la communauté du travail et de ses produits, ensuite sa négation de la responsabilité individuelle et son affirmation de la responsabilité sociale ; enfin son principe de la solidarité sociale d'où il dégage le droit au travail pour les valides et le droit aux secours pour les incapables de travail.

Dans l'œuvre non moins immense de Fourier, il y a beaucoup à prendre et beaucoup à laisser. S'il a poussé l'esprit de systématisation au-delà des limites du raisonnable, il a apporté, sur maintes questions, des vues géniales qui doivent encore aujourd'hui éclairer la marche de l'humanité vers le socialisme.

Ses critiques de l'organisation sociale actuelle, et notamment du système de la concurrence, sont d'une grande puissance.

Sa démonstration de la supériorité de l'Association sur l'individualisme est définitive. N'oublions pas que le socialisme n'est autre que l'Association générale.

Fourier posait le problème de la méthode à suivre par le socialisme au point même où il se pose encore aujourd'hui :

« L'opinion gouverne le monde, disait-il. Il s'agit donc de faire changer aux hommes l'opinion qu'ils ont de l'impossibilité d'un autre régime que le leur. »

Fourier a victorieusement répondu aux partisans de la nécessité d'une amélioration mentale préalable, et montré que l'homme tel qu'il est, avec toutes ses bonnes et ses mauvaises passions, est susceptible d'entrer comme élément utile dans une association harmonieuse où il s'améliorera.

La portée de ces vues est formidable.

Le plus brillant des élèves de Fourier, Victor Considérant, a compris que la société individualiste ne peut pas s'améliorer par des réformes de détail ; il a écrit :

Ce n'est plus de perfectionnement qu'il faut parler, mais bien de transformation radicale et complète.

Il a merveilleusement précisé et complété l'œuvre de Fourier en montrant la déperdition des forces résultant de la mauvaise organisation sociale.

Une des idées fondamentales de Fourier, c'est le gaspillage de la civilisation ». Considérant énumère les dépenses improductives de la « civilisation » :

Au tableau des opérations improductives que nécessite notre société, il faut ranger celles de la magistrature et du parquet, des cours et tribunaux, gendarmes, police, geôliers, bourreaux, etc., toutes choses indispensables aujourd'hui à la sûreté de la société.

Sont improductifs les travaux des légions de régie, de douane, passant leur vie à ne rien faire.

Sont improductifs encore les oisifs, gens dits comme il faut, de droits réunis, l'armée fiscale, etc.

Sont improductifs les travaux des sophistes philosophes, métaphysiciens, politiques, engagés dans des voies fausses, qui ne font pas avancer la science et ne produisent que des débats stériles ou des commotions ; les travaux des avocats, plaideurs, témoins, etc.

Sont improductives les opérations du commerce, depuis celles des banquiers à la Bourse jusqu'à celles de l'épicier derrière son comptoir. Mais ici nous entrons dans une autre question qui demande à être examinée d'un peu plus près.

Toutes les catégories que nous venons de passer en revue, et bien d'autres que nous n'avons pas énumérées, sont franchement improductives ou destructives des richesses ; elles disparaîtraient radicalement dans une organisation sociale normale et harmonique. Toute cette puissance humaine, toutes ces forces physiques et intellectuelles qui sont absorbées là, reviendraient à la production.

Ainsi le premier caractère vicieux de la civilisation est de produire cette immense déperdition, qui sera remplacée dans une société harmonique par une immense création de richesses et de bien-être, au grand bénéfice des improductifs actuels comme à celui des producteurs qui les nourrissent.

Ne nous perdons pas dans les contradictions de P.-J. Proud'hon ; mais retenons quelques-unes des fortes vérités qu'il mêle à ses erreurs. Il eut le mérite de voir le problème social dans son ensemble. Si sa conclusion n'est pas communiste, ses arguments servent admirablement le communisme.

Non seulement son fameux « la propriété, c'est le vol » subsistera dans sa signification la plus large, malgré les atténuations qu'il a essayé plus tard d'y apporter ; mais on retiendra aussi les commentaires décisifs qu'il y a ajoutés :

Je dis que la concurrence, l'isolement des intérêts, le monopole, le privilège, l'accaparement des capitaux, l'exclusion dans la jouissance, la subalternisation des fonctions, l'individualisme dans la production, le droit de bénéfice ou d'aubaine, l'exploitation de l'homme, et, pour résumer toutes ces espèces dans leur universel, que la propriété est la grande matrice de nos misères et de nos crimes.

Avec quelle vigueur il flagelle le régime capitaliste et ses iniquités :

Le peuple des travailleurs ne peut acheter ni les étoffes qu'il tisse, ni les meubles qu'il fabrique, ni les métaux qu'il forge, ni les pierreries qu'il taille, ni les estampes qu'il grave, il ne peut se procurer ni le blé qu'il sème, ni le vin qu'il tire des souches qu'il plante, ni la chair des animaux qu'il élève ; il ne lui est pas permis d'habiter les maisons qu'il a bâties, d'assister aux spectacles qu'il défraie, de goûter le repos que son corps réclame. Et pourquoi ? Parce que, pour jouir de tout cela, il faudrait l'acheter au prix coûtant, et que le droit d'aubaine ne le permet pas. Sur l'enseigne des magasins somptueux, le travailleur lit en gros caractères : « C'est ton travail et tu n'en auras pas. » *Sic vos non vobis*.

La propriété amène tout un cortège de misères : le chômage forcé, la surproduction, la concurrence effrénée, les stagnations commerciales et industrielles, les faillites, les ruines. Sous le régime de la propriété, les fleurs de l'industrie ne servent à tresser que des couronnes funéraires : l'ouvrier qui travaille creuse son tombeau.

Soulignons l'idée organique précise qui se dégage de cette âpre critique et qui est une des bases économiques du socialisme : tout doit être vendu au prix coûtant.

Proud'hon a dit encore dans le même ordre d'idées :

Les produits ne s'achètent qu'avec des produits, et l'équivalence des produits étant la condition des échanges, le bénéfice est impossible et injuste. Observez ce principe de la plus élémentaire économie et le paupérisme, le luxe, l'oppression, le vice et le crime, avec la famine, disparaissent du milieu de nous.

Et aussi :

Le socialisme oppose au principe de propriété celui d'association et se fait fort de recréer de fond en comble l'économie sociale.

Dans cette rapide revue d'où tant d'idées intéressantes sont forcément omises, mentionnons en quelques mots le fondateur du socialisme agraire, le vulgarisateur du mot collectivisme créé par Pecqueur, Colins, qui a indiqué en une ligne le véritable but du socialisme :

Le bon socialisme, c'est l'anéantissement durable du paupérisme.

Et terminons par Louis Blanc qui fut le père du socialisme réformiste, mais qui, s'il apporta une méthode contestable, lui donna une cohésion et une force que les réformistes de nos jours, à commencer par Jaurès, n'ont nullement retrouvées. Louis Blanc avait un plan général de réformes liées les unes aux autres et graduées de telle sorte que la dernière était la réalisation complète du socialisme ; tandis que ses continuateurs n'ont su que se mettre à la remorque du parti radical, s'attachant à l'idée qui passe, proposant ou défendant des réformes à tort et à travers comme une corneille qui abat des noix.

Louis Blanc, avec une éloquence qui égale celle de J.-J. Rousseau, dénonce les forfaits de la société individualiste :

Lorsqu'un homme qui demande à vivre en servant la société en est fatalement réduit à l'attaquer sous peine de mourir, il se trouve, dans son apparente agression, en état de légitime défense, et la société qui le frappe ne juge pas, elle assassine.

Nul ne critique plus vigoureusement l'odieux régime de la concurrence :

La concurrence, qui est la base du régime, est-elle un moyen d'assurer du travail au pauvre? Mais poser la question de la sorte, c'est la résoudre. Qu'est-ce que la concurrence relativement aux travailleurs? C'est le travail mis aux enchères. Un entrepreneur a besoin d'un ouvrier : trois se présentent. Combien pour votre travail? Trois francs : j'ai une femme et des enfants. — Bien, et vous? Deux francs et demi : je n'ai pas d'enfants, mais j'ai une femme. — A merveille. Et vous? Deux francs me suffiront, je suis seul. — A vous donc la préférence. C'en est fait : le marché est conclu. Que deviendront les deux prolétaires exclus? Ils se laisseront mourir de faim, il faut l'espérer. Mais s'ils allaient se faire voleurs? Ne craignez rien, nous avons des gendarmes. Et assassins? Nous avons le bourreau. Quant au plus heureux des trois, son triomphe n'est que provisoire. Vienne un quatrième travailleurs, assez robuste pour jeûner de deux jours l'un, la pente du rabais sera descendue jusqu'au bout : nouveau paria, nouvelle recrue pour le bagne, peut-être!

Alors que la plupart des socialistes considéraient surtout l'industrie, Louis Blanc a compris la nécessité d'augmenter la production agricole et indiqué le moyen de la réaliser :

Je me propose de prouver :

1º Qu'il n'est de salut pour les campagnes que dans l'adoption du système de la grande culture ;

2º Que c'est à l'application du système contraire, au morcellement excessif du sol, que doit être attribué le dépérissement de l'agriculture en France ;

3º Qu'il faut établir en France le système de la grande culture en le combinant non pas avec le principe de l'individualisme, mais au contraire avec celui de l'association et de la propriété collective.

Sa magnifique *Histoire de Dix ans* est un ardent foyer de socialisme. Ses autres principaux ouvrages : *Le Socialisme, droit au travail* et *l'Organisation du Travail* ont projeté de vives lumières sur le problème social. Son projet de création d'un *ministère du Progrès,* tel qu'il concevait le rôle de cet organisme, avait incontestablement une grande portée.

*** Voilà une faible partie des matériaux qu'avait accumulés le socialisme prémarxiste.

Répétons-le : l'œuvre n'était pas au point. Même porté au pouvoir par les circonstances, le socialisme aurait été incapable de gouverner selon ses principes.

Mais un parti socialiste qui se serait assigné pour tâche de contrôler, de classer, de coordonner ces idées éparses, de combler leurs lacunes, de les fondre en un corps de doctrine complet et harmonieux, aurait pu sans grande difficulté, présenter un plan précis de la nouvelle organisation sociale et agir puissamment sur l'opinion.

Alors Karl Marx vint et jeta aux vents le trésor de science socialiste amassé par ses prédécesseurs.

Il vint, au moment où le Deux Décembre, suivi de l'Empire, étouffait la voix des socialistes français, de sorte qu'aucune influence ne put s'opposer à la sienne.

Qu'apportait-il pour remplacer ce qu'il venait de détruire? On va le voir.

CHAPITRE III

La doctrine marxiste

Marx a beaucoup écrit ; mais ses premières œuvres ne contiennent aucune trace de sa doctrine définitive ; les suivantes n'en sont que l'ébauche. Cette doctrine est entièrement exposée dans une petite brochure : le *Manifeste du Parti Communiste* et dans un gros ouvrage : le *Capital*.

Le *Manifeste du Parti Communiste* contient la conception matérialiste de l'histoire.

Le *Capital* analyse et critique le régime capitaliste.

Frédéric Engels, le fidèle ami et collaborateur de Marx, écrit dans la préface d'une des éditions du Manifeste :

La pensée maîtresse et intime du Manifeste, à savoir que la production économique et la structure sociale qui en découle nécessairement forment à chaque époque historique la base de l'histoire politique et intellectuelle de cette époque ; que, par suite (depuis la dissolution de la propriété commune primitive du sol), toute l'histoire a été une histoire de luttes de classes, de luttes entre les classes exploitées et les classes exploitantes, entre les classes dominées et les classes dominantes, aux différents stades du développement historique ; mais que cette lutte a actuellement atteint un stade où la classe exploitée et opprimée (le Prolétariat) ne peut plus se libérer de la classe qui l'exploite et qui l'opprime sans libérer en même temps, et pour toujours, toute la société de l'exploitation et des luttes de classes — cette pensée maîtresse appartient uniquement et exclusivement à Marx.

Le Manifeste débute en ces termes :

L'histoire de toute société jusqu'à nos jours n'a été que l'histoire des luttes de classes.

Hommes libres et esclaves, patriciens et plébéiens, barons et serfs, maîtres de jurandes et compagnons, en un mot, oppresseurs et opprimés, en opposition constante, ont mené une guerre inin-

terrompue, tantôt ouverte, tantôt dissimulée ; une guerre qui finissait toujours ou par une transformation révolutionnaire de la
société tout entière, ou par la destruction des deux classes en lutte.

Dans les premières époques historiques, nous constatons presque
partout une division hiérarchique de la société, une échelle graduée
de positions sociales. Dans la Rome antique, nous trouvons des
patriciens, des chevaliers, des plébéiens et des esclaves ; au moyen
âge, des seigneurs, des vassaux, des maîtres, des compagnons, des
serfs ; et dans chacune de ces classes, des gradations spéciales.

La société bourgeoise moderne, élevée sur les ruines de la société
féodale, n'a pas aboli les antagonismes de classes. Elle n'a fait
que substituer aux anciennes, de nouvelles classes, de nouvelles
conditions d'oppression, de nouvelles formes de lutte.

Cependant, le caractère distinctif de notre époque, de l'ère de
la Bourgeoisie, est d'avoir simplifié les antagonismes de classes.
La société se divise de plus en plus en deux vastes camps opposés,
en deux classes ennemies : la Bourgeoisie et le Prolétariat.

Le Manifeste expose ensuite que le développement industriel qui suivit la découverte de l'Amérique et l'ouverture
des grands marchés des Indes et de la Chine eurent pour
conséquence le remplacement du métier féodal par la manufacture et des maîtres de jurandes par la petite bourgeoisie
industrielle.

Puis la manufacture elle-même devint insuffisante et, à la
suite de l'invention de la machine à vapeur, fut remplacée par la grande industrie moderne , la petite bourgeoisie
céda la place aux industriels millionnaires.

La grande industrie a créé le marché mondial, préparé par la
découverte de l'Amérique. Le marché mondial accéléra prodigieusement le développement du commerce, de la navigation, de tous
les moyens de communication. Ce développement réagit à son
tour sur la marche de l'industrie ; et au fur et à mesure que l'industrie, le commerce, la navigation, les chemins de fer se déve-
loppaient, la Bourgeoisie grandissait, décuplant ses capitaux et
refoulant à l'arrière plan les classes transmises par le moyen âge.

Le Manifeste montre que l'influence de la Bourgeoisie
grandissait avec ses richesses et qu'elle s'est enfin emparée
du pouvoir politique, à l'exclusion des autres classes : « Le
Gouvernement moderne n'est qu'un comité administratif des
affaires de la classe bourgeoise. »

La Bourgeoisie tua tout idéalisme, tout sentimentalisme
pour ne laisser subsister que le froid intérêt.

Alors que toutes les classes industrielles antérieures
avaient pour première condition d'existence la conservation
de l'ancien mode de production, la Bourgeoisie « n'existe

qu'à la condition de révolutionner sans cesse les instruments de travail, ce qui veut dire le mode de production, ce qui veut dire tous les rapports sociaux. »

...Poussée par le besoin de débouchés, toujours nouveaux, la Bourgeoisie envahit le globe entier. Il lui faut pénétrer partout, s'établir partout, créer partout des moyens de communication.

...A la place des anciens besoins, satisfaits par les produits nationaux, naissent de nouveaux besoins, réclamant pour leur satisfaction les produits des contrées les plus lointaines et des climats les plus divers. A la place de l'ancien isolement des nations de suffisant à elles-mêmes, se développe un trafic universel, une interdépendance des nations.

...La Bourgeoisie a soumis la campagne à la ville. Elle a créé d'énormes cités ; elle a prodigieusement augmenté la population des villes aux dépens de celle des campagnes, de par là, elle a préservé une grande partie de la population de l'idiotisme de la vie des champs.

...La Bourgeoisie supprime de plus en plus l'éparpillement des moyens de production, de la propriété et de la population. Elle a aggloméré les populations, centralisé les moyens de production et concentré la propriété dans les mains de quelques individus. La conséquence fatale de ces changements a été la centralisation politique. Des provinces indépendantes, reliées entre elles par des liens féodaux, mais ayant des intérêts, des lois, des gouvernements, des tarifs douaniers différents, ont été réunies en une seule nation, sous un seul gouvernement, une seule loi, un seul tarif douanier et un seul intérêt national de classe.

Après avoir montré le prodigieux développement des forces productives qui fut l'œuvre de la Bourgeoisie, le *Manifeste* résume ainsi cette première partie de son exposé :

Les moyens de production et d'échange servant de base à l'évolution bourgeoise furent créés dans le sein de la société féodale. A un certain degré du développement de ces moyens de production et d'échange, les conditions dans lesquelles la société féodale produisait et échangeait ses produits, l'organisation féodale de l'industrie et de la manufacture, en un mot, tous les rapports de la propriété féodale, cessèrent de correspondre aux nouvelles forces productives. Ils entravaient la production au lieu de la développer. Ils se transformèrent en autant de chaînes. Il fallait briser ces chaînes. On les brisa. A la place s'éleva la libre concurrence, avec une constitution sociale et politique correspondante, avec la domination économique et politique de la classe bourgeoise.

Mais il arrive que la Bourgeoisie n'est plus en état de dominer les énormes forces productives qu'elle a créées. Elles se révoltent contre les rapports de propriété établis par elle. Des crises commerciales périodiques, créées par la surproduction, la bouleversent. Pour les surmonter, elle s'efforce de conquérir de nouveaux marchés et prépare ainsi de nouvelles crises plus générales.

Ainsi les armes forgées par la Bourgeoisie contre la féodalité se retournent contre elle. Et de plus elle produit les hommes qui manieront ces armes : les ouvriers modernes, les *Prolétaires.*

La pensée du Manifeste est tellement enchaînée, tellement concentrée qu'il est impossible de la résumer sans l'affaiblir. Nous devons donc citer textuellement la fin de la première partie :

Avec le développement de la Bourgeoisie, c'est-à-dire du capital, se développe le Prolétariat, la classe des ouvriers modernes, qui ne vivent qu'à la condition de trouver du travail, et qui n'en trouvent plus dès que leur travail cesse d'agrandir le capital. Les ouvriers, contraints de se vendre au jour le jour, sont une marchandise comme tout autre article de commerce ; ils subissent, par conséquent, toutes les vicissitudes de la concurrence, toutes les fluctuations du marché.

L'introduction des machines et la division du travail, dépouillant le travail de l'ouvrier de son caractère individuel, lui ont enlevé tout attrait. Le producteur devient un simple appendice à la machine ; on n'exige de lui que l'opération la plus simple, la plus monotone, la plus vite apprise. Par conséquent, le coût de production de l'ouvrier se réduit à peu près aux moyens d'entretien dont il a besoin pour vivre et pour propager sa race. Or, le prix du travail, comme celui de toute marchandise, est égal au coût de sa production. Donc, plus le travail devient répugnant, plus les salaires baissent. Bien plus, la somme de travail s'accroît avec le développement de la machine et de la division du travail, soit par la prolongation de la journée de travail, soit par l'accélération du mouvement des machines.

L'industrie moderne a transformé le petit atelier de l'ancien patron patriarcal en la grande fabrique du bourgeois capitaliste. Des masses d'ouvriers, entassés dans la fabrique, sont organisés militairement. Traités comme des soldats industriels ils sont placés sous la surveillance d'une hiérarchie complète d'officiers et de sous-officiers. Ils ne sont pas seulement les esclaves de la classe bourgeoise, du gouvernement bourgeois, mais encore, journellement, à toute heure, les esclaves de la machine, du contremaître et surtout du maître de la fabrique. Plus ce despotisme proclame hautement le profit comme son but unique, plus il est mesquin, odieux et exaspérant.

Moins le travail exige d'habileté et de force, c'est-à-dire plus l'industrie moderne progresse, plus le travail des hommes est supplanté par celui des femmes. Les distinctions d'âge et de sexe n'ont plus d'importance sociale pour la classe ouvrière. Il n'y a plus que des instruments de travail, dont le prix varie suivant l'âge et le sexe.

Une fois que l'ouvrier a subi l'exploitation du fabricant et qu'il a reçu son salaire en argent comptant, il devient la proie d'autres membres de la bourgeoisie, du petit propriétaire, du prêteur sur gages.

La petite Bourgeoisie, les petits industriels, les marchands, les petits rentiers, les artisans et les paysans prolétaires, tombent dans le Prolétariat ; d'une part, parce que leurs petits capitaux, ne leur permettant pas d'employer les procédés de la grande industrie, ils succombent dans leur concurrence avec les grands capitalistes ; d'autre part, parce que leur habileté spéciale est dépréciée par les nouveaux modes de production. De sorte que le prolétariat se recrute dans toutes les classes de la population.

Le Prolétariat passe par différentes phases d'évolution. Sa lutte contre la Bourgeoisie commence dès sa naissance.

D'abord la lutte est engagée par des ouvriers isolés, ensuite par les ouvriers d'une même fabrique, enfin par les ouvriers du même métier dans une localité, contre le bourgeois qui les exploite directement. Ils ne se contentent pas de diriger leurs attaques contre le mode bourgeois de production, ils les dirigent contre les instruments de production : ils détruisent les marchandises étrangères qui leur font concurrence, brisent les machines, brûlent les fabriques et s'efforcent de reconquérir la position perdue de l'artisan du moyen âge.

A ce moment du développement, le Prolétariat forme une masse incohérente, disséminée sur tout le pays, et désunie par la concurrence. Si parfois les ouvriers s'unissent pour agir en masse compacte, cette action n'est pas encore le résultat de leur propre union, mais de celle de la Bourgeoisie qui, pour atteindre ses fins politiques, doit mettre en branle le Prolétariat tout entier, et qui, pour le moment, possède encore le pouvoir de le faire. Durant cette phase, les prolétaires ne combattent pas encore leurs propres ennemis, mais les ennemis de leurs ennemis, c'est-à-dire les restes de la monarchie absolue, les propriétaires fonciers, les bourgeois non industriels, les petits bourgeois. Tout le mouvement historique est de la sorte concentré entre les mains de la Bourgeoisie ; toute victoire remportée dans ces conditions est une victoire bourgeoise.

Or, l'industrie, en se développant, non seulement grossit le nombre des prolétaires, mais les concentre en masses plus considérables ; les prolétaires augmentent en force et prennent conscience de leur force. Les intérêts, les conditions d'existence des prolétaires s'égalisent de plus en plus, à mesure que la machine efface toute différence dans le travail et presque partout réduit le salaire à un niveau également bas. Par suite de la croissante concurrence des bourgeois entre eux et des crises commerciales qui en résultent, les salaires deviennent de plus en plus incertains ; le constant perfectionnement de la machine rend la position de l'ouvrier de plus en plus précaire ; les collisions individuelles entre l'ouvrier et le bourgeois prennent de plus en plus le caractère de collisions entre deux classes. Les ouvriers commencent par se coaliser contre les bourgeois pour le maintien de leurs salaires. Ils vont jusqu'à former des associations permanentes en prévision de ces luttes occasionnelles. Çà et là la résistance éclate en émeute.

Parfois, les ouvriers triomphent ; mais c'est un triomphe éphémère. Le véritable résultat de leurs luttes est moins le succès immédiat que la solidarité croissante des travailleurs. Cette solidarisation est facilitée par l'accroissement des moyens de communication qui permettent aux ouvriers de localités différentes d'entrer en relation. Or, il suffit de cette mise en contact pour transformer les nombreuses luttes locales, qui partout revêtent le même caractère, en une lutte nationale, en une lutte de classe. Mais toute lutte de classe est une lutte politique. Et l'union que les bourgeois du moyen âge mettaient des siècles à établir par leurs chemins vicinaux, les prolétaires modernes l'établissent en quelques années par les chemins de fer.

L'organisation du Prolétariat en classe, et par suite en parti politique, est sans cesse détruite par la concurrence que se font les ouvriers entre eux. Mais elle renaît toujours, et toujours plus forte, plus ferme, plus formidable. Elle profite des divisions intestines des bourgeois pour les obliger à donner une garantie légale à certains intérêts de la classe ouvrière, par exemple, la loi de dix heures de travail en Angleterre.

En général, les collisions dans la vieille société favorisent de diverses manières le développement du Prolétariat. La Bourgeoisie vit dans un état de guerre perpétuelle ; d'abord contre l'aristocratie, puis contre cette catégorie de la Bourgeoisie dont les intérêts viennent en conflit avec les progrès de l'industrie, toujours, enfin, contre la Bourgeoisie des pays étrangers. Dans toutes ces luttes, elle se voit forcée de faire appel au Prolétariat, d'user de son concours et de l'entraîner dans le mouvement politique, en sorte que la Bourgeoisie fournit aux prolétaires les éléments de sa propre éducation politique et sociale, c'est-à-dire des armes contre elle-mên..

De plus, ainsi que nous venons de le voir, des fractions entières de la classe dominante sont précipitées dans le Prolétariat, ou sont menacées, tout au moins, dans leurs conditions d'existence. Elles aussi apportent au Prolétariat de nombreux éléments de progrès.

Enfin, au moment où la lutte des classes approche de l'heure décisive, le procès de dissolution de la classe régnante, de la société tout entière, prend un caractère si violent et si âpre qu'une fraction de la classe régnante s'en détache et se rallie à la classe révolutionnaire, à la classe qui représente l'avenir. De même que jadis une partie de la noblesse se rangea du côté de la Bourgeoisie, de nos jours une partie de la Bourgeoisie fait cause commune avec le Prolétariat, notamment cette partie des idéologues bourgeois parvenus à l'intelligence théorique du mouvement historique dans son ensemble. De toutes les classes qui, à l'heure présente, se trouvent face à face avec la Bourgeoisie, le Prolétariat seul est la classe vraiment révolutionnaire. Les autres classes périclitent et périssent avec la grande industrie ; le Prolétariat, au contraire, est son produit tout spécial.

La classe moyenne, les petits fabricants, les détaillants, les paysans combattent la Bourgeoisie, parce qu'elle compromet leur existence en tant que classe moyenne. Ils ne sont donc pas révolutionnaires, mais conservateurs ; qui est plus, ils sont réactionnaires ; ils demandent que l'histoire fasse machine en arrière. S'ils agissent révolutionnairement, c'est par crainte de tomber dans le Prolétariat : ils défendent alors leurs intérêts futurs et non leurs intérêts actuels ; ils abandonnent leur propre point de vue pour se placer à celui du Prolétariat.

La voyoucratie des grandes villes, cette putréfaction passive, cette lie des plus basses couches de la société, est çà et là entraînée dans le mouvement par une révolution prolétarienne ; cependant ses conditions de vie la prédisposeront plutôt à se vendre à la réaction.

Les conditions d'existence de la vieille société sont déjà détruites dans les conditions d'existence du Prolétariat. Le prolétaire est sans propriété ; ses relations de famille n'ont rien de commun avec celles de la famille bourgeoise. Le travail industriel moderne, qui implique l'asservissement de l'ouvrier par le capital, aussi bien en France qu'en Angleterre, qu'en Amérique, qu'en Allemagne, dépouille le Prolétaire de tout caractère national. Les lois, la morale, la religion sont pour lui autant de préjugés bourgeois, derrière lesquels se cachent autant d'intérêts bourgeois.

Toutes les classes précédentes qui avaient conquis le pouvoir ont essayé de consolider leur situation acquise en soumettant la société à leur propre mode d'appropriation. Les Prolétaires ne peuvent s'emparer des forces productives sociales qu'en abolissant leur propre mode d'appropriation, et par suite le mode d'appropriation en vigueur jusqu'à nos jours. Les Prolétaires n'ont rien à eux à assurer ; ils ont, au contraire, à détruire toute garantie privée, toute sécurité privée existante.

, Tous les mouvements historiques ont été, jusqu'ici, des mouvements de minorités au profit de minorités. Le mouvement prolétarien est le mouvement spontané de l'immense majorité au profit de l'immense majorité. Le Prolétariat, la dernière couche de la société actuelle, ne peut se redresser sans faire sauter toutes les couches superposées qui constituent la société officielle.

La lutte du Prolétariat contre la Bourgeoisie, bien qu'elle ne soit pas au fond une lutte nationale, en revêt cependant, tout d'abord, la forme. Il va sans dire que le Prolétariat de chaque pays doit en finir, avant tout, avec sa propre Bourgeoisie.

En esquissant à grands traits les phases du développement prolétarien, nous avons décrit l'histoire de la guerre civile, plus ou moins occulte, qui travaille la société jusqu'à l'heure où cette guerre éclate en une révolution ouverte, et où le Prolétariat établit les bases de sa domination par le renversement violent de la Bourgeoisie.

Toutes les sociétés antérieures, nous l'avons vu, ont reposé sur l'antagonisme de la classe oppressive et de la classe opprimée. Mais pour opprimer une classe il faut, au moins, pouvoir lui garantir les conditions d'existence qui lui permettent de vivre en esclave. Le serf, en pleine féodalité, parvenait à se faire membre de la commune ; le bourgeois embryonnaire du moyen âge atteignait la position de bourgeois, sous le joug de l'absolutisme féodal. L'ouvrier moderne, au contraire, loin de s'élever avec le progrès de l'industrie, descend toujours plus bas, au-dessous même du niveau des conditions de sa propre classe. Le travailleur tombe dans le paupérisme, et le paupérisme s'accroît plus rapidement encore que la population et la richesse. Il est donc manifeste que la Bourgeoisie est incapable de remplir le rôle de classe régnante et d'imposer à la société comme loi suprême les conditions d'existence de sa classe. Elle ne peut régner, parce qu'elle ne peut plus assurer l'existence à son esclave, même dans les conditions de son esclavage ; parce qu'elle est obligée de le laisser tomber dans une situation telle, qu'elle doit le nourrir au lieu de s'en faire nourrir. La société ne peut plus exister sous sa domination, ce qui revient à dire que son existence est désormais incompatible avec celle de la société.

La condition essentielle d'existence et de suprématie pour la classe bourgeoise est l'accumulation de la richesse dans les mains privées, la formation et l'accroissement du capital ; la condition du capital est le salariat. Le salariat repose exclusivement sur la concurrence des ouvriers entre eux. Le progrès de l'industrie, dont la Bourgoisie est l'agent passif et inconscient, remplace l'isolement des ouvriers par leur union révolutionnaire au moyen de l'association. Le développement de la grande industrie sape sous les pieds de la bourgeoisie le terrain même sur lequel elle a établi son système de production et d'appropriation.

La Bourgeoisie produit avant tout ses propres fossoyeurs. Sa chute et la victoire du Prolétariat sont également inévitables.

Dans sa deuxième partie, le Manifeste définit l'attitude des communistes à l'égard du Prolétariat pris dans son ensemble :

Le but immédiat des communistes est le même que celui de toutes les fractions du Prolétariat : organisation des prolétaires en parti de classe, destruction de la suprématie bourgeoise, conquête du pouvoir politique par le Prolétariat.

Les propositions théoriques des communistes ne reposent nullement sur des principes inventés ou découverts par tel ou tel réformateur du monde.

Elles ne sont que l'expression, en termes généraux, des conditions réelles d'une lutte de classe existante, d'un mouvement historique évoluant sous nos yeux.

...Les communistes peuvent résumer leur théorie dans cette proposition unique : abolition de la *propriété privée*.

Le Manifeste justifie ensuite les communistes des nombreuses accusations dirigées contre eux par leurs adversaires en ce qui concerne la liberté, la propriété, la famille, la patrie, la morale.

Puis il esquisse les mesures à prendre par le Prolétariat victorieux :

La première étape dans la révolution ouvrière est la constitution du prolétariat en classe régnante, la conquête du pouvoir public par la démocratie.

Le prolétariat se servira de sa suprématie politique pour arracher *petit à petit* tout capital à la bourgeoisie, pour centraliser tous les instruments de production dans les mains de l'Etat, c'est-à-dire du prolétariat organisé en classe régnante, et pour augmenter au plus vite les masses des forces productives disponibles.

Mais le Prolétariat, en tant que classe, ne se perpétuera pas au pouvoir. En détruisant les anciens rapports de production, « il détruit les conditions d'existence de l'antagonisme des classes, c'est-à-dire les classes en général, et par là, sa propre domination comme classe. »

A la place de l'ancienne société bourgeoise, avec ses classes et ses antagonismes de classes, surgit une association où le libre développement de chacun est la condition du libre développement pour tous.

La troisième partie du Manifeste expose les données essentielles et fait la critique des différentes sortes de socialisme qui ont existé avant son apparition : socialisme féodal et clérical, c'est-à-dire retour au passé, socialisme des petits bourgeois, lésés par le grand capital et désireux de limiter ses envahissements, socialisme allemand, dit vrai socialisme, à peine connu en France, socialisme critico-utopique, qui embrasse tous les systèmes socialistes et communistes antérieurs au Manifeste.

Le Manifeste se termine par l'indication de l'attitude des communistes ; il conclut par ces lignes :

Les communistes ne s'abaissent pas à dissimuler leurs opinions et leurs buts. Ils proclament hautement que ces buts ne pourront être atteints sans le renversement violent de tout ordre social actuel. Que les classes régnantes tremblent à l'idée d'une révolution communiste. Les prolétaires n'ont rien à y perdre, hors leurs chaînes. Ils ont un monde à gagner.

Prolétaires de tous les pays, unissez-vous!

Dans ce résumé trop long et pourtant incomplet, bien des points importants n'ont pu trouver place. On les retrouvera plus loin dans la discussion.

*** A la différence du Manifeste qui tient en quelques pages, le *Capital* atteint une dimension formidable. Il remplit trois gros volumes et devait en comprendre un quatrième, qui est resté à l'état d'ébauche.

Le premier volume seul a été publié du vivant de Marx. Les deux autres, dont la préparation était fort incomplète, ont été mis au point après sa mort par son fidèle ami et collaborateur Frédéric Engels. Quant au quatrième, qui n'existait que sous la forme de notes éparses, il n'a pas paru.

Le *Capital* a pour sous-titre : *Critique de l'Economie politique.*

Le premier volume expose le *Procès de la formation du Capital.*

Le second le *Procès de circulation du Capital*.

Le troisième contient le *Procès d'ensemble de la production capitaliste*.

Le quatrième, d'après Engels, devrait être consacré à *l'Histoire de la théorie de la plus-value*.

Comme on le voit par ces titres, le *Capital* n'apporte aucune donnée positive sur le socialisme. Il se borne à l'analyse détaillée et critique du rôle du Capital dans la société actuelle.

Le premier volume est à peu près le seul connu.

Il débute par une étude de la marchandise qui, selon Marx, constitue la richesse de la société capitaliste. Au cours de cette partie se trouve une théorie de la valeur dont il est parlé plus longuement au chapitre V.

Au même chapitre, on trouvera le résumé et la discussion de la théorie de la plus-value, qui occupe la partie la plus importante du premier volume et des volumes suivants, et constitue la base fondamentale de la doctrine économique marxiste.

Engels a écrit :

Ces deux grandes découvertes, la conception matérialiste de l'histoire et la révélation du mystère de la production capitaliste au moyen de la plus-value, nous les devons à Marx. C'est par elles que le socialisme est devenu une science.

On voit par là toute l'importance attribuée par Marx et Engels à la théorie de la plus-value.

Le dernier chapitre du premier volume du *Capital* a pour titre l'*Accumulation primitive*, c'est-à-dire l'origine des premiers capitaux constitués. Elle remonte, d'après Marx, à la période finale du moyen-âge, et a consisté dans l'expropriation des petits producteurs de leurs moyens de production, transformés en moyens de production socialement concentrés. Cette dépossession a entraîné la dissolution de la propriété privée reposant sur le travail propre du propriétaire et changé les travailleurs libres en prolétaires.

Le grand Capital d'aujourd'hui, selon Karl Marx, tire donc son origine de la destruction des petites propriétés (des petits artisans et des paysans) dans lesquelles le travail et la propriété privée étaient réellement liés ensemble, et dans lesquelles le travailleur était aussi le véritable propriétaire de *ses* moyens de production et du produit de *son* travail. Cette forme intérieurement équitable de la propriété privée, où « le travailleur était le libre propriétaire des moyens de travail par lui maniés : le paysan du champ qu'il labourait, l'ouvrier de l'outil dont il se servait ingénieusement » ; cette forme, disons-nous, heureuse pour son temps, comme juste dans le fond et identique avec le travail, avait le grand défaut d'éparpiller les moyens de production, d'où il résultait qu'elle souffrait de ce fractionnement dans sa productivité et ses moyens d'action. La petite propriété devait périr par ce défaut, et ce qui reste d'elle (petits artisans et petits propriétaires paysans) dépérit de jour en jour, forcée qu'elle est de céder à la puissance du grand capital agricole et industriel.

La propriété privée acquise par le propre travail de son possesseur et basée, pour ainsi dire, sur l'union de l'individu indépendant et isolé avec les conditions de son travail particulier, a été supplantée par la propriété privée capitaliste, basée sur l'exploitation du travail d'autrui, formellement libre.

Aussitôt que ce procédé de transformation, détruisant les petites propriétés artisanes et paysannes, eut suffisamment décomposé la vieille société ; aussitôt que les anciens travailleurs privés furent convertis en grand capital moderne, la lutte du capital alla encore plus loin : le grand capital — à sa deuxième phase de développement — combattit le petit capitaliste lui-même.

Grâce à la concentration continue des moyens de production dans les grandes industries, un capitaliste en tue beaucoup d'autres ; mais en même temps, dans le domaine du grand capital privé, se développe également et simultanément la forme coopérative sociale du travail, sur une échelle toujours croissante, l'application consciente de la technologie, l'exploitation en grand et méthodique du globe, la transformation des moyens privés de travail en moyens de travail qui ne peuvent plus être appliqués que socialement et l'économie dans les moyens de production par leur emploi comme moyens communs de travail social combiné.

Mais avec la diminution du nombre des magnats du capital qui usurpent et monopolisent tous les avantages de ce procédé de transformation, s'accroissent aussi la misère, l'oppression, le servage, la dégradation et l'exploitation, et parallèlement la classe grossissante des prolétaires, unis et organisés par le mécanisme même de la production capitaliste, se montre plus exigeante et plus puissante dans ses révoltes.

Le monopole du capital deviendra enfin lui-même une entrave au mode de production qui a fleuri sous lui et avec lui.

Alors aura sonné l'heure de la propriété privée capitaliste : *les expropriateurs seront expropriés.*

Le mode de production et d'appropriation capitaliste a été la première négation de la propriété privée basée sur le propre travail de son possesseur. Maintenant cette négation se nie elle-même, et contraint au rétablissement de la propriété *individuelle*, mais sur la base de ce qu'a réalisé l'ère capitaliste, sur la base de la coopération de travailleurs libres, possédant en commun la terre et les moyens de production produits par leur travail.

La transformation antérieure, celle de la propriété privée morcelée, et reposant sur le travail de son possesseur, en capital moderne, fut infiniment plus longue et plus difficile que ne le sera la transformation en propriété collective du capital privé, qui repose déjà, en fait, sur un mode social de travail. Là, ce fut l'expropriation des masses populaires par quelques usurpateurs ; à présent, c'est l'expropriation de quelques usurpateurs par la masse du peuple.

******* Dans le présent chapitre, on se borne à résumer l'essentiel de la doctrine marxiste. La discussion sera pour les chapitres suivants.

CHAPITRE IV

Le marxisme
historique et philosophique

Si les marxistes se bornaient à réclamer, pour leur chef et pour leur doctrine, une place honorable, et même la pre·mière place, dans le mouvement socialiste contemporain, ils ne soulèveraient aucune objection.

En effet, bien que le marxisme, comme tous les systèmes, contienne des erreurs et surtout des lacunes nombreuses, il serait tout à fait misérable de contester l'importance de la contribution qu'il a apportée à la pensée socialiste ; et il serait odieux de chercher à amoindrir la grande figure de Marx, qui, comme Saint-Simon, comme Robert Owen, comme Fourier, a consacré son existence entière au travail le plus rude, aux luttes les plus âpres, en renonçant volontairement à tout ce qui fait la joie des hommes ordinaires, pout hâter l'heure de l'affranchissement de l'humanité.

Mais ce n'est pas manquer de respect à la mémoire de Marx et méconnaître la valeur de son œuvre que de mettre les socialistes en garde contre la portée exagérée et dangereuse qu'il lui attribuait peut-être lui-même, et qui, en tout cas, lui a été donnée par des disciples trop zélés.

D'après eux, en effet, ce n'est pas seulement la première place qui revient au marxisme, c'est toute la place. Rien n'existe en dehors de lui. Il est le commencement et la fin de la science socialiste. Ce que Marx a écrit constitue le livre sacré, l'Evangile, le Coran, qu'on peut interpréter mais auquel il est interdit d'ajouter ou de retrancher.

A la vérité, ils admettent que, comme Jésus-Christ, Marx a eu des précurseurs. Mais ce mot même, qu'ils emploient couramment à l'égard de Saint-Simon et de Fourier, prouve que les travaux de ces derniers n'étaient qu'une préparation, une introduction à l'œuvre marxiste qui est la vérité complète et définitive.

Un autre mot, injuste, dédaigneux et presque insolent établit la démarcation, creuse le fossé entre le marxisme et les autres doctrines : toutes ne sont que du socialisme *utopique* ; seul le marxisme est *scientifique*, et comme tel il regarde de haut tout ce qui l'entoure ; il n'en parle qu'avec mépris ; il refuse d'en tenir compte.

Pourquoi le marxisme est-il scientifique? Engels l'a dit dans un passage cité plus haut : Parce qu'il a apporté deux grandes découvertes : la conception matérialiste de l'histoire et la théorie de la plus-value.

Nous allons discuter la valeur de ces découvertes. Mais tout d'abord, recherchons au point de vue général ce qui peut bien être la caractéristique d'une doctrine sociale scientifique et par quoi elle se distingue de l'utopie.

*** Le mot utopie signifie rêverie, idéal irréalisable. On l'applique à un système ou plan dont la mise en pratique paraît impossible. Bien qu'on parle de quelques utopistes avec une certaine estime, le mot est généralement pris dans un sens péjoratif.

Le mot d'utopie, en sociologie, devrait être réservé à des projets de société future qui ne pourraient fonctionner que si les hommes avaient atteint une perfection morale qu'ils sont loin d'avoir et qu'ils n'auront sans doute jamais ; par exemple si chacun devait toujours s'acquitter consciencieusement et ponctuellement de ses obligations envers ses semblables et envers la société et s'il était inutile d'instituer des sanctions pour l'y contraindre. Une telle conception sociale, demandant à la nature humaine ce qu'elle ne peut pas donner, est évidemment chimérique. C'est le cas de l'anarchie. Il n'y a nulle injustice à la qualifier d'utopique.

Mais si, au contraire, un penseur, tenant compte de la mentalité et des circonstances économiques de son époque, présente un plan de transformation sociale adaptable à ces réalités, quand même ce plan serait en opposition avec l'opinion dominante, celui-là n'a pas bâti sur des nuées un édifice de pure imagination ; il n'est pas un utopiste. Il ne serait même pas un utopiste parce que son œuvre serait incomplète ou fausse dans certaines de ses parties. Dans ce cas elle comporterait des additions et amendements ; mais toutes ses erreurs, toutes ses lacunes ne lui donneraient pas un caractère utopique si au fond elle était établie sur des réalités et non sur des suppositions.

Or Marx ne fait pas cette distinction. A ses yeux, quiconque présente un projet de transformation sociale quel qu'il soit est un utopiste et tombe de ce fait sous les coups de sa dédaigneuse ironie. Il accable de sarcasmes les malheureux faiseurs de projets dans la troisième partie, non citée plus haut du chapitre III du Manifeste.

L'esprit scientifique, selon lui, consiste à étudier la marche des événements, à la suivre de près, à en constater le sens, à en déterminer les lois générales, sans jamais essayer de la préciser, de l'orienter, de la faciliter, en recherchant la meilleure voie à suivre, les moyens les plus sûrs et les plus rapides d'atteindre le but, ni surtout en indiquant d'avance les conditions à remplir, les formes à adopter pour que ce but soit sûrement atteint.

Telle est la conception, purement négative et passive, qu'a Marx d'un socialisme scientifique.

Mais d'autres auteurs, dont l'autorité n'est pas médiocre, ont une conception entièrement différente.

Le professeur socialiste viennois Anton Menger, dans son ouvrage : *le Droit au produit intégral du travail*, écrit au contraire :

Je considère l'exposé d'un état social parfait, non seulement comme tout à fait scientifique, mais même comme indispensable, si le mouvement socialiste doit atteindre ses buts, même en partie seulement.

*** Nous pourrions invoquer également l'opinion de bien d'autres écrivains qualifiés. Mais le simple bon sens suffit pour nous persuader que le socialisme, au sens précis et complet du mot, doit être à la fois critique et organique.

Dans sa partie critique, il analyse les principes et le fonctionnement de la société existante, met en lumière ce qu'ils présentent d'irrationnel, en dénonce les injustices et s'attache à déterminer les causes exactes des maux qui en résultent.

Dans sa partie organique, qui se lie étroitement à la première, il indique, en tenant compte des éléments matériels et humains, bons ou mauvais, qui composent cette société, les bases de la transformation à effectuer pour assurer à la fraction la plus pauvre de la population de meilleures conditions d'existence et favoriser, par l'assainissement de l'atmosphère sociale, le perfectionnement intellectuel et moral de tous les hommes.

Il va de soi que le socialisme doit en outre extérioriser sa doctrine par la propagande et en préparer la réalisation par les moyens appropriés.

Ainsi compris, soit qu'il s'exprime par l'écrit et la parole, soit qu'il se traduise en actes pacifiques ou insurrectionnels, le socialisme est un mouvement raisonné : il sait d'où il part ; il sait où il va.

Mais Marx est aux antipodes de cette conception. Un de ses disciples les plus éminents, Bernstein, qui fut d'ailleurs combattu par les marxistes orthodoxes, a cru pouvoir déduire du marxisme la conclusion que le mouvement est tout et que le but final n'est rien. C'est peut-être une déformation de la pensée du maître, qui est le plus souvent vague et impénétrable. Quoi qu'il en soit, la philosophie de l'histoire exposée dans le Manifeste n'est pas une doctrine, c'est l'observation d'un mouvement. Réduit à ce rôle passif, le socialisme est déchu de tout rôle efficace dans la vie sociale. Il assiste en spectateur à ses transformations sans y contribuer.

— Mais on ne peut pas prévoir l'avenir, disent les marxistes ; nous ignorons encore de quels matériaux sera construite la société future ; il est donc utopique d'en dresser quant à présent le plan et il est scientifique de s'en abstenir.

Certes nul ne peut faire de prophéties ; mais il n'est pas question de cela : un mal étant donné ; sa cause étant reconnue, doit-on attendre qu'il disparaisse de lui-même ou doit-on rechercher les moyens de le guérir? Et lorsqu'il s'agit d'un mal social, c'est-à-dire complexe, ne doit-on pas étudier minutieusement la nature et les conditions d'application du remède, chercher à en prévoir les effets? Quand on veut réaliser une réforme ne commence-t-on pas par en présenter le projet pour mettre la question à l'étude et en préparer la solution? Peut-on s'y prendre autrement? Et la transformation socialiste est-elle autre chose que la plus grande des réformes?

******* Cette idée folle que le socialisme pourra se réaliser un jour sans qu'un projet d'organisation socialiste ait été préalablement dressé et étudié est pourtant ancrée dans un certain nombre de cerveaux, égarés par les sophismes marxistes. Mais elle est rejetée par l'immense majorité des esprits éclairés et ne contribue pas peu à discréditer le socialisme en le montrant comme un parti de pure subversion, incapable de vues positives.

Elle perd d'ailleurs du terrain. On la défend avec moins de raideur ; beaucoup y renoncent individuellement, mais elle reste encore la doctrine dominante des milieux marxistes. Il y a eu des velléités de l'abandonner, mais rien de plus.

Parmi ceux qui refusaient de l'admettre dans sa rigueur, citons Jaurès qui écrivait en 1898 (1) :

Depuis bien des années, sous prétexte de ne pas verser dans le socialisme « utopique », les socialistes s'interdisaient la description précise de la société future. Et à coup sûr, il est impossible d'en dessiner le détail exactement. La vie sociale est trop complexe aujourd'hui, et l'ordre socialiste de demain enveloppera trop de rapports, pour qu'il soit possible de les prévoir minutieusement. Seules les directions générales nous apparaissent ; seuls les grands traits se laissent fixer.

...Mais il n'en est pas moins vrai qu'il y a le plus haut intérêt à rechercher le plus exactement possible dans quelles conditions pourrait fonctionner le mécanisme socialiste et quels effets il produirait.

...A répéter trop pesamment que tout essai de précision de l'ordre futur est chimérique et utopique, on risque de persuader au prolétariat que même les grandes lignes du régime socialiste ne se laissent pas démêler. Et au fond, il y a dans cette réserve excessive un peu d'affectation : car les socialistes les plus critiques, les plus « scientifiques » ont bien, dans leur pensée de derrière la tête, un plan idéal. Et comment pourrait-on travailler, avec une passion révolutionnaire, à l'avènement d'un ordre nouveau si on n'en pouvait dessiner, au moins pour soi-même, les traits essentiels ?

---

(1) Préface par Jean Jaurès de l'*Application du système collectiviste* de Lucien Deslinières.

En outre, et ceci est extrêmement grave, le parti socialiste peut être surpris par les événements s'il ne s'habitue pas à se demander sans cesse : que ferait demain le prolétariat si, demain, il était le maître. Et M. Deslinières donne un exemple de la plus haute valeur en étudiant tous les matériaux, toutes les forces dont pourrait disposer le socialisme triomphant et en en déterminant l'usage possible. Rien ne peut donner au prolétariat accablé plus d'espérance et de ressort que cette vision nette de la réalité socialiste. C'est le signal des victoires prochaines quand l'idée cherche en quel organisme précis elle se réalisera.

...Dès maintenant il faut que tous les hommes de science, tous les techniciens qui acceptent l'idée socialiste, les ingénieurs, les agronomes, les chimistes, les statisticiens, entrent dans la voie que M. Deslinières vient d'ouvrir... Il y a là une grande idée et le germe d'une grande œuvre...

Ajoutons que Jaurès avait accepté la présidence d'un Comité d'Etudes dont l'auteur de ce livre était le secrétaire général, dont faisaient partie en outre, avec Jules Guesde, presque tous les militants de premier plan du parti socialiste, et qui avait pour but la préparation organique du régime socialiste. Une campagne de conférences devait être entreprise pour orienter dans ce sens l'action du parti. Par malheur, l'entrée de M. Millerand dans le ministère Waldeck-Rousseau, en 1899, vint raviver les divisions et les polémiques meurtrières entre socialistes et le projet fut abandonné. Il n'a pas été repris depuis.

Jules Guesde lui-même, qui vient d'être nommé, quoique plus rapproché que Jaurès de la pure doctrine marxiste, admettait l'utilité pour la propagande d'envisager le socialisme sous sa forme positive. En mars 1905, il écrivait à l'auteur de ce livre, qui venait de fonder une revue pour amener le parti socialiste à entrer dans cette voie, une lettre dont voici la première phrase :

Comment ne serais-je pas avec vous, mon cher Deslinières, dans l'œuvre qui vous tient tant à cœur, alors qu'il y a quelque vingt ans déjà, sous l'empire des mêmes préoccupations, je m'étais donné la même tâche !

A une date beaucoup plus récente, le 29 avril 1921, l'*Humanité*, organe officiel du Parti communiste français, a publié un article dont les conclusions sont plus nettes encore. Cet article explique l'échec de la tentative de reconstruction de la Confédération générale du travail dont on parlera au chapitre IX :

Le Conseil Economique du Travail n'a pas fait une place assez grande à l'étude de la refonte complète de l'ordre social actuel ; il n'a pas dressé le plan général de la production socialiste ; il n'a pas élaboré les principes qui devaient servir de base à ce plan.

Et nous pensons que, dans les conjonctures présentes, ce sont ces préoccupations, que l'on peut qualifier de pratiquement révolutionnaires, qui doivent animer ceux qui se soucient de l'avenir du socialisme.

On ne saurait trop répéter que le socialisme est entré depuis 1914, depuis la révolution russe, depuis les grandes crises de régime des empires centraux, dans une ère véritablement nouvelle et qu'une faille profonde nous sépare aujourd'hui du socialisme d'avant-guerre.

...Quelques projets même bien étudiés d'amélioration et de réformes ne sont plus suffisants. Ce qu'il faut c'est proposer nettement tout notre programme de réorganisation sociale, c'est montrer avec précision (et nous pouvons le faire) tout ce que les travailleurs, tout ce que la société peuvent attendre d'un nouveau mode de production.

En même temps que nous faisons la critique du système capitaliste, que nous affirmons que la production désordonnée actuelle, basée sur l'intérêt privé du producteur, sur ses disponibilités financières limitées, sur ses capacités techniques insuffisantes, ne répond plus aux besoins nouveaux, faisons apparaître jusque dans ses détails le fonctionnement ordonné de la production et de la répartition communiste, montrons à quel point, lorsque l'intérêt général réglera l'économie, lorsque toutes les disponibilités de travail et de matière seront mises en œuvre, à quel point l'outillage sera perfectionné et à quel niveau élevé sera portée la production de toutes les richesses nécessaires au bien-être des hommes.

Et surtout qu'on n'aille pas dire qu'en travaillant à un plan de production et de répartition communiste on fait aujourd'hui œuvre d'utopie !

L'utopie d'avant guerre peut être la réalité de demain.

Et bien que nous ne croyions pas que la société capitaliste soit sur le point de s'effondrer d'elle-même, nous sommes certains que les véritables révolutionnaires, ceux qui veulent avec passion l'avènement de la société nouvelle, ne pensent pas sans angoisse aux responsabilités qui pèseraient sur leurs épaules le jour où le pouvoir viendrait aux mains des travailleurs.

Dans ces heures troublées, au milieu de difficultés sans nombre, qui pourrait trouver assez de sérénité pour organiser rapidement et sur des bases solides tout l'ensemble de la production repris au capitalisme défaillant ?

De quel secours seront en pareille occurrence les travaux, les études et aussi les constructions préalables, qui basés sur la connaissance exacte de l'économie actuelle, auront réglé l'emploi de l'outillage existant, déterminé celui qu'il faudra immédiatement créer, prévu l'organisation communiste de l'usine et l'emploi des compétences, fixé la nature et le fonctionnement des directions nécessaires ?

C'est pour cette tâche difficile que le Parti va convoquer tous ceux qui peuvent l'aider de leurs connaissances. Il prépare ainsi une grande œuvre de *réalisation révolutionnaire*.

Il semble bien que cet article ait été suivi de la constitution d'un vague Comité d'Etudes. Mais cet effort n'a rien donné et ne peut rien donner de plus que celui de la Confédération générale du travail. Les éléments capables de dresser un plan de reconstruction n'existent pas dans les organisations syndicalistes et socialistes, entraînées par Marx dans une voie trop différente et saturées d'esprit démagogique. Peu importe d'ailleurs pour la thèse que nous défendons dans ce chapitre. Nous voulions prouver que le marxisme n'a pas le droit de se décerner à lui-même le titre flatteur de doctrine scientifique parce qu'il s'est borné à une œuvre de critique et d'observation, ni d'accabler sous le vocable injurieux d'utopiques les doctrines qui se placent sur le terrain positif. Ni l'une ni l'autre de ces deux épithètes ne sont justifiées et il se trouverait aujourd'hui peu de socialistes pour les défendre.

En réalité c'est Marx qui est utopiste en enseignant que le socialisme pourra se réaliser sans avoir été préalablement étudié dans sa forme organique, et ceux-là sont imbus du véritable esprit scientifique qui pensent, au contraire, qu'il est chimérique d'aborder pratiquement une transformation aussi profonde de l'état social sans s'y être préparé.

La question de la possibilité et de la nécessité d'une préparation organique du régime socialiste sera d'ailleurs traitée plus complètement au chapitre VIII

******* Revenons maintenant à la conception matérialiste de l'histoire, en commençant par l'examen de cette question préalable :

La propagande et l'action socialistes ont-elles besoin d'être étayées d'une interprétation philosophique de l'histoire?

L'affirmative a été soutenue par de grands esprits.

Bien avant Marx, Saint-Simon avait dit qu'une nouvelle forme de société ne pouvait s'établir en dehors des forces historiques données et que l'avenir doit être intimement lié aux forces vivantes du présent et du passé.

Ailleurs, Saint-Simon écrivait :

On ne crée point un système d'organisation sociale, on aperçoit le nouvel enchaînement d'idées et d'intérêts qui s'est formé, et on le montre, voilà tout. Un système social est un fait ou il n'est rien. Ce n'est pas moi qui ai formé ce projet de constitution dont j'ai exposé les bases ; c'est la masse de la population européenne qui a travaillé à le former, pendant les huit siècles qui ont précédé celui-ci ; si tout le monde ne l'a pas encore aperçu, c'est qu'il se trouve caché par le frontispice de l'ancien édifice social qui est encore subsistant.

Plus tard Auguste Comte enseignait que les sociétés évoluent d'après certaines règles résultant de la nature des choses, et que par suite, tout en étant soumis à l'universelle loi d'un changement, dans l'ensemble progressif, les phénomènes sociaux sont soumis aussi à des lois invariables.

Après Auguste Comte, son disciple Littré avertissait les socialistes que toute théorie incapable d'expliquer par l'histoire la série logique de ses tentatives d'organisation est frappée d'impuissance.

Plus récemment encore, Benoit Malon, après avoir reconnu que par la combinaison des données de Pecqueur, de Vidal, de Louis Blanc et de Colins avec le plan d'organisation politique de Fauvety et de Renouvier, on constituerait une théorie et une pratique collectivistes relativement complètes, ajoutait : Pourtant la nouvelle doctrine n'était pas encore aux portes du triomphe dans l'opinion publique. Et Malon en indiquait en ces termes la raison :

La cause principale git dans la forme purement logique que lui avaient donnée ses premiers fondateurs. Il eût fallu indiquer la place du collectivisme dans l'évolution économique et conclure ainsi non seulement à sa justice, mais encore à sa nécessité, étant données les conditions nouvelles de la production capitaliste. Ce devait être l'œuvre de Marx et du socialisme allemand.

Malgré les indications précieuses de Saint-Simon et de Fourier, personne, dans le socialisme reconstructif français, ne se préoccupait de philosophie et d'histoire, des lois du développement de la civilisation et de processus social.

...Ce fut une faute grave, une faiblesse pour le collectivisme naissant...

Ce sont là, évidemment, de fortes autorités. Pourtant on peut leur opposer le bloc des autres socialistes non marxistes qui n'ont pas jugé à propos de rechercher, à l'aide de la philosophie et de l'histoire, les discutables loi du développement social et n'ont pas cru nécessaire de rattacher leur doctrine à un processus.

S'ils ont écarté ces préoccupations, ce n'était pas par ignorance ni par inconscience. C'est parce qu'ils les jugeaient inutiles. Les citations de Pecqueur et de Vidal, au chapitre II, ne laissent aucun doute à cet égard. Ils estimaient que le problème social devait être pose sur un autre terrain. Ils rejetaient délibérément la « fausse science » qui se borne « à l'analyse et à l'inventaire de ce qui est, tandis que la véritable science sera la synthèse de ce qui doit être. »

Entre les deux tendances, les conditions de la lutte sont donc égales et on peut la soutenir sans se sentir écrasé d'avance par des forces supérieures.

*** Rappelons d'abord un argument de fait exposé au chapitre II : le socialisme prémarxiste n'avait eu qu'un demi-siècle pour faire ses preuves, la première moitié du XIXe siècle, époque où l'instruction et l'industrie n'étaient que peu développées. Il avait créé pourtant un magnifique courant d'adhésions et de sympathies. Le marxisme a eu soixante-quinze ans pour montrer la grande puissance qu'on lui attribue ; avec une liberté beaucoup plus grande il a pu agir sur un prolétariat infiniment plus nombreux et mieux instruit. Il n'est arrivé qu'à rendre le socialisme haïssable, qu'à émietter les forces ouvrières, qu'à faire échouer la révolution russe sur le terrain économique et, en dépit du bouleversement favorable résultant de la guerre, qu'à faire apparaître l'avènement du socialisme comme plus lointain que jamais.

On peut discuter à perte de vue sur une doctrine ; mais il faut s'incliner devant la constatation certaine de ses résultats. Si vraiment la nouvelle méthode introduite par Marx avait eu la valeur que ses partisans lui prêtent, le socialisme en serait-il là ? Et n'est-il pas évident que la conception matérialiste de l'histoire même flanquée de la théorie de la plus-value, a diminué sa force d'expansion plutôt que de l'augmenter ?

Retenons cette considération qui domine la discussion de la thèse marxiste.

*** Bien des équivoques, bien des erreurs naissent de mauvaises interprétations de la pensée écrite.

Quand Pecqueur déclarait qu'au lieu de se mettre à la remorque des faits, la science doit les dominer et leur imposer sa loi ; quand Vidal, subordonnant les faits aux principes, voulait chercher d'abord rationnellement à se faire la plus haute idée de l'ordre et de la justice, puis étudier les moyens pratiques de réaliser l'idéal qu'il avait conçu, ces deux auteurs entendaient-ils plier l'humanité aux conceptions de leur imagination et se refusaient-ils à tenir compte des faits?

Cela est inadmissible et ne résulte nullement de ce qu'ils ont écrit.

Pecqueur voulait dominer les faits, leur imposer sa loi ; mais cette loi, pour dominer les faits, devait d'abord les connaître, puis les diriger par des voies appropriées à leur nature.

La recherche rationnelle de Vidal, précisément parce qu'elle était rationnelle, ne pouvait aboutir à une conception de l'ordre et de la justice entièrement détachée des conditions matérielles et morales de la vie des sociétés humaines ; elle ne pouvait fonder ses conclusions que sur les réalités existantes. De même les moyens de réaliser l'idéal conçu, pour être pratiques, devaient être adaptés à ces réalités.

En somme ces deux auteurs ne niaient point que les faits dussent être la base fondamentale, le point de départ de toute doctrine sociale nouvelle. Ils réagissaient seulement contre la thèse, d'une évidente absurdité, qu'il faut laisser les faits livrés à eux-mêmes et se borner à en observer l'évolution. Ils soutenaient avec raison que l'idée doit intervenir constamment pour en contrôler la marche. Ils estimaient qu'il faut dégager la doctrine des faits, mais qu'elle n'y est pas toute formée, qu'elle n'y existe qu'en germe ; qu'en somme les faits apportent le germe et que l'idée le féconde.

Et cette conception est-elle si éloignée de celle de Marx que le prétendent les outranciers du marxisme? Il semble bien au contraire qu'elle s'en rapproche singulièrement puisque Engels, dans ses lettres à Conrad Schmidt, citées par Ch. Rappoport, déclare que « les facteurs idéologiques, tout en ayant leur origine première dans la structure économique de la société, agissent à leur tour sur les phénomènes sociaux. »

L'affirmation d'Engels peut paraître contradictoire avec

la thèse générale de Marx ; mais ce n'est pas le seul point sur lequel cette thèse reste vague et incertaine.

Saint-Simon non plus n'a pas échappé aux contradictions, puisque, après avoir déclaré qu'on ne crée point un système d'organisation sociale, mais qu'on l'aperçoit et qu'on le montre, il a présenté lui-même un projet de constitution entièrement différent des institutions alors en vigueur. Il cherche vainement à se justifier en expliquant que ce projet n'est pas son œuvre personnelle, mais celle de la masse de la population européenne depuis huit siècles et que si tout le monde ne l'a pas encore aperçu, c'est qu'il se trouve caché par le frontispice de l'ancien édifice social encore subsistant.

Qui ne sent, en effet, que le projet de Saint-Simon n'existait pas en réalité, que son véritable auteur c'est lui-même, qu'il l'a conçu d'après l'observation des faits, en se laissant guider par son propre jugement pour le conformer aux nécessités et aux possibilités du moment?

La vraie pensée saint-simonienne apparaît mieux dans la première partie de la citation ci-dessus, pour peu qu'on prenne la peine d'y réfléchir.

En disant qu'une nouvelle forme de société ne peut s'établir en dehors des forces historiques données, et que l'avenir doit être intimement lié aux forces vivantes du présent et du passé, Saint-Simon en revient à dire que toute doctrine doit se baser sur les faits.

Les forces *vivantes* du passé, en effet, sont toutes contenues dans le présent. Celles qui n'y sont pas contenues sont des forces *mortes*, dont par conséquent il n'y a pas à tenir compte. C'est donc sur le présent qu'il faut se baser pour préparer l'avenir ; c'est sur les faits actuels formés des survivances du passé et non sur les faits anciens qui, après avoir joué leur rôle dans l'évolution ont disparu sans laisser de traces.

Cette thèse est la nôtre. Elle n'est pas du tout en opposition avec celle de Pecqueur et de Vidal ; mais elle nie résolument la nécessité de remonter le cours de l'histoire et même de la préhistoire pour y chercher des lumières sur la marche vers l'avenir.

Si telle n'était pas l'opinion de Saint-Simon, s'il a réellement cru, ainsi que Marx, s'appuyer sur une philosophie de l'histoire, on devrait en conclure que les enseignements de l'histoire sont bien trompeurs et entraînent ceux qui veulent les suivre dans des voies bien différentes.

En effet partant du même point que Saint-Simon, son devancier, « son précurseur direct, un de ses maîtres », selon Ch. Rappoport, Karl Marx a abouti à nier l'utilité d'un programme positif, alors que Saint-Simon en avait apporté un.

La conception historique de Karl Marx était matérialiste ; celle de Saint-Simon religieuse.

Karl Marx voulait placer toute l'autorité publique dans les mains du prolétariat ; Saint-Simon voulait la donner aux chefs d'industrie. Aux ouvriers de son époque qui, devançant l'idée marxiste de la dictature du prolétariat, prétendaient à l'hégémonie politique et économique, Saint-Simon répondait :

Vous dites : nous sommes dix fois, vingt fois, cent fois plus nombreux que les propriétaires, et cependant les propriétaires exercent sur nous une domination bien plus grande que celle que nous exerçons sur eux. Je conçois, mes amis, que vous soyez très contrariés ; mais remarquez que les propriétaires, quoique inférieurs en nombre, possèdent plus de lumière que vous, et que, pour le bien général, la domination doit être répartie dans la proportion des lumières. Regardez ce qui est arrivé en France pendant le temps que vos camarades y ont dominé, ils y ont fait naître la famine.

En somme la même méthode a conduit Marx et Saint-Simon aux antipodes l'un de l'autre.

N'est-ce pas la preuve décisive que l'histoire peut être interprétée de mille façons différentes, qu'en général il y a dans chaque interprétation une part de vérité et une part d'erreur, que par conséquent on ne peut se livrer pieds et poings liés à aucune et que celle de Marx n'est pas plus concluante que les autres?

Quant aux « lois invariables » qui, selon Auguste Comte, régissent les phénomènes sociaux, elles existent dans la nature mais non dans la société et ne peuvent faire sentir leur influence que dans la partie des institutions sociales qui reproduisent les lois naturelles. Admettre le contraire serait croire que l'histoire tourne éternellement dans le même cercle et que l'avenir ne sera que la répétition du passé. Ce grossier fatalisme répugne trop à notre mentalité occidentale pour qu'il soit nécessaire de le réfuter.

Il n'y a pas de lois invariables parce que les sociétés humaines sont en état de perpétuelle transformation et même les lois naturelles, appliquées dans un milieu nouveau, donnent des résultats différents.

*** Quelle a pu être la véritable pensée de Marx au sujet du degré de certitude des prédictions qu'il fonde sur son interprétation de l'histoire?

D'une part, dans le Manifeste, il est tout à fait affirmatif sur leur réalisation : « La chute de la Bourgeoisie et la victoire du prolétariat sont également inévitables. » Et il ne l'est pas moins dans le *Capital* : « Les expropriateurs seront expropriés. » Il semble que cet événement soit écrit d'avance au livre des destinées.

Pourtant Marx a donné de ses propres texte un commentaire tout différent.

Dans une lettre reproduite par le *Mouvement socialiste* du 24 mai 1902, Karl Marx, répondant à l'écrivain russe Mikaïlowsky, lequel avait considéré l'esquisse historique des premiers pas du mode capitaliste de production comme une théorie historico-philosophique d'une application générale, écrivait :

Dans le chapitre sur l'*accumulation primitive*, je ne prétends que tracer la voie par laquelle, dans l'Europe occidentale, l'ordre économique capitaliste est sorti des entrailles de l'ordre économique féodal... A la fin du chapitre, je traite de la tendance historique de l'accumulation, et j'affirme que son dernier mot, c'est la transformation de la propriété capitaliste en propriété sociale.

...Mon critique veut absolument métamorphoser mon esquisse de la genèse du capitalisme dans l'Europe occidentale en une théorie historico-philosophique de la marche générale, fatalement imposée à tous les peuples, quelles que soient les circonstances historiques où ils se trouvent placés, pour arriver, en dernier lieu, à cette formation économique, qui assure avec la plus grande somme de pouvoir productif du travail social, le développement le plus intégral de l'homme. Mais je lui demande pardon. C'est me faire en même temps trop d'honneur et trop de honte. En différents endroits du *Capital*, j'ai fait allusion au destin qui atteignit les plébéiens de l'ancienne Rome

C'était originairement des paysans libres cultivant, chacun pour son compte, sa propre parcelle. Dans le cours de l'histoire romaine, ils furent expropriés. Le même mouvement qui les sépara d'avec leurs moyens de production et de subsistance, impliqua non seulement la formation des grandes propriétés foncières, mais encore celle de grands capitaux monétaires. Ainsi, un beau matin, il y avait, d'un côté, des hommes libres, dénués de tout sauf de leur force de travail, et de l'autre, pour exploiter ce travail, les détenteurs de toutes les richesses acquises. Qu'est-ce qui arriva ? Le prolétariat romain devint, non un travailleur salarié, mais un *mobe* fainéant, plus abject que les ci-devant « poor whites » d'un des pays méridionaux des Etats-Unis ; et à leur côté, se déploya un mode de production non capitaliste, mais esclavagiste. Donc des événements d'une analogie frappante, mais se passant dans des milieux historiques différents, amenèrent des résultats tout à fait disparates.

En étudiant chacune de ces évolutions à part, en les comparant ensuite, l'on trouvera facilement la clef de ces phénomènes, mais on n'y arrivera jamais avec le passe-partout d'une théorie historico-philosophique dont la suprême vertu consiste à être suprahistorique.

Ainsi une première restriction est apportée par Marx luimême au caractère général attribué à sa thèse : il n'a parlé que de l'Europe occidentale qu'il a seule étudiée. Il ignore la marche de l'évolution dans les autres pays et croit qu'elle pourra être toute différente. Il va plus loin : dans un autre passage de la même lettre, il déclare qu'ayant étudié postérieurement et d'une façon approfondie la situation de la Russie, sa conclusion est que ce pays peut très bien passer directement de son communisme primitif au communisme scientifique sans traverser une période intermédiaire d'industrialisation et que si elle ne le fait pas, elle perdra la plus belle occasion que l'histoire ait offerte à un peuple.

Même pour les pays de l'Europe occidentale, Marx se défend d'avoir fait une prophétie. Il a traité, dit-il, la *tendance historique* de l'accumulation. La *tendance* seulement, et il est évident qu'une tendance peut toujours dévier de sa direction apparente. De sorte que quand Marx *affirme* que *son dernier mot*, c'est la transformation de la propriété capitaliste en propriété sociale, il semble vouloir dire : *J'ai la conviction* que les choses se passeront ainsi, et non : *J'en ai la certitude*.

C'est d'ailleurs dans ce sens que Benoit Malon interprète la thèse marxiste. Il écrit dans son *Socialisme intégral* :

On a voulu voir dans ce déterminisme social une sorte de fatalisme étroit ; il n'est à proprement parler qu'une application aux choses économiques du calcul des probabilités qui a pour père Laplace.

Alors la victoire du Prolétariat serait simplement probable? Sous cette forme atténuée, le pronostic marxiste est évidemment beaucoup plus acceptable. Mais en même temps il perd beaucoup de son intérêt et on se demande s'il était nécessaire de remuer une si énorme quantité de matériaux historiques, et d'appeler la philosophie au secours de l'histoire pour aboutir à une incertitude.

Où sont les « lois invariables » de l'histoire dont parlait Auguste Comte, si leur application diffère du tout au tout selon les pays et selon les époques et si pour aucun pays et aucune époque, elles ne dominent la marche des événements?

La vérité c'est que l'étude la plus approfondie du passé ne conduit à la détermination d'aucune loi, d'aucune règle applicable à l'avenir. A peine peut-elle fournir quelques lumières sur l'art de gouverner les hommes, qui sont restés à peu près les mêmes depuis que l'intérêt privé est le principal mobile de leurs actions.

Pour légiférer en matière sociale, il faut évidemment bien connaître le milieu économique et humain où la loi doit être appliquée. Pour bien connaître ces éléments il ne faut pas ignorer leur histoire. Mais dans une situation nouvelle il faut s'inspirer de principes nouveaux et non se conformer aux précédents ni se soumettre à de prétendues règles qui n'existent que dans quelques imaginations.

La conclusion c'est que le socialisme a sa force propre parce qu'il répond aux nécessités actuelles, parce qu'il est la seule issue aux difficultés inextricables où se débat le vieux monde, parce qu'il est l'expression même de la justice à laquelle aspirent les hommes. Et par conséquent il n'a que faire d'un fondement historique et philosophique d'une solidité toujours contestable.

Expliquons bien notre pensée cependant à l'égard de la conception matérialiste de l'histoire : nous l'acceptons à titre de probabilité et sous certaines réserves ; nous reconnaissons qu'elle est exacte en bien des parties ; nous admettons qu'elle pourrait accroître la force de l'idée socialiste en mettant en lumière le fait que l'évolution économique s'exerce dans le sens de sa réalisation.

Ce que nous répudions en elle, c'est sa prétention d'enfer

mer tout le socialisme dans un cadre historique, et d'exclure de la pensée socialiste, de l'action socialiste, comme entaché d'utopie, tout effort d'organisation positive. Par ce caractère systématiquement négatif, elle a fait perdre au socialisme plus de force, incomparablement plus de force qu'elle ne lui en a apportée. Elle lui a fait manquer son heure au lendemain de la guerre, lorsque ses chances de succès étaient si grandes.

*** Nous avons entendu dire : Marx écrivait à une époque où l'avènement du socialisme paraissait lointain. Il avait peut-être raison, alors, de s'en tenir à montrer qu'il se dégageait peu à peu de l'évolution et à le justifier par une critique du régime capitaliste. Mais Marx n'interdisait pas à ceux qui lui succèderaient d'étendre son œuvre préparatoire dans la voie des études organiques.

Que savons-nous à cet égard? La pensée de Marx est si complexe qu'il y a toujours doute sur son véritable sens. Mais quelle qu'elle ait été, ses partisans l'ont unanimement interprétée dans le sens contraire. Pour un pur marxiste, l'action est enfermée dans le champ délimité par le maître ; en sortir c'est cesser d'être *scientifique*.

Il semble bien que cette interprétation soit exacte. Rien ne la contredit et tout la confirme.

A vrai dire les sarcasmes dirigées par Marx dans le Manifeste contre les faiseurs de plans semblent viser uniquement les purs utopistes, étrangers à leur propre milieu et apportant des descriptions imaginatives de la société future pour l'homme tel qu'ils le rêvent et non tel qu'il est ; et aussi les auteurs d'expériences prématurées sur une petite échelle dans le cadre de la société capitaliste et sous sa dépendance .On ne voit pas qu'ils s'adressent à des constructeurs qui, se basant sur les réalités présentes, s'efforcent de montrer des issues pratiques au socialisme pour le jour où il sera politiquement victorieux.

Néanmoins la tendance de l'œuvre marxiste toute entière est contraire à l'idée que de tels travaux peuvent présenter le moindre intérêt, et implicitement elle les condamne.

Dans la conception marxiste, en effet, la pensée et l'action individuelles ne comptent pas ; tout est social ; tout est entraîné dans un mouvement de masse. Une classe est en lutte avec une autre classe. Chacune n'a qu'un cerveau collectif. Dans le fracas du combat, aucune voix isolée ne peut se faire entendre. Les idées, d'ailleurs, sont d'origine sociale ; elles sont déterminées par la structure de la société. L'émancipation des ouvriers sera l'œuvre de la classe ouvrière elle-même, et non d'un penseur, même génial, qui croirait devoir y apporter son concours.

D'ailleurs, il semblerait, d'après Marx que le socialisme ne serait pas une doctrine, mais un mouvement ou même simplement l'étude du mouvement prolétarien. Le Manifeste dit en effet :

> Les communistes ne forment pas un parti distinct opposé aux autres partis ouvriers.
>
> ... Ils ne proclament pas de principes sectaires sur lesquels ils voudraient voir modeler le mouvement ouvrier.
>
> ... Les propositions théoriques des communistes ne reposent nullement sur des idées et des principes inventés ou découverts par tel ou tel réformateur du monde.
>
> Elles ne sont que l'expression, en termes généraux, des conditions réelles d'une lutte de classe existante, d'un mouvement historique évoluant sous nos yeux...

Cette expression, Marx l'ayant, selon ses adeptes, impeccablement et définitivement formulée, il n'y a plus qu'à la faire connaître aux masses. Ce serait une hérésie d'y ajouter quoi que ce fût et ceux qui s'y essayeraient devraient être persuadés d'avance que leurs travaux ne serviraient à rien.

Ainsi la tendance que révèle le marxisme, étudié dans ses propres textes, s'accorde bien avec l'interprétation qui a prévalu. Elle restreint la tâche des socialistes à la propagande du matérialisme historique et de la théorie de la plus-value dans le but de hâter l'organisation de la classe ouvrière, et leur interdit tout autre effort.

C'est surtout en cela que le marxisme est stérilisant et néfaste. La suite de cet ouvrage le fera mieux ressortir.

*** Pour que le socialisme trouve, non un simple adjuvant, mais un fondement inébranlable dans une conception de l'histoire, il faudrait que cette conception, au lieu d'envisager seulement une partie des faits historiques, ou de les considérer dans leur ensemble, mais sous un angle déterminé, fût vraiment générale, et assez fortement bâtie pour s'imposer comme une évidence, sinon aux adversaires irréductibles du socialisme, du moins à tous les esprits impartiaux.

Il n'en est pas ainsi de la conception matérialiste de l'histoire, édifiée avec des faits vrais, mais non avec tous les faits, et dont le principe général est par conséquent discutable. Aussi a-t-il été discuté et rejeté par un certain nombre de socialistes.

Le professeur viennois Anton Menger est de ces derniers. Le marxisme lui paraît imbu de métaphysique indémontrable. Il n'est pas vrai, selon lui, que la structure d'une société, et le régime juridique et politique qui la détermine résultent directement de son état économique. Le fondement du régime de la propriété, c'est la force.

La fondation d'un régime de droit nouveau et durable par l'expropriation violente s'est répétée cent fois dans l'histoire, écrit Menger dans l'*Etat Socialiste* :

Lorsque les Grecs, les Romains et les Germains, après de longues migrations, s'installèrent finalement, et plus tard, lorsqu'ils élargirent leurs frontières, ils se heurtèrent partout à des populations déjà domiciliées auxquelles, après la victoire, ils enlevèrent violemment la terre en totalité ou en partie. Le régime de la propriété eut donc, tout au début, pour fondement l'épée victorieuse. Plus tard encore, de grands bouleversements politiques s'accompagnèrent très fréquemment d'un renversement violent du régime de la propriété. Je veux rappeler seulement la conquête et le partage de l'Angleterre par les Normands, la sécularisation des biens d'Eglise par la Réformation, les immenses confiscations de biens en Bohême après la bataille de la Montagne Blanche, enfin la confiscation des biens d'Eglise et de ceux des émigrés au cours de la Révolution française.

Menger ajoute, pendant la seconde moitié du XIXe siècle, l'expropriation forcée de l'aristocratie polonaise dans quelques régions de la Russie, après l'insurrection de 1863 et celle des Musulmans, dans les états des Balkans après la guerre turco-russe.

Il pourrait y ajouter en outre les spoliations dont sont victimes les indigènes après les conquêtes coloniales, dans les temps modernes aussi bien que dans le passé. La France notamment a usé de ce moyen pour implanter la propriété française en Algérie.

Menger observe qu'à notre époque les grandes fortunes sont le plus souvent acquises par la spéculation, par l'exploitation de faveurs gouvernementales, bref par la ruse et non par la violence :

Puisque notre régime de propriété dérive presque exclusivement, dans son origine, du glaive, on peut supposer *a priori* qu'il manifeste, non pas des préoccupations économiques, mais l'égoïsme et la brutalité de la guerre et de l'état militaire. Et en effet nous voyons que les desiderata de la vie économique ne sont nullement satisfaits par notre régime de propriété. En particulier ni le droit des biens de notre époque ni celui des temps passés ne pourvoit à ce que les richesses soient réparties entre les citoyens selon leurs besoins ou à ce qu'elles reviennent à celui par le travail économique duquel elles ont été produites.

Cette méconnaissance des facteurs économiques apparaît notamment en ce que, dans notre système juridique, toutes choses sont soumises d'une manière uniforme à la propriété et aux droits qui en dérivent.

Les plus enthousiastes partisans du matérialisme historique, dit Menger, ne pourront voir dans ces spoliations en masse, dont les conséquences se font sentir aujourd'hui même, une conséquence du mode de production ou de quelque autre condition économique.

M. Ch. Andler dans la préface qu'il a écrite en tête de la traduction française du livre de Menger, résume en ces termes la doctrine de ce dernier :

Tout régime de droit, depuis les usages juridiques qui régissent les rapports entre particuliers, jusqu'à la forme politique où se concrètent les relations du droit public, ne traduit que l'état des forces en présence. La loi écrite, elle-même, n'est que le traité de paix consenti entre les puissances belligérantes ; et les clauses de cette paix sont précaires puisque l'équilibre des forces est instable. Il est tout à fait clair que le régime existant de la propriété a été fondé par la force. Il est le résidu d'une foule de conquêtes. Des exploitations sans nombre ont modifié la répartition des biens amenés par la guerre ; mais ne l'ont modifiée qu'à l'avantage des forts. Une loi où subsiste presque tout l'esprit de l'ancienne aristocratie de la force et du privilège, celle de l'héritage perpétue les biens dans un nombre limité de familles... Le prolétaire mène une existence traquée de bête à qui des ennemis de toute sorte disputent le gîte et la pâture. A la première exigence déplaisante, le patron renvoie l'ouvrier ; le propriétaire l'expulse de sa maison ; la fraude du petit commerçant, l'usure, le guettent sous mille formes. Un code pénal, qui sanctionne toutes les formes usuelles de l'exploitation, mais punit de peines dures les moindres atteintes à la propriété légale, c'est-à-dire fondée sur la force, consolide le régime établi de spoliation. Cette organisation se défend, comme elle fonde, par la force. L'institution armée qui sert à la défendre s'appelle l'Etat ; et l'Etat, présentement, n'a pas encore d'autre but que d'assurer la défense des privilèges existants...

M. Ch. Andler écrit encore :

Menger croit, avec Stammler, qu'une même vie économique comporte divers régimes de droit et diverses formes politiques. L'agriculture primitive n'appelle pas plus nécessairement l'exploitation patronale et esclavagiste de l'époque gréco-romaine qu'elle n'appelle l'exploitation collectiviste et fraternelle des premiers couvents chrétiens. Un régime économique donné peut être profondément troublé par l'intervention d'une force brutale. Il peut être arrêté dans sa transformation par un droit arriéré et une contrainte qui pèse sur lui et lui impose des formes de transaction, de production et de répartition nuisibles. Ce qui met fin à cette contrainte c'est le soulèvement provoqué par la souffrance. Mais ce soulèvement est encore de la force opposée à la force, et les conflits de la force brutale ne font pas partie de la vie économique. Quand ce ne serait que pour cette raison, l'interprétation économique de l'histoire ne suffit pas, dit Menger, pour rendre compte même d'une révolution issue de la détresse matérielle.

Il est bien difficile de contredire l'argumentation d'Anton Menger. En toute sincérité, elle paraît aussi probante que celle de Karl Marx. Laquelle est la bonne?

L'une et l'autre, en ce sens qu'elles contiennent toutes deux une part de la vérité ; ni l'une ni l'autre en ce sens qu'aucune ne la contient entièrement.

Bien qu'Anton Menger ne soit pas personnellement un socialiste révolutionnaire, remarquons que sa théorie est pour le moins aussi révolutionnaire que celle de Marx. En effet si c'est la force qui règle tout, les exploités, qui ont pour eux la force numérique, n'ont qu'à s'organiser pour abattre violemment le pouvoir de leurs exploiteurs.

En somme, si les deux théories s'opposent, elles ne s'excluent pas complètement. On peut s'appuyer à la fois sur l'une et sur l'autre. Mais cette seule possibilité suffit pour dépouiller la conception marxiste du caractère suprême, dominateur, qui lui est attribué.

D'ailleurs aux faits historiques de nature non économique cités par Menger, et qui ont exercé une grande influence sur les destinées de l'humanité, on peut en ajouter bien d'autres. Empruntons en quelques-uns à Benoit Malon (*Précis de Socialisme*) :

La conquête musulmane eut des origines purement religieuses ; cependant par elle, des montagnes d'Altaï aux confins de l'Afrique occidentale, des populations innombrables et qui remplissaient les deux tiers du monde connu, ou furent détruites, ou durent changer brusquement d'état, de lois et de mœurs.

Que si maintenant, de ce fait mondial, nous descendons à des faits simplement nationaux, leur signification ne sera pas moins probante.

La ruine matérielle et le déclin de l'Espagne sont dus initialement à l'expulsion des Maures, fait religieux et politique ; l'annexion passagère du Portugal à l'Espagne par Philippe II, événement exclusivement politique, fait perdre à la noble nation lusitanienne la plus grande part de ses colonies, au profit de l'Angleterre et de la Hollande, dont commence ainsi la puissance coloniale.

Un autre fait purement politique, l'annexion passagère de la Hollande à la France, fit perdre à la première ses plus belles colonies. De cette série de faits politiques et religieux est issu l'immense empire colonial de l'Angleterre qui influe si puissamment sur la direction économique du monde moderne.

Dans l'ordre purement mental, qui déterminera la part qui revient aux trois découvertes : de la boussole, de l'imprimerie, de la poudre à canon, dans la constitution de la société moderne ?

Malon aurait pu étendre indéfiniment cette longue série de faits en y ajoutant notamment la ruine de l'empire romain par l'invasion des barbares, les croisades, la guerre de Cent ans, victorieusement terminée par suite de l'illuminisme religieux et patriotique de Jeanne d'Arc, les guerres de religion, celles de Napoléon, dont les conséquences économiques ont été si profondes. A chaque instant on trouve dans l'histoire des faits importants auxquels la lutte de classes est absolument étrangère.

Après une telle énumération, on peut juger si Karl Marx était fondé à écrire en tête du Manifeste :

L'histoire de toute société jusqu'à nos jours n'a été que l'histoire des luttes de classes.

Il n'a vu qu'un côté de l'histoire, celui qui répondait à ses préoccupations, et par conséquent sa conclusion est sans fondement. Il est dérisoire de nous présenter un jugement porté sommairement à la suite d'une étude incomplète comme la loi immuable qui préside aux transformations des sociétés.

*** Et cela nous ramène à la question déjà posée : A quoi servent, au fond, les théories historiques ? quelle influence ont-elles sur la marche des événements ? qu'ajoutent-elles à la force des éléments révolutionnaires créés, non par les iniquités anciennes, mais par les iniquités présentes et les maux qui en résultent?

On peut penser que la confiance dans le succès définitif d'une cause est pour elle une force morale non négligeable et à ce titre la théorie de Marx, montrant la victoire du prolétariat comme inévitable, est supérieure à celle de Menger, qui ne conclut pas. Mais la conception matérialiste de l'histoire n'est pas seule capable d'inspirer cette confiance. En voici une autre, encore inédite et déjà ébauchée au chapitre premier, qui, avec beaucoup moins de détours, atteint le même but :

L'équilibre, pour toute société, c'est l'ordre. Il y a l'équilibre instable, dans lequel l'ordre, purement artificiel, n'est maintenu que par la compression, et l'équilibre stable, dans lequel l'équilibre résulte de ce que tous les éléments sont à leur place naturelle et qu'aucun ne peut exercer de force perturbatrice.

Or la tendance à l'équilibre est une loi générale. « La loi du monde matériel, c'est l'équilibre », a dit Victor Hugo. C'est aussi la loi du monde intellectuel : « L'équilibre des facultés est, dans l'intelligence humaine, ce qu'est dans le monde physique l'équilibre des forces » a dit Guizot. C'est enfin une loi sociale : « L'humanité atteint son équilibre par l'utile, le beau, le juste et le saint » a dit Proudhon.

On peut mettre la réalisation de l'équilibre social au rang des certitudes scientifiques. Tout au moins peut-on lui assigner un degré de certitude au moins égal à celui de la prophétie marxiste de l'expropriation des expropriateurs.

Or, dans une société, quelle est la cause permanente du trouble de l'ordre? C'est l'injustice.

L'injustice produit toujours une souffrance, plus ou moins profonde et plus ou moins générale. Et nul ne peut souffrir sans réagir contre le mal qu'il ressent. Cette réaction peut-être toute intérieure ; elle peut aussi se traduire extérieurement par des paroles et par des actes. Mais elle se produit toujours, et avec une intensité proportionnée à celle de l'injustice qui la provoque.

Il est rare que la répétition prolongée d'une protestation énergique contre une injustice n'en amène pas, sinon le redressement complet, du moins l'atténuation. Si ce résultat n'est pas atteint, le mécontentement grandit et prend une forme active. A un moment, la souffrance arrive à son paroxysme et détermine une révolte. Le plus souvent les révoltes partielles sont étouffées avant de pouvoir s'étendre. Il peut arriver alors, soit que la classe dominante cherche à prévenir des révoltes nouvelles en mettant fin à l'injustice qui avait causé les premières, soit qu'elle persiste à maintenir le *statu quo*. Dans ce dernier cas le soulèvement éclate de nouveau, s'étend, devient révolution et balaye le régime.

Ainsi tant que des injustices existeront, les sociétés seront en état de trouble perpétuel, et cet état ne cessera que lorsque l'injustice aura disparu, soit par une suite de réformes partielles, librement acceptées par le pouvoir sur les revendications pacifiques des opprimés, soit par une révolution violente.

Un équilibre instable ne pouvant durer indéfiniment, l'équilibre stable devant sans aucun doute être établi un jour, il est certain que le terme final des agitations sociales est l'avènement d'un régime qui exclura pour toujours l'injustice.

Or par définition, ce régime c'est le socialisme. Et si les critiques de nos adversaires se justifiant, le socialisme ne mettait pas fin aux injustices, il ne serait que le prélude d'un régime meilleur qui, lui, atteindrait ce but, ce qui est la chose importante.

Cette théorie de l'équilibre, si le simple exposé ci-dessus mérite ce nom ambitieux, nous paraît de nature, tout aussi bien que la conception matérialiste de l'histoire, à donner aux victimes de l'organisation sociale actuelle la confiance dans leur victoire finale sans laquelle elles pourraient se décourager.

La théorie de l'équilibre a l'avantage de ne pas rejeter les facteurs moraux et idéalistes, dont le marxisme refuse si maladroitement l'indispensable concours. Sans diminuer la valeur des forces matérielles, elle fonde ses plus confiants espoirs sur la puissance immanente de la justice.

De plus si elle conduit, comme la théorie marxiste, à une sorte de fatalisme historique en montrant la certitude d'un régime meilleur, elle ne glace pas les énergies actives néces-

saires à sa réalisation, en niant l'utilité des efforts individuels. En effet, si elle considère l'avènement du socialisme
comme certain, elle ne lui assigne pas une date précise dé-
pendant uniquement d'une évolution dont le processus est
réglé d'avance. Elle dit au contraire : plus la réaction contre l'injustice sera vive et générale, plus sa chute sera prochaine. Et par là elle est le plus actif stimulant des énergies.

*** Mais encore une fois, quelle que puissent être la valeur et l'utilité d'une théorie, il est absurde d'y enfermer
l'action socialiste, de la réduire à l'exposé de considérations
historiques ou philosophiques. Sauf ce qui survit de lui, le
passé ne peut nous fournir que des forces mortes. C'est le
présent qui contient en germe l'avenir. Le socialisme y est
à l'état latent. Il est plus important de le dégager et de le
faire apparaître au monde que de montrer les racines par
lesquelles il se rattache aux siècles révolus.

Insistons-y : le socialisme, éternelle aspiration des opprimés vers la justice, est assez solide par lui-même pour
n'avoir pas besoin de support ; et quand cet appui artificiel
et inutile qu'on prétend lui donner n'est qu'une interprétation philosophique de l'histoire, c'est-à-dire une théorie
beaucoup plus fragile que sa doctrine propre, elle ne peut
que lui préjudicier au lieu de le servir.

Quelle que soit la subtilité de l'art par lequel est conduit un raisonnement métaphysique, il ne fait jamais pénétrer dans les esprits la lumière de la certitude. Les argumentations les plus solides en apparence peuvent égarer
complètement leurs auteurs. Elles sont donc toujours con-
testables.

On en trouve une preuve frappante dans le célèbre ouvrage de Taine : *Les origines de la France contemporaine.*

Quoi de plus probant, de plus fortement documenté, de
plus rigoureusement enchaîné que son réquisitoire contre
la Révolution française? Il s'appuie sans cesse sur des documents exhumés par lui des archives nationales et les
groupe en faisceaux à l'impression desquels il est bien difficile de se soustraire. Marx lui-même n'a pas atteint une
telle puissance dialectique. Et pourtant Taine a été injuste ;
il s'est trompé ; il a examiné l'histoire par le petit bout de

la lorgnette ; les mesquineries de détail lui ont caché la grandeur de l'ensemble. Son jugement sur la Révolution n'est bon qu'à faire la joie de quelques réactionnaires. La science historique le rejettera.

De même, la conception marxiste a été rejetée par le plus grand nombre des intellectuels. Par malheur, comme on avait eu le tort d'identifier le socialisme avec cette conception, bien qu'elle ne fasse pas corps avec lui, ces intellectuels n'ont pas poussé plus avant l'étude du socialisme ; ils l'ont donc condamné sans le connaître. Il est difficile d'exagérer le tort qui a été causé ainsi à l'idée socialiste.

*** En plaçant tout le progrès humain dans l'action des masses et en niant l'efficacité de l'effort individuel, Marx a commis une grande erreur, même à son point de vue matérialiste. S'il est vrai que les transformations économiques déterminent les transformations mentales, ainsi que nous le croyons fermement avec lui, il a oublié que les facteurs principaux des transformations économiques sont d'origine individuelle beaucoup plus que collective.

Ce sont les progrès techniques, les découvertes, les inventions qui amènent des conditions nouvelles de production. Or ils sont toujours l'œuvre de cerveaux isolés. Pourquoi donc la réalisation du socialisme ne serait-elle pas rendue possible et accélérée par de grandes idées émanant d'un esprit supérieur et imprimant à l'action nécessaire des masses une direction meilleure ?

*** D'ailleurs, même si l'action des masses est prépondérante ou exclusive, la conception marxiste de l'histoire ne lui apporte aucune force, car elle est inaccessible à la masse et c'est le côté du marxisme sur lequel ses vulgarisateurs insistent le moins. Abandonnant un terrain sur lequel ils sentent bien qu'ils ne seraient pas suivis, ils se bornent ordinairement à montrer l'exploitation dont la classe ouvrière est victime et l'invitent à s'organiser pour y mettre fin. C'est à la justice sociale qu'ils font appel, à l'encontre du marxime doctrinal qui affecte de l'ignorer, et c'est ce langage qui est le mieux compris, car il répond aux préoccupations, à l'intérêt, aux sentiments des auditeurs.

*** Pour faire ressortir mieux l'inutilité de la conception matérialiste de l'histoire, réduisons à un schéma en forme de charge la structure de la société capitaliste : Dix hommes vivent dans une île de la culture du blé. Mais il n'y a dans l'île qu'un meunier qui, pour moudre leur grain, leur en retient les neuf dixièmes en rémunération de son travail. Les cultivateurs meurent de faim. Ils se concertent pour améliorer leur situation. Vont-ils s'embarrasser de la conception matérialiste de l'histoire pour chercher une solution ? Non ; ils se diront : ce meunier nous vole ; nous sommes dix contre un ; forçons-le à accepter une part simplement égale à celle de chacun de nous.

En plus grand, la question sociale ne se pose pas autrement. Il n'y a pour la résoudre qu'à rendre les exploités conscients de leurs droits et de leur force et qu'à déterminer les moyens de mettre fin à l'injustice dont ils sont victimes. Que vient faire là le matérialisme historique ?

*** L'examen de la doctrine marxiste ne finit pas là. Il faut étudier maintenant son aspect économique qui fait corps sur bien des points avec le côté historique et philosophique.

CHAPITRE V

Le marxisme économique

Les économistes, qui ont adopté la manière de raisonner des philosophes, ne se sont pas mis d'accord plus qu'eux sur les principes de leur prétendue science. Ils ne sont même pas arrivés à s'entendre sur sa définition : chacun a apporté la sienne. Pour ne pas suivre leur mauvais exemple et perdre notre temps à les comparer les unes aux autres dans le but de choisir la meilleure, nous nous en tiendrons à celle de l'Académie française :

« L'économie politique est une science qui traite de la formation, de la distribution et de la consommation des richesses. » C'est à peu près la définition de J.-B. Say.

Cependant, malgré l'autorité de sa double paternité, cette définition n'est pas d'une clarté éblouissante.

Il semblerait qu'on doive lui attribuer la signification suivante : La science *qui apprend à l'homme* les meilleurs moyens de créer, distribuer et consommer les richesses.

Et pourtant, dans la pratique, l'économie politique se borne à *observer et à décrire* les moyens par lesquels l'homme crée, distribue et consomme les richesses.

Au lieu d'être créatrice d'idées, l'économie politique s'en tient à enregistrer, commenter et classer des faits.

Si le premier sens avait prévalu, quelle grande et noble mission l'économie politique avait à remplir dans la vie des hommes et des peuples ! quel merveilleux auxiliaire du progrès matériel et moral elle aurait été !

Les sciences physiques et naturelles, par les perfectionnements techniques résultant de leurs continuelles découvertes et inventions, mettent chaque jour à la disposition de l'homme de nouveaux moyens d'accroître la production industrielle et agricole, c'est-à-dire d'augmenter la somme de leurs richesses.

Mais leur rôle s'arrête là. Elles n'ont pas à s'occuper des applications de ces perfectionnements. C'est l'affaire de l'économie politique.

Qu'on s'imagine dans chaque pays civilisé, un conseil d'économistes, richement pourvu de moyens d'études et d'investigation, se consacrant à rechercher et à signaler par rapport aux conditions particulières de ce pays, les applications que pourrait recevoir tout nouveau progrès scientifique, les avantages qui en résulteraient et les mesures à prendre pour les réaliser. Le champ de ses travaux serait immense :

Détermination des nouvelles sources d'énergie, naturelles et artificielles, perfectionnement des méthodes culturales, des procédés de l'industrie et des transports, prospection méthodique des mines, améliorations foncières, utilisation intégrale de la productivité du sol, mise en valeur des colonies, indication des industries non existantes et qui pourraient être créées par l'emploi des matières premières disponibles, indication de nouveaux débouchés pour le commerce extérieur, etc., etc.

Quelle féconde activité pourrait déployer un tel conseil ; quels merveilleux services il pourrait rendre ! Il serait le guide des gouvernements et des Parlements et leur ouvrirait sans cesse des voies plus larges et plus directes vers le bien-être universel, d'autant plus qu'en outre de la production des richesses il ferait connaître les moyens de les répartir avec plus de justice.

Par malheur nos économistes ne paraissent même pas avoir eu conscience du rôle glorieux qui leur incombait. Entrés sans résistance dans le courant qui entraîne la science moderne, aussi bien les sciences morales que les sciences pures, malgré la différence radicale de leur objet, ils se sont mis à disséquer, à analyser, à décrire ce qu'ils voyaient, poussant l'analyse à une minutie puérile, tournant, retournant cent fois un mot pour en extraire toutes les acceptions, un fait pour en mettre à jour tous les caractères, compliquant ce qui était simple, obscurcissant ce qui était clair et finalement n'aboutissant à rien de pratique.

Au lieu d'être actifs, nos économistes sont restés passifs.

Ils prétendent cependant avoir rendu de grands services à l'humanité en lui faisant connaître les lois qui président à la création et à la distribution des richesses. Mais comme chacun a son système, en opposition plus ou moins complète avec ceux des voisins, il faut bien constater qu'ils ne sont arrivés à aucune certitude.

***** D'ailleurs on juge l'arbre à ses fruits et il est facile de se rendre compte que l'influence de l'économie politique sur la marche des événements a été insignifiante.

Ce n'est nullement sur ses principes contradictoires que se basent les actes des particuliers et les mesures d'ordre économique prises par les pouvoirs publics. C'est sur l'intérêt privé, l'intérêt étroit, immédiat et c'est toujours lui qui prévaut en dépit des savantes controverses des pontifes de l'économie politique.

Un industriel n'a qu'un but : augmenter ses bénéfices ; tous les moyens lui sont bons pour l'atteindre et il s'embarrasse peu des doctrines que, neuf fois sur dix, il ignore.

S'il s'agit de mesures d'ensemble, comme par exemple un tarif douanier, les discussions ne sont jamais tranchées par des considérations théoriques, mais par des coalitions d'intérêts privés, insensibles à toute préoccupation d'intérêt général. Si la majorité des représentants de ces intérêts croit avantageux pour ses mandants d'établir un régime protectionniste, tous les arguments de l'école manchestérienne ne l'ébranleront pas, et inversement.

S'il s'agit d'un système fiscal, chacun n'a qu'un souci : ne pas payer, faire payer son voisin. Et les membres du Parlement, dans la discussion des projets qui leur sont soumis raisonnent ainsi : si je vote tel article, je mécontenterai tant d'électeurs qui pourraient empêcher ma réélection ! Ne le votons pas. C'est pourquoi, à notre époque où la France succombe sous les charges, les paysans qui se sont enrichis pendant la guerre et ont leurs bas de laine pleins d'or, d'argent et de titres, ne supportent à peu près pas d'impôts. Mais aussi ils forment la majorité dans la plupart des circonscriptions et, qu'un élu siège à droite ou à gauche, il tremble à la seule idée de perdre leurs suffrages.

Au milieu de ces préoccupations sinon exclusives, du moins dominantes, que pèsent les doctes traités sur l'assiette de l'impôt? Exactement zéro.

Sans doute il n'est rien d'absolu et l'on pourrait citer quelques cas dans lesquels des études économiques ont abouti à des mesures pratiques. Mais c'est l'exception, et en comparant le rôle de l'économie actuelle à ce qu'il aurait pu être si elle avait compris sa mission dans le sens indiqué plus haut, on reconnaît que l'erreur de méthode qu'elle a commise a porté un coup fatal à son influence.

***** Or cette erreur, Karl Marx l'a partagée, comme il avait partagé celle des historiens et des philosophes. S'il a combattu avec vigueur les conclusions des économistes capitalistes, il l'a fait en se servant de leurs propres armes. Comme eux il est descendu à une minutie exagérée dans l'analyse et a coupé des cheveux en quatre. Il est même allé plus loin que la plupart d'entre eux dans la voie des abstractions et de déductions risquées. Aussi rien n'est plus aride, rien n'est plus rebutant que la lecture de son *Capital*.

Elle est d'autant plus rebutante que, même en y apportant la plus consciencieuse attention, on n'est jamais sûr d'arriver à bien saisir la pensée de l'auteur. Et comme le lecteur pourrait croire qu'il entre quelques partialité dans cette affirmation, nous allons invoquer le témoignage d'un marxiste enthousiaste — quoique non orthodoxe — d'un des écrivains de notre époque les mieux préparés, par leur érudition et leur tournure d'esprit, à pénétrer sans difficulté jusqu'au fond des idées les plus abstraites, nous voulons parler de M. Georges Sorel qui s'exprime ainsi dans sa brochure : la *Décomposition du marxisme :*

Il faut reconnaître que le système de Marx présente des difficultés considérables pour la critique, parce que l'auteur n'en a point donné un exposé didactique. Benedetto Croce dit que le *Capital* est « un mélange bizarre de théories générales, de polémiques et de satires amères, d'illustrations et de digressions historiques ». Il faut aller chercher la pensée de l'auteur ; et ce travail n'est pas sans offrir de multiples causes d'erreur. On a souvent accordé trop de portée à de brèves réflexions qui surgissent au milieu de récits, qui « prises rigoureusement sont inexactes et qui nous semblent (elles le sont en effet) chargées et pleines de vérités. » Il faut un véritable travail d'interprétation, lorsque les formules de Marx sont données, comme cela arrive parfois, sous une forme satirique. Enfin nous trouvons çà et là, de grandes images dont le sens paraît avoir longtemps échappé aux marxistes et qui prennent, aujourd'hui seulement, toute leur valeur, depuis que le syndicalisme révolutionnaire nous montre ce qu'est la lutte de classe.

... Les marxistes n'ont pas suivi les excellents conseils que leur donnait Benedetto Croce en 1897 : « Débarrasser la pensée de Marx de la forme littéraire qu'il lui a donnée, étudier à nouveau et complètement les questions qu'il s'est posées ; leur donner des formules nouvelles et plus précises, de nouveaux développements et de nouvelles illustrations historiques. » Il aurait fallu, pour remplir ce programme, une grande indépendance d'esprit. Les marxistes aimaient mieux faire des résumés qui semblaient à Benedetto Croce plus obscurs que la pensée du maître.

...On croirait quelquefois que les auteurs marxistes sont plus familiers avec les livres des liturgistes qu'avec les méthodes scientifiques modernes.

On se demande, en vérité, après avoir lu et attentivement pesé les lignes qui précèdent, comment peut se défendre l'idée de donner pour guide à un grand parti, dont la clarté est le principal besoin, une œuvre apocalyptique, qui échappe totalement au plus grand nombre et sur le sens profond de laquelle les esprits supérieurs ne peuvent arriver à se mettre d'accord ; une œuvre qui ne deviendrait intelligible qu'après avoir été refondue entièrement et coulée dans un moule nouveau, puisque les résumés qu'en présentent ses adeptes très qualifiés sont encore plus obscurs que le texte original.

Qui ne comprend les dangers énormes qui résultent dans la pratique des incertitudes jetées dans les esprits par une doctrine ainsi présentée? Et en effet c'est à elles qu'il faut imputer principalement les divisions, les déchirements qui ont paralysé l'action socialiste.

La raison s'arrête, interdite, devant le chaos impénétrable de la pensée marxiste. Et il faut un acte de foi pour l'accepter. Aussi en est-on venu à assimiler l'œuvre de Marx à ces livres sacrés, émanations de l'esprit divin, devant lesquels les faibles humains doivent se prosterner sans chercher à les comprendre.

Dans le *Devenir Social* d'avril 1897, Paul Lafargue, gendre de Karl Marx, écrivait :

Il est hardi, même pour la mettre hors de contestation, de toucher à l'œuvre de Marx et d'Engels, de ces deux géants de la pensée, dont les socialistes des deux mondes n'auront peut-être, jusqu'à la transformation de la société capitaliste, qu'à vulgariser les théories économiques et historiques.

Ainsi « même pour la mettre hors de contestation, il est hardi de toucher à l'œuvre marxiste! » Une telle énormité rappelle invinciblement l'interdiction par la loi hébraïque de porter la main, même pour la protéger, sur l'arche sainte qui contenait les tables de la loi. Un jour qu'elle menaçait de tomber à terre, Osa, d'un geste instinctif, ayant voulu la retenir, fut incontinent frappé de mort.

L'œuvre de Marx est *tabou*. Il est permis seulement d'en vulgariser les théories!

Mais pour peu qu'on s'affranchisse d'un tel préjugé et qu'on la juge librement, on est immédiatement frappé de l'inutilité de cette fausse science, dont les pesantes circonvolutions n'aboutissent qu'à des vérités d'évidence, ou à des faussetés non moins certaines, ou à des conclusions tantôt vagues ou discutables et tantôt sans portée.

Il est dangereux de pousser trop loin le raisonnement. Même quand on part de faits vrais, on s'expose à formuler des erreurs. C'est le cas du syllogisme classique :

Ce qui est rare est cher.

Il n'y a rien de plus rare qu'un bon cheval à bon marché.

Donc un bon cheval à bon marché est cher.

*** Sans employer le syllogisme, Marx s'égare facilement dans ses subtilités. C'est le cas de sa fameuse théorie de la plus-value qui, malgré l'apparente rigueur des arguments qui l'étayent, est complètement fausse. Arrêtons-nous un moment à l'examiner.

La source de l'accumulation capitaliste, c'est évidemment la faculté qu'a le capital de produire du profit, de la plus-value qui s'ajoute au fonds primitif.

Mais comment se produit cette plus-value?

Les anciens économistes admettaient qu'elle provenait du marché, par la vente des marchandises à un prix supérieur au prix d'achat ou de revient.

Marx le nie et prétend que le bénéfice ne peut pas être réalisé sur le marché, par la raison que la circulation des marchandises repose sur l'échange de valeurs équivalentes.

Pour le démontrer, il prend le cas de l'échange de 500 francs de blé contre 500 francs de vin ; là il y a bien, en effet, équivalence des valeurs échangées et absence de plus-value, qu'il y ait en troc direct ou vente et achat contre espèces.

Mais dans la pratique les choses ne se passent pas ainsi : le producteur vend au marchand en gros, qui revend au détaillant, qui revend au consommateur. A chaque opération le vendeur empoche un bénéfice, crée de la plus-value à son profit. Et en dernière analyse, qui paye toutes ces plus-values totalisées ? Le consommateur.

Les anciens économistes n'avaient donc pas tort de prétendre que la source du profit était sur le marché ; mais ils avaient tort de prétendre que les capitalistes gagnaient les uns sur les autres. En réalité tous gagnent sur le consommateur. Et Marx, qui croit avoir démontré l'absurdité de la thèse des économistes en prouvant qu'à un capitaliste qui gagne doit correspondre un autre qui perd se trompe également. Normalement et sauf des circonstances exceptionnelles, tous les capitalistes gagnent et le consommateur seul perd. C'est donc bien sur le marché que se réalisent les profits.

Mais Marx pousse sa thèse encore plus loin et affirme que, « même en admettant l'échange de valeurs inégales, la circulation des marchandises ne crée pas de plus-value. »

Pour l'établir, il suppose que Pierre vend à Paul, pour 500 francs du vin n'ayant qu'une valeur de 400 francs, puis qu'avec ses 500 francs Pierre achète à Jacques du blé qui en vaut 600. Il reconnaît que Pierre a ainsi réalisé une plus-value de 200 francs. Mais, ajoute-t-il, la valeur circulante totale n'a pas grossi d'un centime ; il n'y a de changé que sa distribution.

Cela revient à dire que les bénéfices réalisés individuellement par les commerçants n'augmentent pas la fortune nationale ; mais ils constituent parfaitement une plus-value pour ceux qui les encaissent, et par conséquent contribuent à la formation du régime capitaliste qui a pour base l'existence de fortunes privées.

Marx s'est fourvoyé dans ses déductions, parce que le besoin de justifier le rôle qu'il attribue au prolétariat, de tout ramener à l'action du prolétariat, l'a empêché d'y voir clair. Cette même hantise d'opposer sur tous les terrains le prolétaire au capitaliste va le conduire à une conception positive non moins erronée de la formation de la plus-value.

Il ne lui reconnaît qu'une source : l'exploitation de la force de travail par le capitaliste.

La force de travail de l'ouvrier, dit-il, est une marchandise dont la valeur est fixée par les moyens de subsister et de se renouveler. Cela est déjà contestable, car la loi de l'offre et de la demande peut élever cette valeur au-dessus ou la faire descendre au-dessous de ce minimum. Mais passons.

La force de travail étant achetée par le capitaliste lui appartient et il est libre de l'utiliser au-delà de son prix payé.

Supposons que l'ouvrier « gagne sa vie » pendant cinq heures de travail. Le capitaliste le fera travailler dix heures. Ces cinq heures de surtravail lui fourniront de la plus-value.

La théorie est exposée avec beaucoup plus de développements. De peur de trahir la pensée marxiste, nous avons empruntés ce court résumé à un marxiste qualifié : Charles Rappoport qui ajoute triomphalement :

Nous tenons de la sorte le secret du régime capitaliste qui se base sur la production de la plus-value, sur le travail non payé.

Eh bien ! n'en déplaise à Rappoport, ce secret plein d'horreur n'est même pas le secret de Polichinelle : il est purement imaginaire.

Pour qu'il fût réel, il faudrait que le prix de vente de la marchandise fut fixé de telle sorte qu'il représentât exactement le surtravail.

Mais ce prix de vente n'est pas déterminé par l'industriel ; il dépend de la loi de l'offre et de la demande, constamment faussée, d'ailleurs, par les coalitions de vendeurs, la spéculation, l'accaparement, et toutes les manœuvres frauduleuses d'usage courant.

Ainsi, exceptionnellement, l'industriel ne parviendra pas à réaliser en argent son surtravail ; dans la plupart des cas, il réalisera un bénéfice supérieur.

Cela ne veut pas dire qu'en règle générale il n'y ait pas exploitation du travail ouvrier par l'employeur ; il est bien évident que l'ouvrier ne retire pas la totalité de ce qu'il a produit, mais une partie seulement, l'autre partie étant appropriée par le patron et entrant dans la formation de son bénéfice. Mais il est non moins évident qu'en dernière analyse le quantum du bénéfice dépend de l'état du marché. Et cela détruit toute la théorie marxiste de la plus-value qui occupe la plus grande partie du premier volume du *Capital* et tient une grande place dans les volumes suivants. On peut dire qu'elle est la base même du marxisme économique, et comme sa fausseté est établie, le reste s'écroule.

*** Enfermé dans son idée fixe du surtravail, à quoi il attribue exclusivement le rôle de la formation du capital, Marx ignore totalement non seulement les bénéfices réalisés sur le marché par le fabricant, mais aussi les bénéfices du commerçant qui, lui, ne produit pas, n'accumule pas de surtravail et n'arrive pas moins, très fréquemment à constituer de grosses fortunes.

Il ignore encore le paysan, le petit artisan, le petit commerçant qui, travaillant seuls à l'exploitation de leur modeste fonds, ne parviennent pas moins très souvent à l'accroître sans s'être approprié d'autre surtravail que le leur.

Il ignore surtout le banquier qui, par ses agios, tire à lui peu à peu les bénéfices des entreprises privées à faible capital et obligées de recourir au crédit. Il ignore les spéculations, les coups de Bourse, les syndicats d'émission, tout l'appareil de la finance moderne, qui est la principale source des scandaleux profits capitalistes. Le surtravail n'a rien à voir dans les opérations financières, et pourtant n'est-il pas certain que ce sont elles, beaucoup plus que la production industrielle normale, qui créent les grosses fortunes?

Nombreux sont les industriels que les frais généraux écrasent et dont l'inventaire ne donne que des pertes. Nombreux sont ceux qui voient s'engloutir dans les crises tout ce qu'ils ont pu gagner en plusieurs exercices. Nombreux ceux qui ne retirent de leurs capitaux que de modestes dividendes, et qui n'atteignent la fortune qu'après de longs efforts et beaucoup d'économie. Par contre, une spéculation, lorsque les circonstances la favorisent, peut les enrichir d'un seul coup.

C'est par des spéculations sur le marché de la laine, beaucoup plus que par la fabrication et la vente des étoffes que les tisseurs de Roubaix amassent des millions.

C'est par des spéculations à la Bourse du Commerce, et non dans leurs usines que, certaines années, les raffineurs de sucre réalisent des bénéfices supérieurs à leur capital.

A notre époque, moins que jamais, le travail personnel et même l'exploitation du travail d'autrui ne sont les plus sûrs et les plus rapides moyens de faire fortune. Tout est spéculation, c'est-à-dire jeu. Les commerçants, les industriels, les financiers jouent. Seulement les plus puissants jouent toujours à coup sûr.

Marx n'a rien voulu voir de ces phénomènes que chacun peut constater, en ouvrant simplement les yeux. Pour lui la plus-value n'a qu'une source, le surtravail., Et toute son œuvre économique est fondée sur cette théorie fausse. Comment ses conclusions seraient-elles justes?

*** Supposons cependant qu'il ait eu raison. Tout l'énorme travail accumulé dans les trois volumes parus du *Capital* et dans la préparation du quatrième n'en serait pas moins, sinon absolument, du moins presque complètement inutile.

L'inutilité des deux derniers volumes est manifeste : ils ne tiennent aucune place dans l'enseignement et la propagande socialistes. Jamais un journal, une revue ne les cite pour les approuver ou les critiquer, jamais un orateur, un conférencier ne les commente. Bien rarement un ouvrage de doctrine les mentionne. On sait vaguement qu'ils existent, et c'est tout.

C'est que leur seul aspect, avec leur texte compact et les équations algébriques dont ils sont bourrés, est tellement rébarbatif qu'il glace instantanément le courage des chercheurs ; c'est que la seule lecture des en-têtes de leurs chapitres provoque aussitôt un violent mal de tête. Il semble que Marx en donnant cette forme abrupte à sa pensée, ait pris à tâche de la rendre absolument inintelligible.

Si cependant il existait vraiment une idée forte et d'une portée pratique au fond de cet abîme, il se serait trouvé de

hardis exégètes pour la découvrir et la révéler au public.
Mais il n'en est rien sorti. On peut donc conclure qu'il n'y
a rien.

Ah ! si l'ouvrage avait pour auteur un inconnu, on pourrait facilement admettre qu'il contient des perles auxquelles
personne n'a pris garde. Mais il est signé du nom célèbre
de Marx. Il n'a pu passer inaperçu et pour qu'aucun écho
n'en soit parvenu au public, il faut vraiment qu'il soit entièrement vide.

Reste le premier volume dont on parle beaucoup quoique son texte littéral ne soit pas beaucoup plus connu. Un
peu moins aride que les suivants, il n'en est pas moins
d'une compréhension terriblement dure, si dure qu'il a fallu
le résumer et en changer la terminologie barbare pour
essayer de le vulgariser. Et même ainsi adouci, il reste encore d'une digestion pénible.

Bien des gens, il est vrai, jugent un ouvrage d'autant
plus profond qu'il est plus difficile à pénétrer, et parmi
les admirateurs de Marx il en est beaucoup qui ne l'ont
jamais lu. Mais le bon sens se refuse à faire à un auteur
un mérite de son obscurité.

*** Pourtant dans ce premier volume du *Capital,* on trouve
de fortes critiques contre le régime capitaliste et la démonstration que le paupérisme en est la conséquence fatale.

On y trouve aussi, tapie dans un coin du chapitre de la
marchandise, comme si Marx n'y avait attachée qu'un médiocre intérêt, une théorie de la valeur qui, si elle n'est d'aucune application en régime capitaliste, doit être la base de
l'économie socialiste. C'est peut-être la seule donnée positive qu'on trouve dans toute l'œuvre de Marx. En voici le
résumé, d'après Gabriel Deville :

La substance de la valeur est le travail ; la mesure de la quantité de valeur est la quantité de travail, mesurée elle-même par
la durée, par le temps de travail.
Le temps de travail qui détermine la valeur d'un article est le
temps nécessaire socialement à sa production, c'est-à-dire le temps
nécessaire, non dans un cas particulier, mais en moyenne ; c'est
le temps qu'exige tout travail exécuté avec le degré moyen d'habileté et d'intensité, et dans les conditions ordinaires par rapport
au milieu social donné.

Chose étrange : un grand nombre de marxistes ont contesté cette théorie de la valeur, ont nié qu'elle pût recevoir son application en régime socialiste. Marx lui-même ne paraît pas lui avoir attribué une grande importance ; il la mentionne en passant sans s'y arrêter, alors que la théorie de la plus-value remplit presque toute son œuvre dont elle est la partie essentielle. C'est que Marx et ses disciples, beaucoup plus préoccupés de destruction que de reconstruction, devaient, à raison de leur tournure d'esprit, s'attacher davantage aux éléments critiques qu'aux éléments positifs.

La théorie de la valeur, au surplus, n'appartient pas en propre à Karl Marx. Avant lui, Proudhon l'avait formulée en ces termes :

Toute valeur naît du travail.
...La valeur, ayant pour expression la somme de temps et de dépense que chaque produit coûte...

Dans l'esprit de Proudhon, les mots « temps » et « dépense » s'appliquent bien à la rétribution du travail. Il est vrai que Marx distingue entre la productivité du travail et sa rétribution, ce qui est juste en régime capitaliste, mais ne le sera plus en régime socialiste.

Avant Proudhon, Ricardo avait également basé la valeur des choses sur le travail qui y était incorporé et, avant Ricardo, Adam Smith avait déjà montré dans le travail la source unique de la richesse.

*** Mais nous avons à justifier plus complètement ce qui est écrit plus haut de la quasi inutilité du *Capital* au point de vue socialiste. Cette proposition a pu paraître audacieuse à plus d'un lecteur. Nous ne pouvons pas laisser croire qu'elle était inspirée par un parti-pris de dénigrement. Elle s'applique d'ailleurs à la plupart des productions de l'économie politique, ainsi qu'il est dit au début de ce chapitre.

C'est l'abus de la méthode analytique qui frappe de stérilité toutes ces œuvres, y compris celles de Marx, et leur enlève toute portée pratique.

Pour ce qui concerne spécialement le *Capital,* il est aisé de démontrer :

1° Que cet ouvrage ne peut accroître à aucun degré l'esprit et la force révolutionnaire du prolétariat ;

2° Qu'à l'exception de la théorie de la valeur, il n'apporte aucune lumière sur les conditions de réalisation du socialisme.

Que le *Capital* soit sans action sur le prolétariat, cela résulte d'abord de l'impossibilité où est le prolétariat de le comprendre. Il faut vraiment, pour suivre Marx dans son argumentation, des facultés d'abstraction qu'un ouvrier n'arrive que très exceptionnellement à posséder.

Mais, même si la masse était capable d'en pénétrer le sens, le *Capital* n'aurait encore aucune influence sur son attitude.

En effet, il n'est pas besoin de décomposer à l'infini un phénomène social pour en ressentir les effets. Qu'un ouvrier connaisse ou non la théorie de la plus-value, il n'ignore pas que son patron s'enrichit à ses dépens. Il lui suffit pour en être conscient de comparer sa propre misère au luxe étalé par son seigneur et maître. Il sent très bien que ce qui manque à son néecssaire forme le superflu de ce dernier. Que la fortune patronale provienne du surtravail ou de la vente de ses produits sur le marché, le résultat est le même pour le prolétaire. Il n'a donc pas besoin d'entrer dans ces distinctions pour éprouver le désir de renverser un régime social qui engendre de telles injustices.

Et s'il est assez borné pour ne pas comprendre des choses aussi simples et pour subir son triste sort avec la résignation de la brute, à plus forte raison ne comprendra-t-il pas les savantes explications que le *Capital* donne de sa misère.

Aussi quand un propagandiste marxiste se trouve en présence d'un auditoire ouvrier, il ne perd jamais son temps à exposer toutes les subtilités de la théorie de la plus-value. Il dit seulement : Vous ne recevez qu'une part insuffisante des fruits de votre travail. Votre patron en garde pour lui la plus forte part et c'est pourquoi il regorge de bien-être tandis que vous mourez de faim. Et cela suffit, parce que chaque auditeur est convaincu que c'est la vérité et que toute démonstration ne pourrait rien ajouter à sa certitude.

D'ailleurs, l'esprit de révolte, loin de s'affaiblir, ne pourrait que se renforcer chez le prolétaire si, au lieu de lui montrer le patron comme son unique ennemi, l'unique sangsue collée à ses flancs pour se gorger de son surtravail, on lui montrait en outre le propriétaire, le commerçant qui le grugent, le financier qui le dépouille de sa modeste épargne quand il parvient à s'en créer une. Et c'est en effet ce dont ne se privent guère les propagandistes socialistes, ce thème leur fournissant de sensationnels effets oratoires. Couramment ils mettent dans le même sac patrons, propriétaires, mercantis, requins de la finance. Or c'est tout à fait en dehors de la théorie exposée dans le *Capital*.

Il est donc bien établi que cet ouvrage n'ajoute aucune force au mouvement socialiste basé sur une connaissance élémentaire mais aussi une conscience certaine des injustices sociales dont Marx analyse beaucoup trop minutieusement les causes et les origines.

*** Maintenant il est à peine besoin de démontrer notre deuxième proposition, à savoir que, sauf par la théorie de la valeur, le *Capital* ne projette aucune lumière sur les conditions de réalisation du socialisme.

Soit qu'il ne prévit cette réalisation qu'à une date éloignée, soit qu'il n'eût aucune aptitude à un travail reconstructif, soit qu'il en niât l'utilité ou la possibilité, Marx, dans toutes les parties de son œuvre, n'a jamais marqué aucune préoccupation d'ordre positif. C'est en cela principalement que réside, paraît-il, son caractère « scientifique » alors qu'on tombe dans « l'utopie » dès qu'on songe aux moyens d'application. Et pourtant si Marx avait consacré à l'étude organique du socialisme le temps et les trésors d'intelligence dépensés à une critique stérile, parce que trop minutieuse, du régime capitaliste, combien notre cause y aurait gagné!

Pour la suite à donner à ses propositions, Marx, écrit Engels dans la préface du *Manifeste*, « se fiait uniquement au développement intellectuel de la classe ouvrière. »

On verra plus loin s'il avait raison.

Quoi qu'il en soit, le *Capital* n'a pas servi la cause socialiste plus utilement que les élucubrations des économistes officiels n'ont servi le régime actuel. Le propre des ouvrages d'analyse et d'observation, c'est de n'exercer aucune influence sur la marche des faits.

CHAPITRE VI

La lutte de classes

L'idée de lutte de classes domine le marxisme. Elle en
est la caractéristique. Des nombreuses données philosophiques, historiques et économiques de la doctrine, elle est à
peu près la seule qui se soit ancrée dans le cerveau des travailleurs.

Disons-le franchement : si sa réaction contre le socialisme
sentimentaliste a été brutale, elle était inévitable : à force
de s'enfermer dans de petites expériences de laboratoire, de
faire appel à l'esprit généreux des capitalistes, de compter
sur la vertu de l'exemple, de se confondre avec la philan-
thropie, le socialisme finissait par perdre contact avec les
dures réalités. Il était devenu vraiment nécessaire de l'arracher aux rêveries idylliques où il s'émasculait et de lui
rendre sa force virile.

Au lieu de s'adresser au sentiment, Marx s'adressa à
l'intérêt. Au lieu de se résigner à attendre indéfiniment la
réalisation du socialisme du bon cœur des patrons, il la de-
manda à la classe ouvrière qui, étant plus particulièrement
victime des abus du régime, devait trouver plus d'avantages
que les autres classes à sa transformation et qui, d'ailleurs,
représente, dans tous les pays, l'élément le plus révolutionnaire de la population.

On ne peut nier qu'il entrait dans ces vues une grande
part de vérité : un parti socialiste qui ne s'appuierait pas
principalement sur la force du prolétariat serait sans vitalité et sans avenir.

Mais par malheur, Marx a manqué de précision dans la formulation de sa doctrine : il n'a jamais défini ce mot vague de prolétariat qui, par suite, devait être et a été interprété dans des sens bien différents.

*** Le grand marxiste Wilhelm Liebknecht, dans des fragments posthumes publiés par le *Vorwaerts* du 7 août 1901, lui a donné sa signification la plus large :

...Le concept de classe ouvrière ne doit pas être entendu trop étroitement : nous comprenons dans la classe ouvrière tous ceux qui vivent exclusivement ou principalement du produit de leur travail et qui ne s'enrichissent point par le concours du travail d'autrui. Ainsi dans la classe ouvrière doivent être compris, outre les travailleurs salariés, la classe des paysans et cette petite bourgeoisie qui tombe de plus en plus dans le prolétariat, c'est-à-dire tous ceux qui souffrent du système actuel de la grande production. Quelques-uns prétendent, il est vrai, que le prolétariat des salariés est la seule classe révolutionnaire et qu'il forme seul l'armée du socialisme — que tout ce qui vient des autres états ou des autres classes doit être considéré avec méfiance. Par bonheur des conceptions aussi dépourvues de sens n'ont jamais été accueillies par la démocratie socialiste allemande.

...Le nombre de ceux qui sont poussés par leurs intérêts dans les rangs de nos ennemis est si petit qu'il en devient presque négligeable.

...La démocratie socialiste est le parti de l'ensemble du peuple à l'exception de deux cent mille gros propriétaires, hobereaux, bourgeois et prêtres.

...Il ne faut pas demander : Es-tu salarié? Mais: Es-tu socialiste?

...Réduit aux salariés, le socialisme serait incapable de vaincre. Compris par l'ensemble du peuple qui travaille et par l'élite morale et intellectuelle de la Nation, sa victoire est certaine.

Dans ces lignes, Liebknecht traçait admirablement la ligne de démarcation entre les éléments sociaux auxquels le socialisme pourrait s'adresser et dont il serait en droit d'escompter l'appui, et ceux qu'il devrait combattre. C'est sur cette base que le socialisme devrait exercer son action. Mais il faut l'avouer : si on l'admettait, l'expression lutte de classes perdrait toute la signification qu'on lui prête habituellement. Nous n'y verrions aucun mal pour notre part ; tout au contraire. Mais, malgré l'autorité de Wilhelm Liebknecht, ami et collaborateur de Marx et chef, avant Bebel, de la démocratie socialiste allemande, on doit reconnaître que sa conception est en contradiction avec la pensée marxiste.

Le prolétariat de Marx, celui qu'il montre constamment en opposition et en lutte avec le patronat capitaliste, se réduit à la classe des salariés. A vrai dire Marx est convaincu que la petite bourgeoisie rurale, commerçante et artisane, dépossédée par le grand capital, sera rejetée par lui dans les rangs du prolétariat ouvrier. Mais en attendant elle reste en dehors. Marx ne s'occupe pas de son rôle social ; il ne compte pas sur elle ; il attend que l'évolution la fasse disparaître.

Marx n'a d'ailleurs pas dit que la classe ouvrière, dans sa lutte historique contre la bourgeoisie, devrait repousser les concours extérieurs qui s'offriraient à elle.

Le Manifeste prévoit que des fractions entière de la classe dominante, menacées dans leurs conditions d'existence, apporteront au Prolétariat de nombreux éléments de progrès.

Il prévoit aussi qu'au moment où la lutte des classes approchera de l'heure décisive, le procès de dissolution de la classe régnante, de la société tout entière, prendra un càractère si violent et si âpre qu'une fraction de la classe régnante s'en détachera et se ralliera à la classe révolutionnaire, à la classe qui représente l'avenir.

Le Manifeste constate que, de nos jours même, une partie de la bourgeoisie fait cause commune avec le prolétariat, notamment cette partie des idéologues bourgeois parvenue à l'intelligence théorique du mouvement historique dans son ensemble.

Mais ce ne sont là que des prévisions à échéance incertaine ; pour le présent les éléments bourgeois qui viennent renforcer le prolétariat sont l'exception, et il y a loin, on le voit, de cette conception à celle de Liebknecht.

*** Une autre question s'est posée sur le même sujet qui tendait à rétrécir encore le sens du mot prolétariat : ne doit-on pas en exclure les éléments exerçant des professions intellectuelles?

L'affirmative, défendue par Allemane, a été vivement combattue par les purs marxistes et notamment par Jules Guesde le fondateur du parti ouvrier français et longtemps son chef incontesté. Il écrivait :

Amputez le parti ouvrier de ses éléments plus particulièrement cérébraux, réduisez-le aux seuls ouvriers de la main, et il ne sera plus capable que d'émeutes qui, pour être victorieuses, n'en sont pas moins stériles.

Mais il y a plus. Non seulement nos rangs sont ouverts de droit à tous les non propriétaires qui travaillent, quel que soit leur genre de travail ; mais appuyés sur l'histoire, nous avons toujours appelé à nous — sans leur demander d'où ils viennent mais où ils vont — les hommes de bonne volonté, si capitalistes qu'ils aient pu naître.

Les déserteurs de la classe maîtresse ont toujours été les bienvenus dans la classe sujette, qu'il n'ont pas peu contribué à affranchir.

Le quatrième état, ou prolétariat, a — et aura — avec lui, dans son 89 qui s'approche, des bourgeois sortis de leur classe et retournés contre elle, en même temps, hélas ! qu'il aura — et qu'il a déjà eu — contre lui, faisant votes et fusils communs avec la Bourgeoisie, des prolétaires traîtres à leur classe.

C'est la loi de toutes les révolutions.

Un autre marxiste qualifié, Paul Lafargue, gendre de Karl Marx et ami de Guesde, n'était pas moins net dans le *Socialiste* du 9 avril 1892 :

Nous ne saurions trop répéter que nous comprenons par *ouvriers* aussi bien les travailleurs manuels que les travailleurs intellectuels, tels que professeurs, ingénieurs, physiciens, administrateurs, agronomes, chimistes, etc. Ces deux catégories de producteurs, intimement unis dans la grande production capitaliste, sont des salariés également courbés sous le même joug avilissant et dégradant : ils doivent faire cause commune ; l'affranchissement du travail n'est possible que par leur union et leur entente.

Il va de soi que ni Marx, ni aucun des chefs marxistes, presque tous recrutés en dehors de la classe ouvrière proprement dite, ne pouvaient envisager l'exclusion des intellectuels du mouvement qu'ils avaient créé. Leur thèse devait prévaloir, à raison de leur influence prépondérante dans les divers partis socialistes organisés. Mais d'une part c'est l'interprétation moyenne de Guesde et de Lafargue, plus conforme à la pensée marxiste, qui l'a emporté sur la conception élargie de Liebknecht ; et d'autre part la très grande majorité du prolétariat, prenant au pied de la lettre la notion de lutte de classe, a refusé d'entrer dans le parti socialiste où elle se serait trouvée en contact avec des éléments bourgeois et a prétendu s'organiser à part dans ses syndicats.

A l'origine on pouvait admettre qu'il n'y avait aucune incompatibilité entre l'action des syndicats et celle des groupements socialistes. Mais bientôt une doctrine nouvelle a surgi, le syndicalisme, qui prétend se suffire à lui-même, obtenir l'émancipation des travailleurs par ses méthodes propres et qui répudie toute collaboration avec les partis socialistes.

Cette déplorable déviation, cette scission douloureuse qui, en brisant l'unité du mouvement socialiste, lui a porté un coup fatal, dont il souffre aujourd'hui plus cruellement que jamais, si elle ne s'appuie pas sur l'ensemble de la doctrine marxiste n'en a pas moins pour point de départ son principe essentiel : la lutte de classes.

Le pur syndicalisme prétend être le seul véritable parti de la classe ouvrière et regarde avec dédain les groupements mixtes des divers partis socialistes où les éléments d'origine bourgeoise sont les plus influents sinon les plus nombreux.

On parlera plus longuement, au chapitre IX, de l'origine et du rôle du syndicalisme. Constatons ici que des théoriciens marxistes en ont fait hautement l'apologie, affirmant qu'il était le meilleur organe de lutte de classes que Marx pouvait envisager.

Bien que nous pensions, au contraire, qu'il n'est qu'une déformation démagogique de la doctrine marxiste, il est difficile d'exonérer cette dernière de toute responsabilité dans sa formation. L'idée de lutte de classes, qu'elle a jetée dans les esprits ouvriers, à une époque bien antérieure à la naissance du syndicalisme, est certainement le germe morbide dont il est sorti.

*** Pour juger une doctrine, il ne faut pas se baser exclusivement sur la conception personnelle de son fondateur, mais aussi sur les interprétations qui lui ont été données. Il appartenait à Marx d'empêcher préventivement les déformations de sa pensée en la précisant mieux, en en éliminant les parties qui pouvaient prêter à équivoque ou être retournées contre l'ensemble.

Le mot lutte de classes, l'abus qui en a été fait dans la propagande socialiste est incontestablement le point de la doctrine qui a soulevé contre elle le plus de protestations et lui a valu le plus de haines. Nos adversaires n'ont pas eu de peine à en extraire leurs meilleurs arguments et ils ont réussi à solidariser presque toute la classe moyenne : paysans, marchands, artisans avec la classe capitaliste, en lui persuadant qu'elle avait tout à craindre du triomphe des ouvriers, leurs ennemis de classe. Vainement nos orateurs et nos publications ont répété avec Marx que, tout au contraire, c'est le grand capital qui, par ses développements, menace constamment la petite bourgeoisie de dépossession. Comme, en fait, le processus de cette éviction est infiniment plus lent que ne l'avait prévu Marx, tellement lent qu'il est souvent insensible et que le sens de l'évolution paraît douteux ; que, dans certains milieux et dans certaines circonstances, loin de disparaître, la petite propriété s'étend au détriment de la grande, les intéressés, en général, ne s'inquiètent guère de cette éventualité. Le danger leur paraît plus réel et plus prochain du côté des socialistes, qu'ils considèrent comme leurs véritables expropriateurs.

Le plus fâcheux c'est que, dans les textes de Marx eux-mêmes et plus encore dans l'acception que le mot lutte de classe a prise pratiquement, il ne se borne pas à exprimer un fait économique ; il est un cri de ralliement et de guerre ; il éveille des visions tragiques et sanglantes, une partie de l'humanité se ruant contre l'autre, la torche et le fer en main.

Or il faut reconnaître que la presque unanimité des hommes de toutes classes, une petite avant-garde exceptée, ont la crainte des agitations révolutionnaires qui, même si elles ne leur cause pas un préjudice direct, troublent si profondément leur tranquillité.

D'une part le mot d'ordre : lutte de classe a eu un fâcheux retentissement dans l'esprit du prolétariat intellectuel, exploité cependant par le capitalisme, mais rapproché de la classe dominante par son éducation et sa manière de vivre. Les moyens violents lui répugnent et la forme marxiste du socialisme moderne lui est d'autant plus odieuse qu'elle se complète par une autre conception, d'origine marxiste également : la dictature du prolétariat. Les contre-maîtres, techniciens, ingénieurs, directeurs qui forment l'état-major de l'armée de la production, ont vu les ouvriers manuels de près et leur dénient la compétence que nécessite une telle dictature. C'est ainsi que diverses catégories professionnelles dont le concours est indispensable à la transformation sociale, et qui auraient été disposées à l'accepter sous une forme raisonnable, se trouvent rejetées loin du socialisme. Et il sera bien difficile de les y ramener.

D'autre part le gros du prolétariat manuel lui-même n'a pas été davantage séduit par l'idée de lutte de classes qui est le seul aspect sous lequel la doctrine socialiste lui soit présentée. Même sous la forme simpliste d'une organisation syndicale, il y demeure réfractaire. Les chiffres des statistiques varient ; mais il est constant que plus des deux tiers des ouvriers manuels restaient en dehors des groupements socialistes et syndicalistes, même aux époques où ces organisations réunissaient le maximum de leurs adhérents.

On peut incriminer leur ignorance, leur passivité, leur esprit rétrograde, et cela est juste en partie. Mais il est permis de penser et il paraît infiniment probable qu'une doctrine socialiste écartant l'idée de lutte de classes, dénonçant infatigablement les injustices du régime capitaliste et leur opposant la puissance réparatrice du socialisme aurait été acceptée par le plus grand nombre d'entre eux.

Basée sur l'idée de lutte de classes, la tactique socialiste revêt un caractère violent, agressif, inquiétant ; elle détourne de nous les gens paisibles qui sont et resteront, quoi qu'on fasse, la presque unanimité des électeurs. Basée sur la doctrine socialiste proprement dite, s'attachant à démontrer la nécessité et les avantages d'une transformation de la société capitaliste en société collectiviste, opposant sans cesse les absurdités, les injustices, les misères du régime actuel à l'harmonie parfaite, au bien-être, à la sécurité universalisés qui existeront dans la société future, appelant tous les exploités du grand capital indistinctement à prendre place dans une humanité meilleure et plus fraternelle, au lieu de paraître en faire la terre promise réservée aux seuls prolétaires, consacrant une large part d'activités à la reconstruction du nouvel édifice au lieu de se borner à saper les bases de celui qui existe, notre politique cesserait de faire le vide autour de nous et deviendrait puissamment attractive.

Evidemment l'idée pouvait se soutenir *a priori* de choisir une seule classe, celle qui a le plus intérêt à la transformation sociale, de concentrer sur elle tous les efforts d'une propagande intensive et d'en faire en quelque sorte le levain qui amènerait ensuite la fermentation de toute la masse. Mais l'événement a montré que ce calcul n'était pas rigoureux : si la classe ouvrière souffre davantage que les autres, elle est la moins instruite, celle qui dispose du moins de temps pour s'intéresser à la politique et il est plus difficile, par conséquent, de la rendre consciente.

...Le grand danger de la formule : lutte de classes, c'est qu'on peut parfaitement l'accepter sans être socialiste (1).

____

(1) *Projet de Code socialiste*, par Lucien Deslinières. Préface du troisième volume.

*** Le socialisme d'avant Marx faisait appel à la fraternité des hommes, fraternité chimérique sans doute sous un régime qui oppose tous les intérêts les uns aux autres, mais idéal élevé « qui sera le réel un jour », qui ennoblissait l'action et qui créait autour du parti socialiste une atmosphère d'universelle sympathie.

Aujourd'hui le dogme impitoyable de lutte de classes a remplacé la fraternité par la haine. Certes Marx ne l'a pas voulu ainsi : la haine est absente de son œuvre aussi bien que l'amour. Il ne rend responsable du mal que les institutions et ne fait pas la guerre aux hommes. D'ailleurs, ayant affirmé avec raison que le socialisme abolirait la lutte de classes en abolissant les classes, il ne peut être accusé d'avoir rêvé et provoqué des représailles. Mais il n'a pas prévu — et il devait prévoir — l'interprétation que des esprits incultes, comme ceux des ouvriers en général, donneraient à sa doctrine. Un ouvrier qui peine et souffre ne peut s'élever aux hauteurs sereines de la philosophie et distinguer entre le système d'exploitation qui pèse sur lui et son patron qui en est l'incarnation vivante. C'est à ce dernier seul qu'il s'en prend. Il lui impute à crime des actes que le patron n'accomplit parfois qu'à regret mais qu'il est forcé d'accomplir. Le patron pour lui, c'est l'ennemi. Il le hait ; il souhaite de lui rendre le mal pour le mal. Et de cet état d'esprit, absolument contraire à sa doctrine, mais qui se manifeste constamment dans son action, le socialisme reste déshonoré. La haine qu'il a semée, il la recueille à son tour avec usure. La question de droit est devenue une question de force. Malheur aux vaincus ! ils n'ont pas de pardon à espérer.

Qu'il est amer de se sentir entraîné par l'irrésistible poussée d'une telle barbarie, quand on n'a d'autre but que d'acheminer l'humanité vers le bien-être, la sécurité, la concorde, la paix, et quand on est pleinement conscient de la voie à suivre pour l'atteindre ! Comment le socialisme pourra-t-il remonter ce courant fatal ?

*** Insistons-y : en proclamant la lutte de classes ; en faisant du prolétariat la classe élue, investie de la mission redoutable d'affranchir l'humanité toute entière en s'affranchissant elle-même ; en mettant sur elle tous ses espoirs ;

en attirant sur elle tous les coups, Marx lui a reconnu les aptitudes et les qualités nécessaires au grand rôle qu'il lui assignait.

Il devait compter, notamment, que son célèbre appel : « Prolétaires de tous les pays, unissez-vous ! » serait entendu et que le prolétariat saurait opposer un front serré aux attaques des capitalistes, ses ennemis irréconciliables, et au besoin à celles des autres classes, ses auxiliaires douteux.

Or les événements ont prouvé que Marx s'était complètement trompé. Certes la croissance numérique du Prolétariat depuis le Manifeste a bien justifié ses prévisions ; le Prolétariat aurait pu devenir la force que Marx attendait de lui. Mais, par malheur, loin de s'accroître parallèlement, son esprit de solidarité n'a fait que s'affaiblir ; il s'est émietté au lieu de s'agglomérer, il s'est divisé au lieu de s'unir.

Actuellement, pour ne parler que de la situation en France, nous devrons constater :

Que la majorité du prolétariat manuel et la presque unanimité du prolétariat intellectuel se tiennent en dehors des organisations ouvrières ;

Que le parti socialiste ne réunit qu'une infime minorité, le dixième à peu près, de la fraction organisée ;

Qu'une partie beaucoup plus considérable de cette fraction est groupée dans les syndicats et refuse obstinément de lier son action à celle des socialistes ;

Qu'une autre partie importante est groupée dans les coopératives et que, si une minime élite de coopérateurs a un idéal de transformation économique, différent par ses moyens sinon par son but de celui du socialisme, la grande masse, la presque totalité des adhérents ne voient dans la coopération que les avantages matériels et immédiats qu'ils peuvent en retirer ;

Que le parti socialiste est actuellement divisé en trois ou quatre fractions qui s'entre-déchirent sans miséricorde ;

Qu'une scission, peut être plus profonde et plus envenimée encore, a séparé en deux camps les syndicalistes ;

Que ces luttes fratricides ont fait le vide dans les groupements socialistes et syndicalistes ;

Que le socialisme est réduit à une impuissance totale et tombé dans un complet discrédit.

Et à quel moment ? Précisément quand le régime capitaliste, à bout d'expédients, est menacé d'un effondrement prochain et où l'opinion, en désarroi, se tournerait volontiers vers le socialisme, si elle y voyait une doctrine de reconstruction sur une base meilleure, au lieu d'y voir le règne du désordre et de l'incapacité.

Il faut donc le reconnaître : le prolétariat n'a pas justifié la confiance que Marx lui témoignait trop exclusivement. Il a fait la preuve de son inaptitude à la direction d'une société nouvelle. La tactique de la lutte de classes a fait faillite. Il faut reprendre l'action socialiste sur une base meilleure.

*** On tenterait vainement d'atténuer la responsabilité de Marx et de ses disciples dans un effondrement qui va reculer on ne sait de combien d'années l'avènement du socialisme et prolonger si douloureusement les souffrances de l'humanité, en disant : Mais Marx n'a pas inventé la lutte des classes ; il s'est borné à la constater.

Marx a eu le grand tort de ne pas voir que la lutte de deux classes en conflit d'intérêt permanent n'est qu'un mode particulier du grand fait universel de la lutte pour la vie. En réalité la mêlée est générale. L'ouvrier ne lutte pas seulement contre le patron pour élever les salaires ou diminuer la durée du labeur : il lutte contre le commerçant pour abaisser le coût de la vie ; il lutte contre l'ouvrier lui-même pour obtenir du travail, c'est-à-dire des moyens d'existence, ou pour empêcher l'avilissement des salaires. De son côté le commerçant lutte contre le banquier pour en obtenir au meilleur compte possible les capitaux dont il a besoin, contre l'industriel et l'agriculteur pour le bon marché de ses achats, contre le commerçant lui-même pour lui disputer la clientèle. L'industriel lutte contre le commerçant, contre l'agriculteur et contre les industriels concurrents. L'agriculteur lutte contre les ouvriers, pour la main-d'œuvre dont il a besoin, contre le financier lorsqu'il recourt au crédit, contre le commerçant et l'industriel dans ses achats et ses ventes. Les propriétaires luttent contre les locataires, l'ensemble des producteurs contre l'ensemble des consommateurs, l'ensemble des producteurs et des commerçants d'un nation contre l'ensemble des producteurs et commerçants des autres nations (1).

Non seulement, donc, la lutte existe entre toutes les classes, mais elle existe à l'intérieur des classes. Comment

____

(1) *Projet de Coûe socialiste,* par Lucien Deslinières. Préface du troisième volume.

Marx, le généralisateur par excellence, qui envisage tous les faits au point de vue social, a-t-il pu, cette fois, devenir particulariste et négliger délibérément toutes les formes du conflit universel sauf une seule, celle qui oppose les ouvriers aux patrons?

En rétrécissant ainsi la question, il l'a complètement dénaturée. Les conclusions qu'on peut tirer d'une étude approfondie du principe de la lutte universelle et de ses multiples applications diffèrent complètement, sinon sur le fond de la doctrine, du moins quant à la tactique, de celles où Marx a été conduit en ne considérant que deux des classes en lutte.

En se plaçant sur le premier de ces deux terrains, il est facile de démontrer combien le système de la solidarité est supérieur à celui de la lutte, quels résultats économiques et sociaux il pourrait donner, quelle amélioration immense il apporterait aux conditions d'existence de tous les hommes, sauf d'une poignée de capitalistes. Et même à ces derniers on pourrait montrer l'instabilité de leurs fortunes, toujours sujettes à faire naufrage dans la tempête des crises économiques, et l'avantage d'une socialisation qui ne les dépouillerait pas mais consoliderait leur avoir acquis, tout en mettant fin à leur exploitation dans l'avenir.

Les développements de la propagande sur ces données feraient apparaître constamment le caractère bienfaisant et rénovateur du socialisme et intéresseraient toutes les classes à son instauration, alors que la tactique de la lutte de classes en montre seulement le côté agressif, violent, destructeur et fait le vide autour de lui, même dans le sein de la classe ouvrière.

*** Il est vrai que les marxistes, ou du moins certains d'entre eux, répondent : nous ne comptons pas réaliser le socialisme par la légalité en y ralliant la majorité des électeurs. Sachant bien que nous n'y arriverons jamais, nous voulons organiser fortement une minorité résolue pour briser révolutionnairement le pouvoir du capital, et pour cette fin, la tactique de la lutte de classe est la meilleure.

Mais même pour la préparation d'une action révolutionnaire, nous contestons ce point de vue, nous basant sur le fait exposé plus haut de la décomposition et de l'impuissance où l'idée de lutte de classes a réduit le prolétariat.

Une minorité suffit à consommer une révolution, soit ; mais à la double condition d'être assez nombreuse et assez énergique, et d'autre part d'agir sous l'égide de la neutralité bienveillante de la majorité.

Or, d'une part le nombre des hommes résolus à descendre dans la rue est dérisoire en présence des forces de répression dont dispose la bourgeoisie ; d'autre part cette avant-garde militante aurait en outre contre elle l'hostilité violente des autres classes et même de la majorité de sa propre classe. Ses chances de succès seraient absolument nulles.

Au contraire si le marxisme n'avait pas fait perdre au socialisme les sympathies dont il était entouré avant lui, si une propagande telle que nous l'avons indiquée avait au contraire élargi cette bienveillance générale, si devant l'écroulement économique, financier et moral du régime capitaliste, qui paraît imminent, le socialisme se révélait comme la seule puissance reconstructive et la seule ancre de salut, l'armée d'assaut serait plus forte et plus ardente, les défenseurs de la bastille capitaliste, démoralisés, laisseraient tomber leurs armes, et le bon vouloir de tous, ou de presque tous, faciliterait le changement de régime.

Ne perdons pas de vue que la lutte de classes qui, dans le cerveau de la plupart des socialistes modernes, tient lieu de toutes notions concrètes de socialisme, n'apporte avec elle aucun idéal. Ce que pourra être l'avenir quand le règne du capital aura été détruit, elle ne le dit pas. Comment savoir si le nouveau régime sera meilleur que l'ancien ? Pourquoi se jeter dans l'action, pourquoi risquer sa vie dans les batailles des rues si ce n'est parce qu'on a foi dans un lendemain radieux ? Si quelques-uns ont cette foi, c'est une foi aveugle et non une foi raisonnée puisqu'ils marchent tête baissée et se préparent à faire un saut dans l'inconnu. Mais forcément le nombre de ces illuminés est restreint. La plupart sont entraînés par la haine et par l'espoir d'une revanche des exploités sur les exploiteurs. Ce n'est pas un mobile suffisant pour les amener aux suprêmes sacrifices. C'est pourquoi il n'y a chez eux que verbalisme, déclamation, sans aucune pensée d'aller jusqu'au bout lorsqu'il le faudra. Combien peu de ces cœurs desséchés par le scepticisme sauraient faire tout leur devoir !

******* La doctrine marxiste en elle-même ne saurait être considérée comme démagogique. Si elle assigne le premier rôle au prolétariat, ce n'est pas pour flatter ses instincts et proclamer la supériorité du nombre sur le talent ; c'est parce que selon Marx, ce rôle lui est dévolu par l'évolution historique et économique. Mais dans la pratique, la notion de lutte de classes, en s'emparant de l'esprit d'une partie des travailleurs, a créé un courant de démagogie dont les conséquences sont et seront des plus funestes.

L'ouvrier avait jadis l'impression d'être au dernier échelon de la société ; il était respectueux et craintif envers son patron ; il obéissait passivement à ses ordres et subissait sans se plaindre ses exigences.

Aujourd'hui l'ouvrier se considère non comme l'égal du patron, mais comme son supérieur. On lui a tellement répété qu'il est omniscient et infaillible qu'il a fini par se croire toutes les aptitudes, toutes les qualités et par regarder les autres classes avec mépris. Non seulement il s'attribue une connaissance entière de la technique de sa profession et se juge à même de diriger une usine aussi bien, si ce n'est mieux qu'un ingénieur ; non seulement il estime qu'il lui suffit d'entrer dans une coopérative pour s'improviser commerçant ; mais dans le domaine de l'administration publique et de la politique intérieure et extérieure, il s'imagine comprendre toutes les questions et être capable de remplir toutes les fonctions.

Aussi trouve-t-il tout naturel d'être chargé, à l'exclusion des autres classes, de la réorganisation de la société sur des bases nouvelles, après le renversement du régime capitaliste. Il ne voit pas les difficultés de cette énorme tâche ; c'est pourquoi il ne s'en effraye pas. Avec son petit bagage de formules simplistes, apprises par cœur, il ne doute pas de les résoudre.

Naturellement, dans son ignorance des réalités, dans son inexpérience de la vie et des hommes, c'est toujours aux conceptions les plus fausses, les plus contraires à la bonne marche des affaires publiques et à son propre intérêt, que vont ses préférences. Il voudrait mettre à la tête des diverses branches de l'administration, des comités ouvriers délibérant sur tous les détails, sous le contrôle de la masse du personnel, et repousse comme tyrannique l'autorité d'un directeur imposé d'en haut. Ce système a été tellement fatal à la Russie soviétique qu'elle a fini par en revenir nettement — trop tard, hélas! — à la direction unique investie de pleins pouvoirs. Mais la leçon a été complètement perdue pour le prolétariat français qui ignore ce revirement ou tout au moins ses causes déterminantes.

   ⁂ Si Marx n'est pas entièrement responsable d'un état d'esprit dont on ne saurait exagérer les dangers, il a cependant contribué à le faire naître en détruisant toute croyance à la force agissante des conceptions individuelles, même géniales, et en montrant que les idées génératrices et directrices de l'évolution ont pour origine la structure sociale et sont, en quelque sorte, secrétées automatiquement par la collectivité. Cette idée mystique d'une âme collective, d'un esprit collectif qui domine toutes les tendances particulières et règle la marche de l'humanité, a beaucoup accru la confiance des travailleurs en eux-mêmes. Au fond chacun d'eux a conscience de sa faiblesse et de son incompétence ; mais il compte que l'esprit de sa classe suppléera à ce qui lui manque individuellement. On le lui a affirmé, et son orgueil l'a cru facilement.

Or c'est là une grave erreur que M. Ch. Andler, dans sa préface déjà citée de l'*Etat Socialiste* d'Anton Menger a dénoncée avec raison :

Le mouvement socialiste a besoin d'être guidé. Il s'oriente par un travail idéologique qu'il produit à mesure. Ce travail n'est pas impersonnel. La pensée humaine, même adaptée aux besoins collectifs qu'elle traduit n'a point pour organe un esprit social et une âme populaire. La collectivité ne pense que dans les esprits individuels.

Jules Guesde lui-même en écrivant (voir page 81) que le parti ouvrier, amputé de ses éléments cérébraux et réduit aux seuls ouvriers de la main, ne serait plus capable que d'émeutes stériles, même si elles étaient victorieuses, réagissait contre ce qu'il y avait d'exagéré dans cette prépondérance attribuée à l'esprit collectif, mais il a été débordé par le courant démagogique.

   ⁂ Cette conception d'un esprit collectif, éclose dans sa seule imagination, Marx a cru la trouver dans l'histoire. Mais il l'a mal comprise.

Jamais les protestations conscientes qui, au cours des siècles, se sont élevées contre l'éternelle injustice n'ont jailli du sein de la foule des victimes, car la foule, toujours ignorante, subit les effets sans pouvoir remonter aux causes et par conséquent sans arriver à discerner les remèdes efficaces. Quand elle souffre, elle ne sait que se plaindre, ou si la souffrance devient excessive, que se livrer à des mouvements impulsifs plus ou moins violents pour y échapper. Dans son exaspération aveugle, elle s'en prend aussi à ce qu'elle croit être la cause directe de son mal. Le paysan révolté brûle les vieux chartriers où sont inscrits les droits féodaux qui le ruinent, et parfois même le château où ils étaient conservés ; le tisserand brise le métier Jacquard ; l'affamé enfonce les devantures et pille les boutiques. Puis ce mouvement désordonné s'arrête de lui-même. Ordinairement la répression ne tarde guère et elle est impitoyable. Et l'ancien état de choses reprend son cours un moment troublé.

Parfois encore, après une explosion de violence et par crainte des suites, l'instinct de la conservation pousse les émeutiers à rester groupés. Ils ne forment alors que des bandes d'outlaws, ou même de brigands et ne vivent que de déprédations. Loin d'être améliorée par leur soulèvement, la situation antérieure est plutôt aggravée.

Il est arrivé pourtant, au moyen âge que les serfs, après avoir brisé leurs chaînes, se sont constitués en communes libres et ont su se fortifier, s'organiser pour résister à leurs oppresseurs. Ces communes se sont souvent maintenues, développées. Elles ont marqué le début d'une véritable transformation politique et sociale. Ce grand fait historique avait vivement frappé l'esprit de Marx, qui y avait vu une preuve des capacités administratives de la classe des travailleurs.

Mais l'origine de chacun des épisodes qui ont constitué le mouvement général de l'affranchissement des communes est presque toujours obscure et c'est une simple hypothèse que de les attribuer à l'inspiration collective des éléments locaux. Au contraire, on constate dans quelques cas, et tout permet de supposer pour les autres, que l'idée initiale a surgi du cerveau d'un chef anonyme, plus développé intellectuellement que ses compagnons, et peut-être parfois d'une autre origine. Des hommes libres, ou même des nobles, habitués au commandement, ont pu se mêler par vengeance, par intérêt ou pour assurer leur sécurité, aux éléments inférieurs et en prendre la direction.

En somme, là où ne se révèle pas un homme supérieur qui se fait reconnaître comme chef, le plus souvent aucun soulèvement n'éclate, ou si des agitations se produisent, elles sont éphémères et vaines. Les esclaves ne se révoltent que lorsqu'ils trouvent un Spartacus.

L'histoire des insurrections modernes nous montre les mêmes tableaux. Une foule ne marche que derrière des chefs. Et pourtant à un acte simple comme un assaut à donner, il ne faut que des mobiles simples, accessibles à tous. Mais après la bataille il devient nécessaire d'avoir des idées organiques. Et alors le rôle de la masse disparaît : ce sont ses chefs acceptés qui se réunissent, qui délibèrent, qui décident, et ce qu'ils ont résolu est accepté par ceux qui les suivaient.

*** Si un ouvrier, un paysan, un petit commerçant, un artisan, pris isolément, sont incompétents pour trancher une question générale, une masse de cent mille, d'un million de ces éléments ne sera pas plus compétente. Un million de zéros n'ont pas plus de valeur qu'un seul.

Par leur complexité, par les connaissances qu'exige leur compréhension, les grands problèmes politiques, économiques, sociaux, ne peuvent donc être utilement abordés que par les esprits supérieurs, et la masse ne peut que choisir entre les solutions qu'ils lui proposent. Encore ce choix est-il presque toujours aveugle et dicté par de basses considérations d'intérêt personnel qui font prévaloir les suggestions du charlatanisme sur les inspirations du bien public.

En somme tout ce qu'on peut espérer de la classe ouvrière, c'est qu'elle arrive à s'assimiler les notions les plus élémentaires de la doctrine socialiste et surtout qu'elle apprenne à distinguer ses véritables amis, ses champions dévoués qui ne craignent pas de lui signaler ses erreurs et ses fautes des faiseurs de surenchères qui la flattent pour servir leurs ambitions.

Attendre d'elle qu'elle conçoive et qu'elle dirige par ses lumières propres, en rejetant les concours éclairés qui pourraient la guider vers l'avenir, c'est se tromper grossièrement dans la mesure de ses facultés.

La dictature du prolétariat, exercée temporairement par un petit nombre d'hommes de valeur délégués par les travailleurs, investis de leur confiance et de leurs pleins pouvoirs, est parfaitement admissible en période révolutionnaire.

Mais exercée directement par le prolétariat lui-même, elle n'aboutirait qu'à la plus complète désorganisation.

En transportant le socialisme sur le terrain de la lutte de classes, Marx, loin de contribuer à son développement, l'a fait rétrograder d'un siècle.

CHAPITRE VII

Marx s'est trompé sur la marche de l'évolution

L'un des traits essentiels de la doctrine marxiste, c'est le caractère automatique qu'elle prête à l'évolution économique. Spontanément, sans que la volonté et l'action des hommes aient à s'en mêler, sans que l'intervention de cerveaux de génie puisse rien modifier, en bien ou en mal, à la marche des événements, du fait seul des perfectionnement incessants que la science introduit dans la technique de la production et des transports, les entreprises et les fortunes vont se concentrant de plus en plus. Les petits et moyens producteurs, avec leur outillage primitif ou attardé, ne peuvent résister à la concurrence des grands capitalistes qui, utilisant à leur profit les inventions et découvertes scientifiques, produisent moins cher qu'eux, s'emparent de leur clientèle, les ruinent et les rejettent dans le prolétariat.

Le terme de cette évolution, dans le sein du régime capitaliste, c'est qu'une poignée de multi-milliardaires, ayant accaparé la totalité des moyens de production et de transport, tiendra à sa discrétion l'existence des troupeaux humains, réduits à vendre leur force de travail pour subsister.

Finalement les expropriateurs seront expropriés par la masse du peuple ; l'opération sera donc facile.

******* Pour bien pénétrer la pensée marxiste, il convient de se reporter à la fin du chapitre III.

Mais on a beau relire les textes, on ne trouve aucune réponse à la question qui se pose immédiatement :

Le socialisme ne se réalisera-t-il qu'au terme de l'évolution, lorsque la concentration sera achevée, ou sera-t-il possible d'en avancer l'heure par une action pacifique ou révolutionnaire?

Sur ce point, comme sur bien d'autres, Marx n'apporte aucune précision. Aussi les interprétations les plus différentes se sont-elles produites.

Pour beaucoup de socialistes, il n'y a rien à faire avant que l'évolution soit achevée. Cette interprétation est fort agréable aux paresseux qui n'ont qu'à se croiser les bras en attendant que l'heure sonne au cadran de l'histoire et, entre temps, ont le loisir de cultiver leurs jouissances et leurs ambitions.

D'autres, plus nombreux encore, croient que l'évolution peut et doit être brusquée par une révolution ; mais ils ne s'accordent pas sur le moment où une révolution deviendra possible.

L'ancien Parti socialiste de France, qui forma la gauche du Parti socialiste unifié, la jugeait possible immédiatement dans les principaux états de l'Europe occidentale et centrale, ainsi qu'en témoigne une résolution prise par lui à son Congrès de 1902 :

A l'encontre de ceux qui reculent indéfiniment l'avènement de cette société nouvelle, le Parti socialiste de France affirme que les éléments matériels ou économiques en existent dès à présent et qu'il ne manque à leur mise en train que les éléments humains, c'est-à-dire l'action d'un prolétariat organisé et conscient, possible également dès aujourd'hui.

Enfin les bolcheviks, allant plus loin encore, ont jugé qu'un pays comme la Russie, avec sa masse paysanne dépourvue d'instruction et son industrialisation à peine commencée, était mûr pour le communisme. Etaient-ils en contradiction avec la pensée de Marx?

Nullement, puisque la lettre de Marx, reproduite par extraits au chapitre IV, dit expressément que si la Russie ajourne sa révolution sociale pour attendre que l'évolution du régime capitaliste y soit plus avancée, elle perdra la plus belle occasion que l'histoire ait offerte à un peuple ;

Nullement, puisque dans une préface qu'il a écrite en

1882 pour le Manifeste, Engels a confirmé en ces termes l'opinion de son ami :

> Il s'agit dès lors de savoir si la communauté paysanne russe, cette forme déjà très décomposée de la propriété commune du sol primitif, passera directement à une forme communiste supérieure de la propriété foncière, ou bien si elle doit suivre d'abord le même processus de dissolution qu'elle a subi dans le développement historique de l'Occident ?
> La seule réponse possible aujourd'hui à cette question est la suivante. Si la Révolution russe est le signal d'une révolution ouvrière en Occident, et que toutes deux se complètent, la propriété commune russe actuelle pourra servir de point de départ à une révolution communiste.

Alors où est exactement la pensée marxiste ? Dans les nuages ; on ne peut la découvrir et il faut se borner à des conjectures.

Ce vague perpétuel, dont on se sent enveloppé dès qu'on pénètre dans la doctrine marxiste, est non seulement irritant, mais nuisible au plus haut point au développement du socialisme. On ne s'explique pas que le maître se soit toujours tenu dans les généralités, laissant ses adeptes chercher la bonne voie dans le dédale de l'exégèse. Le langage obscur qui a été, et pour cause, celui des prophètes, ne convient pas plus à un chef de mouvement social qu'à un généralissime en présence de l'ennemi. La précision, la clarté doivent être ses qualités maîtresses. Pour ne pas l'avoir compris, ou pour n'avoir pas osé, ou pour n'avoir pas pu éclairer sa pensée, Marx, en même temps qu'il lançait son appel à l'union des prolétaires de tous les pays, a brisé d'avance leur unité, si nécessaire en effet.

Il n'y a peut-être pas de point plus important dans la doctrine socialiste que la détermination des conditions économiques indispensables au succès de la révolution. De l'idée qu'on s'en fait, de la date à laquelle on attend que ces conditions soient réalisées, dépend toute la tactique du Parti. Si Marx avait apporté sur cette question des indications nettes, son autorité les aurait fait prévaloir, tandis qu'en l'absence de toute précision de sa part, les opinions les plus contraires ont pu être soutenues, et c'est précisément sur des querelles de tactique qu'ont éclaté les divisions qui ont abouti à la scission en plusieurs tronçons des partis socialistes de tous les pays.

******** Mais revenons au sujet principal de ce chapitre. Il s'agit de savoir si la tendance de l'évolution est bien la concentration des fortunes dans un petit nombre de mains. Il y a plus de cinquante ans que Marx l'a affirmé ; c'est un laps de temps suffisant, sinon pour que la concentration soit arrivée à son terme final, du moins pour que le sens de l'évolution apparaisse clairement.

Nous allons dans un moment, pour nous renseigner, faire appel aux lumières de la statistique. Mais les statisticiens eux-mêmes reconnaissent que leurs chiffres n'apportent pas de certitude parce que les méthodes de recensement ont varié. Ouvrons d'abord les yeux et regardons autour de nous.

Il est certain que depuis un demi-siècle, la production, surtout la production industrielle, a notablement augmenté. Il en est résulté une élévation parallèle du chiffre d'affaires des maisons de commerce. La fortune, dans son ensemble, a suivi la même progression.

Il est également indiscutable que cet accroissement de la production industrielle et du mouvement commercial ont surtout profité aux grandes entreprises qui sont devenues de plus en plus nombreuses et de plus en plus puissantes. Mais les petites et les moyennes se sont-elles maintenues ou ont-elles diminué ?

De même on voit aujourd'hui beaucoup plus de grosses fortunes qu'il y a cinquante ans. Mais se sont-elles formées simplement par l'augmentation de la fortune générale ou par l'absorption des petites et moyennes fortunes ?

A la simple observation, il n'apparaît pas qu'il y ait eu régression des petites et moyennes entreprises ni des petites et moyennes fortunes.

Sauf dans quelques industries où le machinisme a réellement fait disparaître un certain nombre d'artisans, il semble bien qu'on en compte tout autant aujourd'hui. Peut-être fabriquent-ils moins ; mais ils restent indispensables pour la pose et les réparations dont les grosses firmes ne se soucient guère, et pour lesquelles, se trouvant à proximité de leur clientèle, leur concours est tout indiqué. Or par suite de l'augmentation générale de la production, la quantité des objets à poser et à réparer est devenue plus forte. Ils conservent donc assez de travail pour vivre.

Parcourons une grande ville : le rez-de-chaussée des principales rues est occupée par d'innombrables détaillants. Bien rarement on constate qu'une boutique a été transformée en local d'habitation ou qu'elle reste longtemps fermée. Non seulement leur nombre ne paraît pas diminuer, mais il augmente en même temps que la population des villes qui entraîne la création de nouvelles rues.

A la vérité tous ces petits commerçants ne font pas fortune : beaucoup perdent leur modeste capital ; d'autres même tombent en faillite. Ces malchanceux sont évidemment pour la plupart rejetés dans les rangs du prolétariat. Mais que se passe-t-il alors? C'est le plus souvent un prolétaire qui prend leur place. Le rêve de l'ouvrier, s'il a été assez sage et assez heureux pour réaliser quelques économies, c'est de « s'établir ». Parfois aussi il continue à travailler à l'usine et laisse à sa femme le soin du magasin. Ainsi il y a compensation entre les petits marchands rejetés dans le prolétariat et les prolétaires devenus marchands.

Dans tous les pays et d'une façon plus ou moins sensible, les villes attirent à elles une partie de la population des campagnes. C'est tout naturel. On peut augmenter considérablement le nombre des ateliers et usines existant dans une ville, ou du moins des ouvriers qui y sont occupés. On ne peut pas augmenter le nombre des hectares de terre cultivable dans les régions complètement mises en valeur. Et comme le matériel de culture moderne diminue les besoins de main-d'œuvre, beaucoup de tout petits propriétaires, qui jadis trouvaient à travailler chez des voisins plus riches, n'ont plus cette ressource aujourd'hui. Et leur maigre lopin de terre étant insuffisant pour les occuper et les nourrir, force leur est de chercher du travail à la ville. Cela ne veut pas dire qu'ils sont ruinés et obligés de vendre leur héritage. Le plus souvent ils se bornent à l'affermer. A la campagne il y a peu de dissipateurs qui « mangent leur bien » et ils perdent toute estime dans leur entourage.

Assurément quelques paysans réalisent leur avoir avant de partir pour la ville, dans le but d'y créer une petite entreprise. Mais qui est l'acheteur? Le plus souvent un voisin, un autre paysan qui, en s'arrondissant ainsi, se trouvera posséder assez de terre pour vivre avec sa famille.

Le paysan qui arrive à ce résultat s'ancre au sol et ne s'en laisse pas facilement déraciner. Par son travail et celui des siens, il assure la subsistance du petit groupe familial. Il ne dépense rien pour son logement, et presque rien pour sa nourriture ; ses autres frais sont minimes. Il est rare que bon an, mal an, il ne fasse pas quelques économies.

Certes ses méthodes de culture sont lamentablement arriérées. Employant un outillage primitif, usant parcimonieusement des engrais chimiques, et parfois n'en usant pas du tout, il se donne beaucoup de peine pour n'obtenir que de faibles rendements. La valeur de ses récoltes, calculée par hectare, est très inférieure à celle des grands domaines cultivés scientifiquement. Mais aussi son prix de revient est presque nul et, compensation faite, il réalise un bénéfice à peu près certain, alors que de grandes exploitations, même conduites par les meilleures méthodes, n'ont parfois que des pertes.

Au point de vue de l'économie générale de la France, le paysan est un élément de ruine ; sa mauvaise culture nous réduit à importer des produits agricoles quand nous devrions en exporter des quantités immenses, et la France occupe le dixième rang en Europe pour les rendements à l'hectare, alors qu'elle devrait occuper le premier.

Mais au point de vue de son économie particulière, le paysan, par son travail et son esprit d'épargne, trouve moyen de vivre et de prospérer. Sauf dans quelques régions de plaines à sol riche où dominent les cultures industrielles, il se maintient donc fort bien malgré la concurrence des grandes exploitations. Parfois même ce sont les gros domaines qui disparaissent, morcelés, et les paysans d'alentour s'en partagent les débris.

Le bas de laine du paysan est la réserve intarissable où puisent l'Etat et les financiers. Aussi les ânes savants de l'économie officielle ne tarissent pas en éloges sur ses mérites et lui attribuent le premier rôle dans la formation de la richesse du pays, alors qu'en réalité il est le poids mort qui fait obstacle à notre développement.

Pendant et depuis la guerre, la situation déjà si favorable des paysans s'est encore améliorée. Le bas de laine, gonflé à en crever, regorge de billets de banque, de titres et aussi de pièces d'or et d'argent, retranchées de la circulation par l'âpre cupidité de leurs possesseurs. La propriété paysanne s'est accrue de surfaces importantes achetées très cher à des capitalistes qui croyaient faire une bonne opération et la regrettent aujourd'hui.

*** Ainsi, envisagée dans son ensemble, la situation économique du pays révèle que la prépondérance prise par les grosses entreprises et les grosses fortunes n'a pas été accompagnée d'une diminution des entreprises et des fortunes petites et moyennes. Voyons maintenant ce que va nous apprendre la statistique :

Pour la France la plus grande partie des renseignements qu'on peut avoir sur ce sujet sont fournis par les recensements quinquennaux, dressés et publiés par le gouvernement.

Le dernier recensement a été fait en 1921 ; mais on n'en connaîtra les résultats détaillés que dans trois ou quatre ans. Le précédent aurait dû être fait en 1916 ; il n'a pu y être procédé à cause de la guerre.

Enfin les résultats du recensement de 1911 lui-même, ne fournissent aucune donnée sur le nombre et le classement des entreprises, l'administration ayant jugé à propos de modifier une fois de plus ses méthodes et de recenser non par établissements mais par professions. Il faut donc remonter jusqu'à 1906 pour avoir les indications qui nous sont nécessaires.

C'est M. Arthur Fontaine, conseiller d'état, directeur au Ministère du Travail, qui a dirigé les travaux de recensement et de classement de la population. Personne n'est donc mieux placé que lui pour pouvoir les apprécier. Or, précisément M. Arthur Fontaine a traité, dans une introduction à une série de conférences faites à l'École des hautes études sociales, sur la *Concentration des Entreprises industrielles et commerciales*, la question qui nous préoccupe. Et il l'a fait dans un esprit d'impartialité évident.

M. Fontaine n'hésite pas à mettre les lecteurs en garde contre le danger de se former une opinion trop arrêtée sur les indications de la statistique. Il expose au contraire que la précision de plus en plus grande apportée dans les questionnaires des dénombrements rend difficiles les comparaisons des chiffres de l'un avec ceux des précédents.

Par exemple la population active de la France, c'est-à-dire celle qui exerce une profession recensée, était évaluée en 1891 à 15.675.446 habitants. Elle serait en 1906 de 20.126.978, bien que dans l'intervalle la population générale n'ait augmenté que d'un peu moins d'un million. L'accroissement n'est aucunement l'effet d'une diminution du nombre des oisifs ; il est simplement la conséquence de l'amélioration des procédés.

D'après le dénombrement de 1906, les 20.126.978 personnes formant la population active se décomposaient ainsi :

Chefs d'établissements industriels et commerciaux	6.286.507
Employés	1.523.586
Ouvriers occupés	7.906.959
Ouvriers et employés sans place	238.657
Travailleurs isolés	4.171.269

Ces 4.171.269 travailleurs isolés représentent de petits artisans travaillant seuls pour leur compte et des ouvriers à domicile travaillant pour le compte d'un patron. La démarcation entre les deux catégories est souvent difficile à établir. Pourtant d'après des données que M. Fontaine considère comme rationnelles, et rarement arbitraires, on peut les classer ainsi :

2.080.000 petits patrons.

2.090.000 ouvriers.

de sorte qu'en ajoutant ces chiffres à ceux de la répartition ci-dessus on arrive à la réduire à ces deux lignes :

Patrons : 8.300.000

Salariés : 11.700.000.

Plus de huit millions de patrons ! environ deux patrons pour trois salariés ! Nous sommes encore loin du moment où une douzaine de magnats du capital auront accaparé la totalité des moyens de production. Si le nombre des patrons est en décroissance, il apparaît avec certitude que sa décroissance est bien lente.

M. Fontaine, rappelant la différence des questionnaires aux divers recensements, n'hésite pas à interpréter ce chiffre :

Ainsi compris le nombre des patrons diminue-t-il en France? Je ne me hasarderais pas à répondre ni à comparer nos derniers chiffres aux chiffres antérieurs.

...Je crois qu'il serait encore moins prudent de baser une réponse ferme sur cette constatation que, abstraction faite des travailleurs isolés, 23,5 % des personnes actives recensées ont été classées comme chefs d'établissement en 1896, 25,5 % en 1901 et 31,2 % en 1906 ; ces chiffres sont influencés par le perfectionnement des méthodes du recensement professionnel.

Pour pénétrer plus avant dans le sujet, laissons complètement de côté la notion de « patrons » et prenons les établissements.

L'ensemble des établissements de toute espèce, pour l'agriculture, le commerce, l'industrie, les transports, les professions libérales, s'élève à :

> 3.720.000 .... en 1906
> 3.184.000 .... en 1901
> 2.983.000 .... en 1896

Mais cette progression est encore trompeuse.

Si l'on veut étudier le mouvement de concentration des entreprises, il faut recourir aux chiffres qui caractérisent les seuls établissements avec personnel, les établissements occupant au moins un ouvrier ou un employé en dehors des patrons. Et il faut prendre le nombre des établissements eux-mêmes, et non celui des personnes classées comme chefs de ces établissements.

Les établissements occupant au moins un ouvrier ou un employé étaient, en :

> 1906 .... de 2.314.000
> 1901 .... de 2.256.000
> 1896 .... de 2.390.000

M. Fontaine constate que ces chiffres n'indiquent pas de mouvement accusé, mais du flottement. Néanmoins il croit pouvoir en conclure que « depuis 1896, le nombre des patrons, les vrais, ceux occupant au moins un ouvrier, ne diminue pas sensiblement. »

M. Fontaine distingue ensuite entre les diverses catégories professionnelles :

L'agriculture, de 1.500.000 établissements en 1896, est descendue à 1.336.000 en 1906.

L'industrie, de 603.000 en 1896, est montée à 632.000 en 1906.

Le commerce, de 250.000 établissements en 1896, est monté à 278.000 en 1906.

M. Fontaine constate encore que ces chiffres ne marquent pas de mouvement, mais de la stagnation.

Il signale ensuite l'extension du nombre des grands établissements et de leur personnel. De cela personne ne doute, et il est inutile de reproduire ses chiffres.

Et il conclut en ces termes :

> Oui, il y a une concentration industrielle rapide dans les industries de fabrication. Le nombre total des établissements et des salariés augmente, grâce à l'afflux venu de l'agriculture, puisque la population de la France est stationnaire. Le nombre des patrons augmente ; mais le nombre des grands établissements augmente relativement plus vite que celui des petits.
>
> Même phénomène dans le commerce avec cette différence que le nombre des patrons croît plus vite et que le mouvement de concentration est plus lent.
>
> Dans l'agriculture, diminution à la fois de la population patronale et de la population salariée, diminution du nombre des établissements, concentration faible, très faible des entreprises.
>
> Dans l'ensemble de la France, par suite de ces divers mouvements composants, maintien du nombre des patrons ; importance de plus en plus grande de leur rôle économique, par suite du développement des grandes entreprises industrielles et commerciales.

D'autre part les statistiques officielles du Ministère des finances nous fournissent des chiffres qui confirment pleinement ceux des recensements.

Extrayons-en d'abord le nombre des cotes figurant au rôle de l'impôt foncier. Il était, en chiffre rond, savoir, en :

1826 de 10.297.000 cotes
1835 de 10.895.000 —
1842 de 11.512.000 —
1858 de 13.119.000 —

A partir de cette année, on distingue entre la propriété bâtie et la propriété non bâtie, et les statistiques de l'une et de l'autre n'est pas établie pour les mêmes années. Mais prenons les chiffres des deux dernières années portées au tableau, et qui sont très rapprochées. Nous trouvons, en 1894 pour la propriété non bâtie 13.958.000 cotes et en 1891 pour la propriété bâtie, 6.587.000 cotes. Le total est donc de 20.545.000 cotes, c'est-à-dire environ le double de ce qu'il était en 1826. Dans la même période, la population a passé, de 31 millions à 38 millions d'habitants ; mais la surface du sol a diminué, puisque, si elle a été accrue de Nice et de la Savoie, elle a été amputée de l'Alsace-Lorraine, c'est-à-dire d'un territoire plus grand. Donc le doublement des cotes est la preuve qu'il y a eu morcellement considérable et non concentration de la propriété foncière.

Un autre renseignement non moins concluant nous est fourni par la statistique du Ministère des finances en ce qui concerne le commerce et l'industrie. Il s'agit du nombre des patentes qui était, en :

1827 de 1.126.000
1835 de 1.208.000
1842 de 1.502.000
1858 de 1.733.000
1894 de 2.053.000
1913 de 2.399.000

Là encore le nombre des cotes a doublé et même un peu plus.

Qu'on interprète ces chiffres comme on voudra, qu'on les rapproche de ceux des recensements avec lesquels ils peuvent plus ou moins différer, il est impossible de leur faire dire que le nombre des commerçants et industriels diminue.

Empruntons encore une constatation au travail déjà cité :

Pour l'Allemagne, M. Fontaine indique le nombre des patrons recensés en trois années différentes :

	1907	1895	1882
Agriculture	2.501.000	2.568.000	2.288.000
Industrie	1.977.000	2.062.000	2.201.000
Commerce	1.012.000	844.000	702.000
Ensemble	5.490.000	5.574.000	5.191.000

En vingt-cinq ans, il y aurait donc eu, en Allemagne augmentation du nombre des patrons de 300.000 environ. Si l'on tient compte de l'augmentation considérable de la population générale, il est bien évident que, proportionnellement à l'effectif de cette population, le nombre des patrons a diminué. La diminution est même absolue pour l'industrie en particulier, et dans cette branche la concentration est très accentuée.

*** Mais, pour la France comme pour l'Allemagne, plaçons-nous dans l'examen de ces chiffres, au point de vue marxiste.

Marx ne se bornait pas à prévoir la concentration des entreprises et des fortunes. Il ajoutait que cette opération s'effectuerait par l'éviction et la disparition de la petite et moyenne bourgeoisie, rejetée dans le prolétariat. Si ce phénomène s'était effectivement produit, il aurait une grande importance, d'une part parce qu'il augmenterait la force numérique du prolétariat, d'autre part parce que les éléments qu'il lui apporterait seraient en général instruits et animés du désir de se venger du grand capital qui les aurait ruinés. Pour les fins révolutionnaires envisagées par Marx, la dépossesion de la petite et moyenne bourgeoisie aurait donc été un fait déterminant. Mais il n'y a plus à se dissimuler aujourd'hui qu'il ne s'est pas accompli. Marx s'est nettement trompé dans ses prévisions.

Certes la classe capitaliste devient de plus en plus riche et le prolétariat de plus en plus nombreux. Mais entre ces deux classes extrêmes, appelées à se heurter violemment, les petites et moyennes fortunes s'interposent comme un tampon, ou mieux comme un bouclier pour les grands capitalistes avec lesquels elles se solidarisent contre la classe ouvrière.

Et leur nombre ne diminue pas d'une manière appréciable ; il est impossible d'envisager le moment où elles auront disparu et où les grands capitalistes eux-mêmes auront été dévorés par les très grands. A supposer que cela arrive un jour, ce jour sera si lointain qu'autant vaut ne pas y compter.

Ainsi s'écroulent les espérances que le marxisme a éveillées dans l'esprit des prolétaires. Cette réalisation automatique du socialisme, ce n'était qu'un beau rêve. S'ils veulent une amélioration de leur sort, ils ne doivent pas l'attendre en dormant, mais la conquérir de haute lutte.

On ne saurait trop insister sur les conséquences désastreuses qu'a eues, pour le développement du socialisme, l'effondrement des prophéties marxistes sur la marche de l'évolution. Toute la propagande avait été basée sur une entière certitude de leur réalisation prochaine. Les éducateurs marxistes avaient fait pénétrer leur foi dans les esprits de leurs élèves. Il y a quarante-cinq ou cinquante ans, ni les uns ni les autres ne doutaient de l'imminence du dénouement prévu. Aussi avec quelle ardeur ils se jetaient dans la bataille ! Mais à mesure que les années s'écoulaient et que les espoirs se reculaient, cette ardeur allait se refroidissant de plus en plus. Aujourd'hui le vent froid des dures réalités a glacé la belle confiance des premiers jours, et même les plus vaillants ont abandonné le drapeau.

Si les prévisions marxistes avaient été confirmées par les faits, l'instauration du socialisme se serait faite facilement, presque d'elle-même. Le nouveau pouvoir aurait trouvé toute une organisation de production concentrée qu'il n'aurait eu qu'à tourner vers l'intérêt général. A une tâche ainsi simplifiée, on peut admettre que les faibles capacités administratives de la classe ouvrière auraient suffi. Marx n'aurait donc pas été tout à fait déraisonnable en lui attribuant, à elle seule, toute la puissance politique et économique.

Mais puisque nous voyons aujourd'hui que le socialisme ne surgira pas de lui-même et qu'il sera nécessaire de le créer artificiellement, au prix de luttes pénibles et d'efforts de pensée considérables, il faut être dépourvu de tout jugement pour continuer à croire que le prolétariat, réduit à ses seules forces, est à la hauteur d'une tâche aussi colossale. Avec l'espérance de voir se réaliser les prévisions marxistes, c'est toute la tactique marxiste qu'il faut abandonner.

*** La lutte sera d'ailleurs d'autant plus difficile que la plus grande partie du prolétariat lui-même est loin d'en comprendre la nécessité. Sur un autre point, en effet, les événements ont déçu les prévisions de Marx. Il croyait qu'avec la monopolisation des moyens de production, devaient s'accroître en bas « la misère, l'oppression, le servage, la dégradation et l'exploitation. » Eh bien, très sincèrement, il faut reconnaître que les ouvriers, dans l'ensemble, ne sont pas plus malheureux aujourd'hui qu'il y a un demi siècle ou un siècle. La plupart d'entre eux, même de ceux qui se plaignent, trouvent au fond leur existence supportable et tremblent de perdre dans une révolution plus qu'ils n'y gagneraient.

Certes nous ne justifions pas leur passivité qui résulte surtout de leur ignorance. Habitués à leurs dures conditions de vie, ils ne peuvent concevoir une organisation sociale nouvelle qui, en augmentant leur bien-être, y ajouterait la sécurité. Le marxisme, sur ce point, ne leur a rien appris ; il ne leur parle que de détruire ce qui existe sans leur montrer les avantages qu'ils trouveront à la transformation. C'est moins par satisfaction de la société présente que faute de discerner clairement la nouvelle qu'ils restent méfiants à l'égard du socialisme. Mais enfin il faut reconnaître qu'ils ne sont pas poussés dans nos rangs par l'accroissement continuel de leur misère qu'avait annoncé Marx.

A cet égard, d'ailleurs, des chiffres décisifs ont été produits.

Dans son ouvrage : « *Ce qu'on appelle la féodalité financière* », M. Alfred Neymark dit que les « actions et obligations de chemins de fer sont la propriété de plus de 700.000 familles, c'est-à-dire de plus de deux millions de petits rentiers. »

Dans *le Morcellement des valeurs financières,* le même auteur établit comme suit le classement d'un certain nombre de valeurs :

Rentes françaises : 5.096.811 inscriptions, représentant une moyenne de 159 fr. de rente ;
Banque de France : 28.358 actionnaires ;
Crédit Foncier : 40.339 actionnaires ;
Caisse d'épargne : 8.600.000 livrets ;
Dépôts en banque : 300.000 comptes.

Il en conclut qu'il n'existe aujourd'hui qu'une « poussière de titres » et que la France n'est pas une « féodalité financière » mais une « démocratie financière ».

La conclusion de M. Alfred Neymark est dérisoire, car les petits porteurs de titres n'ont aucune influence sur la direction des affaires publiques, ni même de celles où ils ont mis leurs fonds. Ce sont les grands financiers qui imposent partout leurs volontés et ils constituent bien une féodalité ou une oligarchie financière. Mais les chiffres sont là et il faut bien reconnaître que sur les 5 millions de porteurs de rentes françaises et surtout les 8 millions et demi de titulaires de livrets de caisse d'épargne, un nombre assez considérable représente des prolétaires ; par conséquent il n'est pas vrai que la situation de ces derniers soit plus mauvaise que par le passé.

La misère complète, avec les grandes souffrances qui l'accompagnent, on les trouve dans la dernière couche de la classe ouvrière : le prolétariat *unqualified* (non qualifié) des Anglais et le *lumpen proletariat* (prolétariat en guenilles) de Marx, dont il existe dans tous les autres pays des éléments similaires. Ces malheureux, par faiblesse ou inconscience sont isolés, incapables de se défendre et impitoyablement exploités. Mais l'ouvrier valide et non chargé de famille gagne assez largement sa vie et ne se refuse pas quelques petits plaisirs, sur le choix desquels il est d'ailleurs souvent assez mal inspiré. Syndiqué, il se défend contre les exigences patronales. En général, dans son égoïsme, il ne s'occupe guère des plus malheureux que lui, et dans son insouciance, il ne pense pas non plus que l'âge, la maladie, un accident, une crise économique prolongée pourront à son tour le réduire au dénûment.

Chez l'ouvrier de type moyen, l'esprit révolutionnaire est donc à peu près nul et il ne faut pas compter, pour l'y développer, sur l'augmentation de la misère. Il n'est pas juste de prétendre que le régime capitaliste l'a intensifiée. Son crime — et il est assez grand, au milieu de l'augmentation de la richesse, — c'est de ne l'avoir pas fait disparaître, de n'avoir apporté à la masse des non possédants aucune garantie d'existence.

CHAPITRE VIII

Diverses erreurs et lacunes
du marxisme

Deux grands courants, sans parler des courants secondaires, ont toujours existé au sein des partis socialistes de tous les pays. Le but final étant admis par tous, comment l'atteindre le plus rapidement et le plus sûrement possible?

— Il faut, disent les uns, y marcher par des réformes graduées, des transformations partielles successives qui en s'ajoutant, aboutiront à la transformation totale.

— Gardons-nous, répondent les autres, de perdre notre temps et nos forces dans cette voie décevante. Les réformes sont impérantes. Notre tâche est de préparer la révolution.

Et l'on discute à perte de vue sur ces deux thèmes, on s'aigrit, on se divise, on se sépare.

Mais qu'a dit Marx sur cette question? Rien. Selon sa coutume, il est resté dans le vague. Les partisans des deux tactiques peuvent trouver chez lui des textes à l'appui de leur opinion. Ni d'un côté ni de l'autre ils n'en peuvent trouver de décisifs. Et la querelle s'éternise au grand préjudice de la propagande et de l'action.

Pourtant dans son ensemble, la doctrine marxiste est révolutionnaire. Le dernier acte de l'évolution, telle que Marx la prévoit est une révolution : les expropriateurs seront expropriés. Si l'on doit en arriver là, si l'heure ne doit sonner qu'après la concentration extrême du capital, on ne voit pas à quoi auraient pu servir les réformes antérieures. Elles n'auraient modifié ni le sens ni l'allure de l'évolution qui, sans elles ou avec elles, aurait poursuivi sa marche inexorable.

Dans le chapitre II du Manifeste, Marx dit que le prolétariat « s'érige par une révolution en classe régnante, et comme classe régnante, détruit violemment les anciens rapports de production. »

Il a écrit encore dans une étude sur la *Philosophie du Droit de Hegel* :

L'arme de la critique ne saurait suppléer à la critique par les armes. La violence ne peut être supprimée que par la violence.

Tout cela semble donner raison aux partisans de la tactique révolutionnaire. Bien d'autres passages pourraient être cités dans le même sens.

Mais chose étrange : Marx, qui ne paraît avoir envisagé la conquête du pouvoir que par les moyens révolutionnaires, va s'affirmer réformiste aussitôt le pouvoir conquis ! Qu'on en juge par cet extrait invraisemblable du Manifeste :

Ainsi que nous l'avons vu plus haut, la première étape dans la révolution ouvrière est la constitution du prolétariat en classe régnante, la conquête du pouvoir public par la démocratie.

Le prolétariat se servira de sa suprématie politique pour arracher petit à petit tout capital à la bourgeoisie, pour centraliser tous les instruments de production dans les mains de l'Etat, c'est-à-dire du prolétariat organisé en classe régnante, et pour augmenter au plus vite les masses des forces productives disponibles.

Ceci, naturellement, ne pourra s'accomplir, au début, que par une violation despotique des droits de propriété et des rapports de production bourgeois, c'est-à-dire par la prise de mesures qui, au point de vue économique, paraîtront insuffisantes et insoutenables, mais qui, au cours du mouvement, se dépassent elles-mêmes et sont indispensables comme moyens de révolutionner le mode de production tout entier.

Ces mesures, bien entendu, seront bien différentes dans les différents pays.

Cependant, pour les pays les plus avancés, les mesures suivantes pourront assez généralement être applicables :

1° Expropriation de la propriété foncière et confiscation de la rente foncière au profit de l'Etat.

2° Impôt fortement progressif.

3° Abolition de l'héritage.

4° Confiscation de la propriété de tous les émigrants et de tous les rebelles.

5° Centralisation du crédit dans les mains de l'Etat au moyen d'une banque nationale avec capital de l'Etat et avec le monopole exclusif.

6° Centralisation, dans les mains de l'Etat, de tous les moyens de transport.

7° Augmentation des manufactures nationales et des instruments de production, défrichement des terrains incultes et amélioration des terres cultivées d'après un système général.

8° Travail obligatoire pour tous, organisation d'armées industrielles, particulièrement pour l'agriculture.

9° Combinaison du travail agricole et industriel, mesures tendant à faire disparaître la distinction entre ville et campagne.

10° Education publique et gratuite de tous les enfants, abolition du travail des enfants dans les fabriques, tel qu'il est pratiqué aujourd'hui. Combinaison de l'éducation avec la production matérielle, etc., etc.

Marx n'est que juste en qualifiant lui-même d'« insuffisantes et insoutenables » les mesures qu'il propose comme transition. Elles sont proprement déconcertantes. En vain Marx, le sentant confusément, cherche à en atténuer l'effet en expliquant qu'elles « seront bien différentes dans les différents pays. »

En vain dans une préface au Manifeste datée du 24 juin 1872 et portant sa signature avec celle d'Engels, Marx ajoute, comme s'il avait de plus en plus conscience de son erreur sur ce point :

Il ne faut pas attribuer trop d'importance aux mesures révolutionnaires énumérées à la fin du deuxième chapitre. Ce passage serait rédigé tout autrement aujourd'hui en plus d'un point. Etant donnés le développement colossal de la grande industrie dans ces vingt-cinq dernières années, et l'organisation de la classe ouvrière en parti qui s'est développée parallèlement, étant données les expériences, d'abord de la Révolution de février et plus encore de la Commune de Paris, ce programme est aujourd'hui vieilli sur certains points.

L'absurdité des mesures proposées ne tient pas seulement à la date où elles seraient applicables, mais à des causes fondamentales.

Comment ! Marx admet que la concentration capitaliste aura abouti à une monopolisation de toute la fortune par une poignée de magnats ; et la révolution qui viendra les exproprier à leur tour, dès qu'elle sera maîtresse du pouvoir, ne décrètera pas tout d'abord que la totalité des biens usurpés par eux deviendront biens nationaux ! Elle se bornera à des mesures de détail dont certaines, comme « l'impôt fortement progressif », étant donné qu'une douzaine de privilégiés possèdent tout et que le reste de la population ne possède rien, paraissent absolument dérisoires !

On pourra alléguer que le Manifeste, dans lequel ces mesures sont indiquées, est antérieur de plus de vingt ans au *Capital*, où il est question de l'expropriation d'une poignée d'expropriateurs et qu'au moment où Marx écrivait le Manifeste, sa conception de la concentration finale du capital n'était pas encore née dans son esprit.

Soit ; cette incohérence ne serait pas un crime pour un écrivain ordinaire, dont les textes, soumis à la critique, peuvent être amputés et modifiés, tout en conservant quelques parties bonnes.

Mais elle est inadmissible à l'égard d'un livre sacré ; et tel est bien le caractère attribué à l'œuvre de Marx qui nous est présenté comme le commencement et la fin de la doctrine socialiste et à laquelle on ne peut ni ajouter ni retrancher.

N'insistons pas pourtant sur cette énormité. Allons plus au fond et nous allons voir apparaître une des plus grandes faiblesse du marxisme.

Le fait que Marx, au lieu d'envisager l'expropriation pure et simple de la totalité des fortunes capitalistes, se borne à nous dire qu'on arrachera « petit à petit » tout capital à la bourgeoisie est la preuve certaine qu'il n'a jamais réfléchi à ce que pourrait être l'organisation économique à base communiste qui, pourtant, était son but. Il semble avoir été effrayé de la complexité d'une telle tâche et avoir préféré s'en décharger sur ses successeurs, dont il ridiculisait d'ailleurs à l'avance les efforts en daubant impitoyablement sur les faiseurs de plans.

A-t-il cru et voulu faire croire que le prolétariat n'avait pas besoin de se préoccuper du problème de la reconstitution économique et qu'il aurait le temps d'y songer quand il serait maître du pouvoir? Telle a été probablement sa pensée ; telle est en tout cas celle de ses continuateurs, et aucune conception n'est plus funeste au socialisme. On le verra un peu plus loin, dans le présent chapitre, et surtout au chapitre XI, consacré à la révolution russe.

En tout cas la méthode, recommandée par Marx, de consommer « petit à petit » l'expropriation des capitalistes est aussi scientifique qu'une méthode chirurgicale qui consisterait à pratiquer une amputation en douze ou quinze séances, en coupant chaque jour un peu plus profond !

Le régime capitaliste est une chose ; le régime communiste en est une autre. L'atmosphère qui convient au premier étouffe le second et réciproquement. Malgré ses abus et ses vices, le régime capitaliste, tant qu'il peut fonctionner normalement, pourvoit tant bien que mal à la subsistance des hommes. Le régime communiste, certes, y pourvoiera infiniment mieux. Mais en l'attendant, le régime capitaliste est de beaucoup préférable à une anarchie où tout le monde mourrait de faim.

Or un régime hybride, tel que le conçoit Marx, où le capitalisme, de plus en plus restreint et disloqué, se partagerait avec un communisme embryonnaire la tâche d'assurer la production, les transports et la répartition, serait le pire des régimes.

A notre époque les affaires industrielles et commerciales — et même les affaires publiques — ne reposent que sur le crédit. La mort du crédit déterminerait instantanément la paralysie générale de tout l'organisme économique. Or le crédit ne vit que de confiance, et la confiance n'existe que dans le calme et la sécurité du lendemain.

Que deviendrait la confiance, et par conséquent le crédit lorsqu'une partie de la propriété capitaliste aurait été déjà expropriée et que l'autre attendrait son tour, avec la certitude de ne pouvoir échapper au sort inexorable ? De toute évidence, la production et surtout la circulation, subiraient un arrêt complet.

D'autre part, dans la période où, d'après l'ordre d'accomplissement des mesures indiquées par Marx, la propriété foncière, la rente foncière, les banques, les moyens de transport auraient été nationalisés, alors que l'industrie et le commerce resteraient aux mains de particuliers, croit-on que les industriels et les commerçants continueraient docilement à faire marcher leurs établissements, en attendant qu'on les leur confisque ? Ce serait vraiment trop espérer de leur longanimité. Sûrs d'un dénouement fatal, ils mettraient la clef sous la porte, ou tout au moins restreindraient leurs affaires. De sorte qu'on serait acculé à tout nationaliser simultanément, ce qui est la négation de la conception réformiste de Marx.

En somme on ne trouve pas, dans toute l'œuvre marxiste, la moindre indication sur ce que doit être la tactique des partis socialistes avant la révolution, et les mesures partielles qu'on leur recommande après la révolution, ne tiennent pas debout.

Aussi, comme les partis socialistes, détournés par Marx de la voie reconstructive, n'ont eu de préoccupations que du côté de la tactique, ils se sont trouvés violemment divisés, par suite du silence de leur chef à cet égard.

Selon leur tempérament, ils ont été pour les réformes ou pour la révolution, ou encore pour les réformes en attendant la révolution, les uns attachant une grande importance aux résultats des réformes, les autres ne s'en occupant que pour faire plaisir aux électeurs et sans y croire au fond. Et ils ont passé leur temps à s'entre-excommunier au lieu d'agir.

N'ayant pas eu de politique nette, ne sachant que se raccrocher à l'actualité, se laissant traîner à la remorque des événements, au lieu de les diriger, ils n'ont pris aucune prépondérance sur l'opinion et ont lamentablement compromis le prestige du socialisme.

Mais qu'auraient-ils dû faire? En quoi aurait dû consister pour eux une politique nette? Ceci sera indiqué sommairement au chapitre XII du présent volume et plus complètement aux volumes qui suivront.

De l'avortement du socialisme, Marx est principalement responsable.

*** Marx a adopté, pour répondre aux objections élevées contre le socialisme, une méthode dilatoire de pure polémique, que ses adeptes ont soigneusement conservée et qui, par malheur pour le socialisme, n'apporte aucune explication satisfaisante aux questionneurs, lesquels ne sont pas toujours des adversaires de parti-pris, et les rebute au lieu de les attirer.

Accuse-t-on le socialisme de vouloir abolir la propriété du petit bourgeois, du petit paysan?

— Nous n'avons que faire de l'abolir, s'écrie Marx ; le progrès de l'industrie l'a abolie ou est en train de l'abolir.

Reproche-t-on au socialisme de faire disparaître tout stimulant de l'activité et d'engendrer dans le monde une paresse générale?

— Si cela était, réplique-t-il, il y a beau jour que la société bourgeoise aurait succombé à la fainéantise, puisque ceux qui y travaillent ne gagnent pas et que ceux qui y gagnent ne travaillent pas.

Fait-on grief au socialisme de vouloir abolir la famille?

— C'est vous, bourgeois, qui l'abolissez, répond Marx ; la grande industrie détruit tout lien de famille pour le prolétaire et transforme les enfants en simples objets de commerce, ou simples instruments de travail. La famille, à l'état complet, n'existe que pour la bourgeoisie ; mais elle trouve son complément dans la suppression forcée de toute famille pour le prolétaire, et dans la prostitution publique.

Mais, constate le Manifeste, de la bourgeoisie tout entière s'élève une clameur : vous autres communistes, vous voulez introduire la communauté des femmes!

Et le Manifeste de répondre :

Les communistes n'ont pas besoin d'introduire la communauté des femmes. Elle a presque toujours existé.

Nos bourgeois, non contents d'avoir à leur disposition les femmes et les filles des prolétaires, sans parler de la prostitution officielle, trouvent un plaisir singulier à se cocufier mutuellement.

Le mariage bourgeois est, en réalité, la communauté des femmes mariées. Tout au plus pourrait-on accuser les communistes de vouloir mettre à la place d'une communauté de femmes hypocrite et dissimulée, une autre qui serait franche et officielle.

A cette autre critique dirigée contre les communistes de vouloir abolir la patrie, la nationalité, le Manifeste répond :

« Les ouvriers n'ont pas de patrie. On ne peut leur ravir ce qu'ils n'ont pas. »

Avec des ripostes de cette nature, on peut soulever des applaudissements dans une salle où dominent les éléments sympathiques ; mais on ne dissipe, dans l'esprit des auditeurs calmes et raisonnables, aucun des malentendus qui peuvent les empêcher de venir au socialisme. Tout au contraire on laisse croire qu'en effet le socialisme tombera dans les excès signalés, mais qu'il ne fera que suivre l'exemple de la bourgeoisie. Cela n'est pas rassurant. Si la bourgeoisie est corrompue, le socialisme doit être sain ; c'est ce qu'il faudrait expliquer et c'est ce dont Marx ne dit mot.

Ainsi, dans l'état actuel des mœurs, la communauté des femmes excite une horreur générale et détournerait presque tout le monde du socialisme si on pouvait croire qu'elle fait partie de sa doctrine. Or, loin d'y contredire, Marx laisse entendre que le socialisme substituerait une communauté des femmes franche et officielle à la communauté hypocrite et dissimulée qui existe aujourd'hui. C'est en laissant s'accréditer de telles exagérations, en entretenant de telles équivoques, qu'on fait le vide autour du socialisme et qu'on réduit ses partisans à quelques exaltés.

Les marxistes ne contestent pas le parti-pris caractérisé de leur maître de ne pas envisager les solutions concrètes. Mais au lieu de l'en blâmer, ils l'approuvent et l'admirent.

Ch. Rappoport écrit à ce sujet dans le premier volume de l'*Encyclopédie socialiste* :

On remarquera que le Manifeste évite soigneusement de donner des idées positives sur l'organisation de la famille et de l'unité nationale sous le régime socialiste. Il se borne à railler l'hypocrisie et les sophismes bourgeois, à relever les contradictions flagrantes entre ce qui se dit et ce qui se fait, entre l'idéal et la réalité dans la société actuelle.

Le socialisme scientifique s'est toujours refusé à construire des plans détaillés de l'avenir. Il suffit de connaître la direction dans laquelle se meut la société, l'ensemble des forces sociales. Tout problème, pour être susceptible d'une solution scientifique, suppose des données précises à l'aide desquelles on cherche la solution. Les conditions de l'avenir sont des inconnues pour nous. Donc le problème de l'organisation détaillée de l'avenir est insoluble. On ne peut que donner des solutions possibles, émettre des hypothèses dans l'intérêt de la propagande et dans un but de vulgarisation.

Il est certain que rien n'est moins scientifique que les prophéties ; et si Marx, sur tous les détails de l'organisation socialiste, avait prétendu apporter des solutions fermes en disant : cela sera ainsi et non autrement, on ne saurait l'en approuver.

Mais il pouvait, Rappoport l'avoue, « donner des solutions possibles ». Il pouvait envisager sur chaque point diverses solutions, les discuter, montrer que l'une conviendrait dans certaines circonstances et l'autre dans certaines autres, indiquer ses préférences, en un mot présenter les grandes lignes d'un projet, ou même de divers projets, ne fut-ce qu'à titre d'hypothèses. En possession de ces directives autorisées, le parti socialiste, le moment venu, les aurait adaptées à la situation économique à l'état mental du moment où il aurait pris le pouvoir. Il aurait établi d'après elles les textes définitifs des lois ou décrets devant consommer la transformation sociale.

Mais Marx n'a même pas indiqué les solutions possibles ; il est resté absolument muet sur le côté positif du socialisme ; et grâce à lui, si le parti socialiste se trouvait du jour au lendemain devant la tâche immense de reconstruire le vieux monde effondré, il serait dépourvu de toute notion sur ce qu'il aurait à faire. C'est d'ailleurs ce qui s'est produit en Russie et on verra au chapitre XI ce qui en est résulté.

⁂ Sur quoi se fonde Karl Marx pour qualifier sa doctrine de scientifique à l'exclusion des autres? Sans doute sur le fait que pour l'établir, il a emprunté aux sciences naturelles leur méthode d'observation et d'analyse ; puis voyant qu'elles se bornaient à enregistrer les faits et à formuler les lois qui présidaient à leur accomplissement, il n'a pas cru pouvoir aller plus loin, suivant d'ailleurs en cela l'exemple des économistes bourgeois.

Mais rien de plus absurde que cette assimilation de la sociologie aux sciences naturelles. Les lois de la nature sont immuables. L'homme ne peut que les connaître ; il ne saurait avoir la prétention de les modifier. Au contraire les institutions sociales sont perfectibles et la sociologie est une science vaine si elle ne conduit pas à la connaissance de la voie à suivre pour les améliorer. Qu'elle débute par l'étude du passé et du présent, soit, à condition de ne pas se perdre dans les brumes du passé ; mais une telle étude ne peut avoir pour but que la préparation de l'avenir.

Or préparer l'avenir, ce n'est pas seulement indiquer en termes généraux comme l'a fait Marx le sens de la marche de l'évolution, sens d'ailleurs toujours incertain pour quiconque n'admet pas l'enchaînement fatal de nos destinées, c'est chercher sur quels principes, sous quelles formes l'avenir pourra se réaliser le plus avantageusement pour les hommes.

Plus cette recherche sera poussée loin, plus l'avènement du socialisme sera avancé. En effet d'une part en faisant connaître la supériorité économique et morale du socialisme, et les heureuses conséquences de son application, elle lui amènerait d'innombrables adhérents, d'autre part elle mettrait fin aux perplexités de beaucoup d'hésitants qui disent : « Nous voyons bien que le régime individualiste est mauvais ; mais qui sait si le communisme vaudra mieux? on ne nous dit pas ce qu'il sera. » Enfin une vision concrète de l'avenir socialiste doublerait le courage et l'élan des socialistes eux-mêmes ainsi que leur confiance dans leur propre cause.

L'idée de faire subir au vieux monde une transformation comme il n'en a jamais connue, sans avoir déterminé d'avance au moins les bases du nouveau régime, est tellement saugrenue qu'il n'y a pas un homme raisonnable qui puisse l'admettre. Aussi entre le petit noyau de marxistes impénitents qui s'acharnent à répéter leur éternel sophisme qu'on ne peut prévoir l'avenir, et tout le reste de l'humanité, un fossé profond s'est creusé et il n'y a pas de communication possible entre les deux camps. C'est une des principales raisons pour lesquelles le marxisme est condamné à disparaître. Il ne ralliera jamais qu'une poignée d'esprits chimériques et ne sera jamais accepté par les gens de bon sens.

Remarquons d'ailleurs que la grande majorité des socialistes, même adhérents aux partis organisés, n'a aucune opinion sur cette question de théorie pure. Elle ne trouve pas mauvais qu'on présente des projets de réalisation ; elle s'y intéresse même volontiers. Mais, habituée à subir l'influence de la minorité de dirigeants marxistes, elle ne manifeste jamais le désir de voir l'action socialiste s'orienter vers des études positives.

Que Marx se soit cantonné dans son rôle d'observateur et de critique, cela peut s'expliquer à la rigueur par la conscience qu'il devait avoir, il y a trois quarts de siècle de l'éloignement de la victoire du prolétariat. Si donc on ne nous le présentait aujourd'hui que comme un précurseur, nous lui ferions volontiers grâce des lacunes de son œuvre en considération des vérités qu'elle renferme. Mais on nous donne sa doctrine comme la forme complète, définitive, intangible du socialisme. Cela, il est impossible de l'admettre.

Et que, soixante-quinze ans après la publication du Manifeste des communistes ; au lendemain d'une guerre qui a montré comme dans un verre grossissant les vices et les crimes de la société actuelle et aurait créé un irrésistible courant en faveur d'un nouveau régime si le public avait su qu'il en existait un ; en présence d'un bouleversement économique tellement profond que le monde vit sous la menace constante d'un écroulement du vieil édifice lézardé ; que dans de telles circonstances, les marxistes, enchaînés comme des esclaves à la pensée du maître, en soient encore à nier l'utilité et même la possibilité d'un travail reconstructif, c'est une aberration tellement énorme qu'elle équivaut à un aveu formel d'impuissance.

C'est bien d'impuissance en effet qu'ils sont convaincus par l'opinion à laquelle le socialisme apparaît comme une force de subversion, incapable de réorganiser. C'est une des raisons qui expliquent le profond dis··· ···t où il est tombé.

Vainement les marxistes allèguent ··· ···oute précision anticipée, sous forme descriptive ou législative, de ce que sera le socialisme, ne peut avoir aucune valeur pratique, nul ne sachant aujourd'hui ce que seraient les conditions économiques au moment de la transformation. Il est trop facile de réfuter cet argument.

Il ne faut pas confondre deux choses absolument différentes : l'organisation et la technique. Sans doute la science modifie constamment les procédés techniques de la production et des transports ; mais l'organisation n'a pas à varier avec eux. Elle est indépendante également des autres conditions économiques, auxquelles on prétend à tort la subordonner : que d'une part les associations ouvrières, syndicats, coopératives, mutuelles, soient plus ou moins développées, que d'autre part la concentration capitaliste soit très avancée ou très en retard, qu'à un troisième point de vue, on ait appliqué ou non l'impôt sur le revenu, la reprise par l'Etat de la Banque de France, des chemins de fer, des assurances, des mines et des grands monopoles industriels, ainsi que toutes les réformes imaginables, ces changements de la société actuelle ne peuvent avoir aucune répercussion sur les dispositions législatives qui régleront le fonctionnement de la société future.

L'organisation est conditionnée principalement par les lois économiques fondamentales qui découlent d'elles-mêmes du principe communiste et qu'on peut énoncer, par un effort de la raison abstraite, tout aussi sûrement que les créateurs de la géométrie, le triangle étant donné, en ont déduit les propriétés. Elle est conditionnée aussi par la mentalité des hommes, car selon le plus ou moins de conscience qu'ils ont de leurs devoirs envers la société, il faut introduire dans les lois plus de liberté ou plus de contrainte. Or de ces deux facteurs, le premier est immuable, le second ne subit que des changements insensibles au cours d'un demi siècle ou d'un siècle. Il n'est donc pas vrai qu'une organisation socialiste soit aussi subordonnée qu'on l'a dit aux circonstances dans lesquelles elle devra être mise en vigueur.

Rien n'est absolu, pourtant ; et on peut admettre, sans en voir nettement la raison, qu'une organisation préparée à une époque aura besoin de quelques remaniements pour convenir à une époque ultérieure. Mais il est certain que ces modifications ne seront que partielles ; et dès lors ne sera-t-il pas toujours facile de les effectuer quand la nécessité en sera reconnue, de façon à tenir nos institutions constamment en rapport avec l'état social qu'elles seront appelées à transformer ?

Si le parti socialiste l'avait compris ; s'il était en état de faire apparaître, dans le désarroi et l'inquiétude des esprits, l'édifice majestueux d'une société nouvelle, manifestement exempte des injustices et des horreurs du présent, et qui réaliserait nos plus nobles aspirations, n'est-il pas certain qu'il verrait venir à lui, les esprits éclairés d'abord, et ensuite la masse qui les suit instinctivement ?

Mais il ne l'a pas compris ; il s'est laissé égarer par l'illusion marxiste. Il n'a montré le socialisme que sous son aspect agressif, violent, destructeur et a caché ce qu'il a de rassurant, de généreux, de bienfaisant. Chose inouïe : il n'a même pas su — ce qui est si facile ! — faire comprendre que le socialisme est capable, seul capable, d'augmenter la production dans des proportions insoupçonnées et de la répartir équitablement, ce qui serait évidemment la solution de tous les problèmes posés aujourd'hui.

Et pour s'être ainsi solidarisés avec le marxisme stérilisant, les partis socialistes actuels sont condamnés à disparaître avec lui.

*** Sur un des points signalés plus haut, le dernier, il est nécessaire d'insister ; la phrase si souvent citée : les prolétaires n'ont pas de patrie, exploitée avec tant d'acharnement contre le socialisme, est peut-être la cause principale de la situation amoindrie où il se trouve aujourd'hui.

Constatons d'abord que, malgré sa forme tendancieuse, cette phrase ne répond pas nettement par la négative à la question de savoir si les prolétaires doivent prêter leur concours à la défense nationale. Elle signifie que les prolétaires ne participent pas aux avantages attachés pour la bourgeoisie à l'existence d'une patrie. Elle ne dit pas que les prolétaires n'ont pas intérêt à sauvegarder le patrimoine qui, s'il est actuellement celui de la bourgeoisie, deviendra le leur un jour. Aussi sur cette question, si importante quoique, à proprement parler, elle ne fasse pas partie de la doctrine socialiste, les divisions qui se sont produites ont été d'une violence qui a amené de véritables déchirements.

Avant la guerre, l'antipatriotisme n'était accepté que par une poignée d'énergumènes.

Dans son manifeste du 9 juin 1893, le Conseil National du Parti ouvrier français le répudiait en ces termes énergiques :

Nous ne laisserons pas traduire notre glorieux cri de : *Vive l'Internationale!* par l'inepte hoquet de : *A bas la France!*

Non, l'internationalisme n'est ni l'abaissement ni le sacrifice de la patrie.

...Loin de s'exclure, patriotisme et internationalisme ne sont que deux normes, se complétant, du même amour de l'humanité.

Les autres fractions du parti socialiste n'ont jamais affirmé une doctrine différente.

Toutes, alors qu'elles étaient séparées et depuis leur unification, ont réclamé l'abolition des armées permanentes qu'elles considéraient comme une arme de la bourgeoisie contre la classe ouvrière plutôt que comme un moyen de défense contre l'ennemi extérieur ; mais c'était pour les remplacer par la nation armée, en qui elles voyaient une sauvegarde plus efficace de l'intégrité de la patrie.

Et s'il est vrai qu'aux Congrès unitaires de Nancy et de Paris, des motions proposant de répondre par la grève générale à l'ordre de mobilisation ont réuni une majorité, d'ailleurs assez faible, il faut comprendre que dans la pensée de ceux qui les votaient, la grève générale devrait éclater à la fois dans tous les pays belligérants, de sorte qu'aucune guerre ne serait possible et qu'aucune patrie ne serait en danger. Sans quoi, des hommes comme Vaillant et Jaurès qui soutenaient ces motions ne les auraient pas plus admises que Guesde qui les combattait. Les deux premiers se trompaient, d'ailleurs, et Bebel se chargea de leur ouvrir les yeux au Congrès de Stuttgart, en leur déclarant que le prolétariat allemand n'obéirait pas à l'ordre de grève. On a trop vu, en 1914, à quel point il était un instrument passif dans la main du militarisme.

L'état d'esprit du parti socialiste français avant la guerre explique parfaitement son attitude quand la France fut envahie. Ce fut à l'unanimité que les députés du Parti affirmèrent leur volonté de résistance, et deux d'entre eux, Guesde et Sembat, avec l'approbation de leurs collègues, entrèrent dans le gouvernement de défense nationale. Un troisième, Albert Thomas, y entra également plus tard.

Mais au fur et à mesure que la guerre se prolongeait et que grandissaient ses horreurs, cet état d'esprit se modifiait peu à peu. Bientôt une imposante minorité réclama la paix, sinon à tout prix, du moins sans victoire. Un autre élément qui se manifesta aux Congrès de Zimmerwald et de Kienthal, allait même plus loin. Il proposait une action révolutionnaire générale pour une paix immédiate et interprétait la doctrine marxiste dans le sens que les prolétaires du monde entier devaient se solidariser pour abattre les capitalistes de toutes les nations, également responsables de la guerre.

Dans cette thèse, l'idée de patrie disparaissait complètement devant l'internationalisme prolétarien.

Rares furent les Français qui l'acceptèrent ; et encore en l'acceptant, ils dépassaient leur pensée et se laissaient entraîner par l'influence croissante des bolcheviks.

C'est que l'antipatriotisme répugne profondément à la mentalité française. La France est, par ses frontières naturelles, par la cohésion de ses éléments ethniques, par son histoire, une nation bien définie. Fréquemment engagée dans des luttes contre ses voisins, elle a pleine conscience de la solidarité qui unit ses enfants en présence des agressions de l'étranger. La défense de la patrie est pour tout Français le premier des devoirs. Aussi nos traditions révolutionnaires sont-elles tout imprégnées d'esprit patriotique.

Voilà ce que ne pouvait pas sentir un cosmopolite comme Marx et ce que ne sentent pas davantage les nombreux éléments étrangers, d'origine sémite ou slave, qui se sont agrégés au parti socialiste français. C'est surtout l'influence de ces derniers, appuyée par les éléments similaires de l'extérieur, qui a fait dévier peu à peu le parti français de son patriotisme primitif et ont amené son avant-garde à une négation complète de l'idée de patrie et des devoirs qui en découlent. A chaque Congrès, depuis le commencement de la guerre, les partisans de la défense nationale ont perdu du terrain jusqu'au Congrès de Tours (1921) où ils ont été mis en minorité.

Il est vrai que certains membres du parti communiste français ne vont pas jusqu'à nier toute obligation envers la patrie. Mais ils subissent la doctrine de Moscou qui oppose nettement au devoir patriotique le devoir prolétarien. Dans la polémique bolchéviste les mots « social-patriotes » et « social-traîtres » sont employés indifféremment comme ayant la même signification.

En résumé la doctrine marxiste, sur ce point comme sur tous les autres, est tellement incertaine que, d'une part, des marxistes comme Guesde, Vaillant, Plékhanof, Vandervelde ont pu se prononcer pour la défense nationale poussée jusqu'à la victoire, tandis que d'autres marxistes comme Lénine et Trotzky ont pu adjurer les combattants de mettre fin à la guerre en jetant leurs armes en pleine mêlée.

Le fait que cette dernière tendance ait prévalu dans le socialisme français est grave pour son avenir. Sur ce point comme sur d'autres, il heurte de front le sentiment national.

******* De même qu'il n'a donné aucune indication sur la meilleure tactique à suivre pour conquérir le pouvoir, Marx n'a pas dit si l'expropriation des capitalistes serait avec indemnité. Encore une fois nul ne peut faire de prophéties ; mais une œuvre qui renfermerait toute la doctrine socialiste ne pourrait être muette sur ce point important. Elle devrait faire connaître les diverses solutions en présence, et parmi elles, celle qui paraît le plus désirable, dans l'intérêt même du socialisme, pour faciliter sa réalisation, et aussi au point de vue du droit et de l'humanité.

En droit pur, on peut évidemment nier toute légitimité de la propriété capitaliste et dès lors la solution logique devrait être l'expropriation sans indemnité. C'est vraisemblablement celle qu'envisageait Marx ; elle était en harmonie avec le caractère révolutionnaire de l'expropriation et la date où elle pourrait être accomplie.

Beaucoup de socialistes en ont jugé ainsi, soit parce qu'ils ne voyaient pas la possibilité de se procurer des capitaux suffisants pour payer les indemnités, soit parce que, Marx ne leur ayant appris ni que le socialisme augmenterait considérablement la production ni par quel système financier serait assurée la répartition des produits, ils n'avaient pas songé à une indemnité sous forme de revenus.

D'autres socialistes, préoccupés de désarmer les oppositions qu'ils rencontraient, ont préconisé au contraire l'indemnisation des expropriés par rentes temporaires ou viagères, ou au moins leur assistance par pension alimentaire.

A vrai dire ces divergences n'ont jamais troublé les partis socialistes, toujours trop absorbés dans leurs querelles de tactique pour trouver le temps de discuter la doctrine. Mais sur ce point encore l'unité de pensée n'est point faite dans leur sein ; ils n'ont même pas déterminé leur attitude à la majorité des voix d'un Congrès, et cette incertitude est très nuisible à la propagande.

******* On nous vante la profondeur de l'analyse marxiste. La vérité c'est qu'elle est pesante et prolixe ; mais profonde, non.

Une analyse vraiment profonde devrait embrasser la vie sociale dans tous ses éléments et tenir compte de toutes les forces dont l'avenir sera la résultante.

Mais Marx est en proie à une idée fixe. Il tourne sempiternellement dans le même cercle. Rien n'existe à ses yeux en dehors du conflit entre le prolétariat et ses exploiteurs. S'il mentionne de loin en loin les autres classes, c'est distraitement et sans s'y arrêter. On ne voit donc pas chez lui le mouvement général d'une société, mais un mouvement partiel, et bien qu'il attribue aux éléments qu'il étudie le rôle principal dans la transformation inévitable, il est clair que l'heure et les conditions de cette transformation dépendront, dans une mesure plus ou moins forte, de l'action des éléments qu'il néglige.

Ainsi des divers moyens par lesquels se constituent les fortunes, un seul lui apparaît, ou tout au moins il ne s'intéresse qu'à un seul : la plus-value résultant du surtravail. Il ne sort pas de là : la plus grande partie du *Capital* est consacrée à cette théorie — d'ailleurs erronée dans les termes où il la présente.

Quant aux agissements des spéculateurs, qui faussent à leur profit la loi de l'offre et de la demande, des financiers qui, par mille artifices frauduleux, dépouillent l'épargnant, il semble les ignorer.

Bien qu'il s'occupe des crises économiques propres au régime capitaliste, il ne fait pas ressortir l'instabilité des fortunes, déjà grande en temps normal, et que ces crises aggravent terriblement. Pourtant l'indication précise des causes et de l'intensité de cette instabilité pourrait détacher du régime capitaliste un grand nombre de ceux qui en sont ou en peuvent être victimes. Pourquoi négliger de tels arguments?

On peut admettre le nom de *régime capitaliste*, par lequel Marx désigne la société actuelle, puisque le capital y est prépondérant. Mais il n'y est pas seul. On a vu plus haut le nombre considérable de petites entreprises qui y vivent sans exploiter le travail. Il aurait fallu les étudier aussi attentivement que les entreprises capitalistes. A côté de l'action du capital exploiteur, il aurait fallu montrer celle du petit capital, fécondé exclusivement par le travail de son possesseur. En un mot ce n'était pas seulement le régime capitaliste qu'il aurait fallu analyser, c'était le régime individualiste tout entier.

Marx a dénoncé les méfaits du grand capital industriel ; mais en n'étendant pas son réquisitoire aux petites entreprises, il semble les exonérer de tout reproche. Or si le grand capital seul est néfaste et si le petit est inoffensif, la solution n'est pas le communisme mais simplement le remplacement des grandes entreprises par des petites. Sans doute une telle conclusion est contraire au sens de l'évolution tel que l'a vu Marx. Mais d'autres peuvent la soutenir en se fondant sur l'absence de ses critiques contre les petites entreprises.

Si l'analyse de Marx s'était étendue à l'ensemble du régime individualiste et avait englobé le rôle social des petites entreprises, il aurait reconnu qu'elles étaient plus nuisibles encore à l'intérêt général que ne le sont les grandes.

En effet si une grande exploitation industrielle ou agricole exploite le travail ouvrier, du moins, en général, à raison de la perfection de son matériel et de ses procédés techniques, elle produit scientifiquement, c'est-à-dire qu'elle donne beaucoup de produits pour peu de main-d'œuvre.

Un tel mode de production crée donc l'abondance et il suffirait d'une meilleure répartition pour que l'état de choses devînt tout à fait satisfaisant.

Les petits établissements, au contraire, n'ayant qu'un outillage primitif ou attardé, gaspillent une énorme quantité de force humaine pour un faible résultat. C'est le régime de la rareté, et même avec une répartition équitable il ne peut aboutir qu'à généraliser la misère.

Il était facile de justifier cette thèse par d'innombrables exemples et de déraciner ainsi le préjugé favorable à la petite propriété qui reste ancré dans beaucoup d'esprits, en montrant qu'elle est au moins aussi malfaisante que la grande au point de vue social, quoique par des raisons différentes.

Il était facile également de montrer qu'en régime communiste, la production industrielle, standardisée dans ses types et effectuée dans de très grandes usines spécialisées, munies d'un outillage automatique, donnerait, à égalité de main-d'œuvre, des rendements incomparablement supérieurs, même à ceux des meilleurs établissements capitalistes.

Par de tels arguments la doctrine marxiste aurait profondément impressionné les esprits raisonnables et spécialement les techniciens, mieux en état d'en comprendre la portée.

Mais rien de tel ne s'y trouve ; il est vrai qu'il est inutile de convaincre les gens par des raisonnements si la force des choses suffit à réaliser le socialisme.

*** C'est être souverainement injuste envers Karl Marx que de dire que son matérialisme aboutit à la satisfaction des appétits physiques et à l'exclusion de tout idéal, que le socialisme, tel qu'il le comprend, se réduit à n'être que le parti du ventre.

Engels avait raison de protester avec indignation contre une telle déformation de la vérité en écrivant :

Le philistin, par le mot matérialisme, entend la goinfrerie, l'ivrognerie, la paillardise, la soif de l'argent, la cupidité et la lésine, la fabrication du profit et la tricherie à la Bourse, bref tous les vices crapuleux auxquels il s'adonne en cachette ; par idéalisme, il entend la croyance à la vertu, à l'amour de l'humanité et à un meilleur monde en général, choses qu'il pose pour aimer devant le monde.

Le matérialisme n'a, ni chez Marx ni chez les autres philosophes qui l'ont défendu, le sens vulgaire dénoncé par Engels.

Il faut entendre par matérialisme l'opinion que l'esprit, loin d'être antérieur à la matière, n'en est que le produit et qu'ainsi les facteurs moraux sont subordonnés aux facteurs matériels dont ils dérivent. Ainsi compris, le matérialisme s'oppose au spiritualisme qui affirme la primordialité de l'esprit. Mais il ne s'oppose nullement à l'idéalisme, c'est-à-dire à la poursuite de ce qui peut élever le niveau intellectuel et moral de l'humanité.

Si Marx se préoccupe avant tout des facteurs économiques, c'est-à-dire matériels, c'est parce qu'il a parfaitement compris qu'il est chimérique de chercher à améliorer l'homme tant qu'il restera courbé sous la tyrannie des besoins et que, par conséquent, la tâche la plus pressante est de l'en affranchir.

Ventre affamé n'a point d'oreilles, a dit la Fontaine. Il faut donc commencer par remplir le ventre pour que l'homme puisse écouter le langage de la raison. C'est également ce qu'exprimait la sagesse latine, dans le proverbe :

Primum vivere ; deinde philosophare.

Oui, telle est incontestablement la pensée qui se dégage de l'œuvre et de la vie de Marx.

Mais Marx a eu le grand tort de ne point l'énoncer explicitement, et son silence a permis non seulement les interprétations défavorables de ses adversaires, mais les déformations involontaires de ses partisans.

L'idéal n'est pas inconciliable avec sa doctrine ; mais il n'y tient aucune place. Il y paraît même peu en honneur, car c'est lui qu'on peut croire visé et atteint par les sarcasmes impitoyables dirigés contre les « vérités éternelles » : liberté, égalité, fraternité, justice, droit, dédaigneusement qualifiées de « blagues bourgeoises » par Paul Lafargue, gendre de Marx et marxiste outrancier.

Pour être tout à fait juste envers Marx on doit même admettre qu'au fond la réforme économique inclut toutes les réformes morales et qu'elle doit être le seul but immédiat du socialisme.

On ne saurait dons approuver Malon lorsqu'il écrivait :

L'iniquité économique est la plus criante ; mais elle n'est pas la seule iniquité à combattre. Or le socialisme doit attaquer tous les maux sociaux et moraux et mettre fin non seulement à l'exploitation de l'homme par l'homme, à toutes les oppressions et iniquités religieuses, familiales et politiques, mais encore à tous les égoïsmes, toutes les duretés nuisibles, par suite à toutes les souffrances évitables.

Une équivoque redoutable est contenue dans ce passage. Il semble dire que le parti socialiste, au lieu de concentrer son action contre le régime capitaliste, origine de tous les maux, doit la disperser en s'attaquant en même temps à toutes ses manifestations mauvaises, c'est-à-dire doit combattre à la fois la cause première et ses effets. Il semble aussi isoler les effets de la cause et laisser croire qu'on peut abolir, ou tout au moins atténuer les premiers tant que la seconde subsistera.

C'est bien là l'erreur de la politique réformiste dont, après Louis Blanc, Malon fut le père comme inspirateur de Jaurès.

C'est la source de déviations comme l'anti-cléricalisme et l'anti-militarisme qui croient pouvoir, en régime capitaliste, abattre le pouvoir des prêtres et mettre fin aux guerres.

C'est aussi le principe de la fatale aberration, si nuisible au développement du socialisme dans les milieux intellectuels, que la transformation mentale doit précéder la transformation économique.

La doctrine marxiste a raison contre tous ces sophismes lorsqu'elle dirige exclusivement vers l'abolition du régime capitaliste les efforts de ses victimes. C'est là le seul but qui doive actuellement nous préoccuper.

Seulement, pour atteindre ce but plus sûrement et plus vite, il fallait ajouter et démontrer que tous les buts moraux étaient atteints, que toutes les aspirations idéales étaient réalisées du même coup. Et Marx ne l'a pas fait. Quelle puisance de pénétration son silence a fait perdre au socialisme!

Là encore on retrouve son dédain pour tout moyen de convaincre les hommes. Convaincus ou non, ils seront entraînés par le torrent de l'évolution. Cet état d'esprit purement fataliste, que traduit constamment l'œuvre de Marx, est une des plus grandes faiblesses de sa doctrine.

Aussi, après les réserves faites sur la thèse de Malon, doit-on l'approuver impartialement lorsqu'il ajoute que le socialisme, s'il découvrait la beauté de son but idéal, « rallierait sous ses drapeaux non seulement les prolétaires industriels en particulier et les salariés en général, mais tous les souffrants et tous les espérants. »

On doit approuver également son collaborateur Rouanet écrivant dans la *Revue socialiste* du 15 décembre 1887 :

Le dévouement, l'esprit d'abnégation et de sacrifice, les hautes vertus morales, facteurs indéniables du progrès humain que le socialisme est appelé à faire entrer dans un cycle nouveau, telle est donc la lacune du socialisme marxiste contemporain.

Et il faut encore s'associer à la pensée de Georges Renard, un autre collaborateur de Malon, écrivant dans : *Etudes sur la France Contemporaine* :

Les rédacteurs de la *Revue socialiste* osent faire briller de nouveau devant les yeux de la foule un *idéal de justice* qui puisse l'attirer et la guider... cet idéal n'a rien de surnaturel ni de divin ;

c'est un foyer de lumière purement humain ; c'est un phare allumé par l'élite des générations disparues, éclipsé quelquefois, mais qui reparaît toujours et qui, de siècle en siècle, jette de plus en plus de clarté !

Ils soutiennent que montrer aux hommes un avenir meilleur, c'est leur inspirer la volonté de le réaliser. Ils disent qu'appuyer sur le droit les revendications socialistes, c'est leur donner une double force, car d'un côté c'est affaiblir la résistance de leurs adversaires, préparer parmi eux des défections et rendre ainsi, comme il arrive dans toute révolution qui réussit, les futurs vaincus complices de leurs futurs vainqueurs ; d'autre part, convaincre les assaillants qu'ils sont les soldats de la bonne cause, c'est leur mettre au cœur cette énergie virile qui fait les héros et les martyrs...

Les rédacteurs de la *Revue socialiste* ne réhabilitent pas seulement l'idée du droit, ils rendent hommage au sentiment, si cruellement honni et bafoué. Ils n'ont pas honte d'avouer qu'ils ont un cœur, ils ne comprennent pas pourquoi la science étoufferait la compassion, ils n'affectent pas d'être insensibles à la souffrance humaine...

Ainsi, quoi qu'en aient dit les marxistes orthodoxes, ce qu'il fallait reprocher à Malon et à ses adeptes, ce n'était pas leur réaction contre la sécheresse exagérée de Marx, mais plutôt le réformisme sur lequel ils se sont laissés glisser et qui les a conduits à confondre leur politique avec celle des radicaux. Mais cette déviation n'était nullement la conséquence de leur réhabilitation de l'idéal. Ils auraient pu affirmer leur idéalisme tout en restant fermes sur le terrain du socialisme. Et c'est ce que devra faire le parti socialiste de l'avenir.

Sans doute, pour la masse des hommes, l'intérêt est le seul mobile auquel ils puissent obéir. Heureux encore quand ils sont pleinement conscients de leurs véritables intérêts et ne se laissent pas séduire par l'appât d'avantages immédiats, plus ou moins tangibles, qui tournent ensuite à leur détriment. En s'adressant à l'intérêt, Marx bâtissait donc sur le solide et ce serait une faute d'abandonner ce terrain éprouvé.

Mais la foule n'est pas tout : il faut compter aussi avec l'élite, moins nombreuse mais formée d'éléments supérieurs à grande action, et dont la force morale compense largement l'insuffisance numérique. Or l'élite est indifférente à son intérêt ; elle n'est sensible qu'à l'altruisme, au bien commun ; elle se sacrifie au besoin pour l'intérêt général. Le marxisme ne pouvait donc avoir beaucoup de prise sur elle

puisqu'il dissimule les buts humains du socialisme au lieu
de les mettre en lumière et qu'il faut, pour les découvrir,
sortir de ses sentiers étroits.

Marx ne donne aucun aliment aux sentiments généreux de
l'élite ; dans aucune partie de son œuvre on ne découvre trace
de la moindre sensibilité. Il constate les souffrances des
hommes aussi froidement que s'il enregistrait un phénomène
de la nature inanimée. On pourra répondre que le chirurgien
qui torture pour guérir ne doit pas s'émouvoir, dans l'intérêt
même de l'opéré. La comparaison ne serait pas juste, car
Marx ne guérit rien et son indifférence, réelle ou affectée,
fait perdre à sa cause la force considérable, le puissant désir de vaincre le mal qu'engendre dans les âmes le noble sentiment de la pitié. Citons encore ce passage de Georges
Renard :

> Le socialisme ne peut accepter pour base le principe antimoral
> et bassement individualiste de l'intérêt personnel ; il doit reposer
> sur le sentiment social par excellence, sur celui qui relie l'homme
> à l'homme, qui a créé la société et que la société renforce chaque
> jour, c'est-à-dire sur la sympathie pour tout ce qui vit.
>
> « O sainte et trois fois sainte pitié, s'écrie Malon, vertu mère,
> vertu régénératrice et réparatrice, sois notre déesse, reçois notre
> culte. »

Quelle fatalité pour le socialisme de n'avoir pu trouver
encore sa véritable voie et de ne s'être arraché au sentimentalisme exclusif qui lui cachait les réalités que pour tomber
dans l'exagération contraire !

Pourtant non seulement l'intérêt, lorsqu'il s'élève au-dessus du bas égoïsme individuel, n'est pas incompatible avec
le sentiment ; mais il se confond avec lui. Tous les hommes sont solidaires et les uns ne peuvent trouver de bonheur
pur et durable dans le malheur des autres. Travailler pour
tous, c'est encore la plus sûre manière de travailler pour
soi. En mettant cette loi de solidarité à la base de ses institutions, le socialisme donnera donc à la fois satisfaction
aux intérêts matériels et aux aspirations morales.

Marx le comprenait sûrement, puisqu'il fut le type le plus
élevé de l'altruiste qui se sacrifie entièrement au bonheur
de l'humanité, en même temps que le modèle de toutes les
vertus privées. Qu'il ait eu la modestie — ou l'orgueil —

de ne pas offrir sa propre vie en exemple, on l'admet bien. Mais qu'il ait dénié toute valeur aux mobiles qui l'inspiraient, c'est ce qui est inconcevable. En tout cas puisqu'il a eu cette façon originale de ne pas conformer sa conduite à ses enseignements et nous oblige ainsi à opter entre l'une et les autres, n'hésitons pas à écarter ce qu'il a dit pour tâcher d'imiter ce qu'il a fait.

Au fond, Marx est resté logique, sinon avec lui-même, du moins avec le caractère général de sa doctrine. Ne voyant dans le socialisme qu'un mouvement de masse, il ne pouvait y trouver de place pour l'idéalisme qui ne peut exister que chez quelques-uns. Pourtant ce raisonnement n'était pas absolument juste : un mouvement de masse est la résultante des forces individuelles qui y sont incorporées et c'est pourquoi il ne faut en négliger aucune.

CHAPITRE IX

La déviation syndicaliste

Peu de prolétaires organisés, sans doute, liront ce livre, écrit par un homme qui a dévoué sa vie à leur cause, qui y a tout sacrifié et qui y restera fidèle jusqu'à la mort. Les journaux en qui ils mettent leur confiance, ou feront le silence sur lui, ou en parleront sans justice. Et si, exceptionnellement, quelques travailleurs socialistes ou syndicalistes en prennent connaissance, la plupart, habitués aux louanges hyperboliques que leur prodiguent les démagogues et les arrivistes, goûteront peu la sévérité de nos jugements et trouveront la vérité amère.

Particulièrement ceux d'entre eux chez lesquels l'esprit syndicaliste a pris le caractère d'un véritable fanatisme admettront difficilement qu'on puisse faire la critique de leur doctrine sans être leur ennemi. Et pourtant c'est dans leur intérêt même que nous allons montrer qu'ils ont mal choisi le champ de leur action. Ils ne comprennent pas à quels dangers ils s'exposent en entreprenant une œuvre aussi formidable que la transformation sociale après avoir commencé par écarter le concours si nécessaire des bonnes volontés et des capacités qui leur viendraient des autres classes. Ceux qui ont fait naître et entretiennent cette erreur dans leur esprit les conseillent aussi mal que si, au moment de s'embarquer pour une traversée longue et périlleuse, ils leur disaient : mettez à terre l'équipage du bateau, vous suffirez seuls à la manœuvre.

Pourquoi, d'ailleurs, tant d'obstination à suivre une voie

funeste et tant d'acharnement, parfois haineux, contre ceux qui en préfèrent une autre? Le syndicalisme n'est pas une fin, mais un moyen d'arriver à l'affranchissement économique de la classe ouvrière, de lui assurer le bien-être et la sécurité auxquels elle a droit. Et si ce but est atteint, qu'importe que ce soit par le syndicalisme ou autrement?

Travailleurs qui aspirez à prendre en mains le gouvernement du pays, élargissez un peu votre horizon, habituez-vous à être plus tolérants et plus justes envers ceux qui ne craignent pas de vous signaler vos fautes, lorsque, manifestement, vous ne pouvez douter de leurs bonnes intentions.

*** Le lecteur ne doit pas s'attendre à trouver dans ce chapitre une histoire du syndicalisme et une discussion de ses doctrines. On ne peut l'examiner ici que dans ses rapports avec le marxisme et à ce point de vue nous allons démontrer :

1° Que le syndicalisme, bien qu'il soit incontestablement une déviation de l'idée marxiste, a son origine dans la conception de la lutte de classes qui est propre à Marx et qu'il est ainsi un produit du marxisme.

2° Que le syndicalisme a été un grand malheur pour le mouvement socialiste c'est-à-dire pour la classe ouvrière en premier lieu et pour toute l'humanité ; et que de ce malheur Marx est responsable.

Avant de justifier ces deux propositions, quelques éclaircissements sont nécessaires :

Le syndicalisme est une doctrine qui s'est dégagée, en France, du mouvement syndical, mais qui ne fait pas corps avec lui et qui est loin d'être acceptée par la totalité des syndiqués.

Les syndicats sont nés du besoin des ouvriers de s'unir pour résister aux prétentions patronales. Leur création fut toute spontanée et remonte à une date très antérieure à la loi du 21 mars 1884 qui leur reconnut une existence légale.

Émile Pouget écrit, dans une brochure publiée en 1908, sous le titre : *la Confédération générale du Travail* :

C'est parce que, en fait, les syndicats avaient conquis leur place au soleil que l'Etat s'est avisé de leur reconnaître une existence légale ; il a sanctionné ce qu'il ne pouvait empêcher. Il l'a fait d'ailleurs avec l'arrière-pensée de canaliser et d'énerver cette force ouvrière.

On a même prêté à Waldeck-Rousseau, le père de la loi du 21 mars 1884, une autre arrière-pensée plus machiavélique encore : celle de faire servir le corporatisme de dérivatif aux revendications socialistes jugées plus dangereuses. Si vraiment cet homme d'Etat a vu aussi loin, il a montré une réelle pénétration de l'avenir et a bien mérité de la classe privilégiée.

Le but des premiers syndicats ouvriers n'était pas la suppression du salariat, mais l'obtention de meilleures conditions de travail : salaires plus élevés, durée moindre, opposition aux tentatives patronales de réduire les salaires et d'augmenter le nombre des heures de travail.

Ainsi compris, le syndicat substituait l'égoïsme corporatif à l'égoïsme individuel. Il ne travaillait qu'au profit de la profession et en somme contre la masse des consommateurs, toujours menacée d'augmentation du prix de vente des produits quand leur prix de revient était relevé par les concessions faites aux ouvriers.

Sur ce terrain, il aurait fini par dresser les différentes profession les unes contre les autres et engendrer d'irrémédiables divisions au sein de la classe ouvrière. Le danger fut reconnu, la solidarité ouvrière comprise et peu à peu des mesures furent prises pour élargir l'action syndicale et la coordonner.

C'est ainsi que se constituèrent la Confédération générale du Travail, organisme central, et la doctrine syndicaliste qui ne tarda pas à dépasser le but primitif et à prendre un caractère nettement révolutionnaire. Il ne s'agissait plus d'arracher des concessions au patronat, mais de le supprimer.

L'homme qui, dans la période de transition, fut le cerveau du mouvement naissant, Fernand Pelloutier, sortait des rangs de la bourgeoisie. Esprit ardent, toujours entraîné vers les solutions extrêmes, il avait d'abord adhéré au marxisme et appartenu au Parti ouvrier français. Mais son tempérament l'entraînait plutôt vers l'anarchie et il se détacha du marxisme orthodoxe, tel que le comprenait le

Parti ouvrier français, en en conservant la notion essentielle : celle de la lutte de classe, à laquelle il donna une nouvelle interprétation.

Pelloutier mourut en 1900 ; mais le principe de lutte de classe est resté après lui la base invariable de la doctrine syndicaliste.

*** Cette origine marxiste du syndicalisme ne peut être contestée par personne. Mais il est nécessaire de la prouver rigoureusement.

Georges Yvetot, qui a vécu dans l'intimité de Pelloutier, dont, dit-il, l'idéal et les principes étaient les siens, et qui lui succéda comme secrétaire de la Fédération des Bourses du Travail, a écrit dans la revue *Floréal* (mars 1920) :

Selon moi, ce qui caractérise particulièrement Pelloutier dans son œuvre d'éducateur du peuple, de militant et d'organisateur syndicaliste persévérant, c'est la conviction qu'il avait de rendre possible la maxime de Karl Marx : « L'émancipation des travailleurs doit être l'œuvre des travailleurs eux-mêmes! »

Il concevait que, parmi eux, les prolétaires pouvaient et devaient trouver les hommes courageux et expérimentés capables de diriger le travail, d'organiser la production et de la répartir équitablement selon les besoins de tous et de chacun.

Toute son action d'éducation et d'organisation s'orienta vers ce but.

Ayant compris que toutes les conquêtes du Prolétariat devaient aboutir à la suppression de l'exploitation de l'homme par l'homme, il ne négligeait rien qui pût aider l'exploité à rendre moins lourd son fardeau. Mais il ne concevait pas qu'on pût suggérer aux travailleurs que leur émancipation pouvait dépendre d'autres que d'eux-mêmes.

Pouget, dans la brochure déjà citée, écrit :

Au Congrès corporatif de Limoges de 1895, la classe ouvrière s'est donné une organisation autonome, indépendante de tous les partis démocratiques.

...Ces aspirations révolutionnaires l'ont amené à se constituer en parti de classe, en opposition à tous les autres partis et en opposition à toutes les autres classes.

...Elle entend aussi réaliser et fortifier des groupements aptes à accomplir l'expropriation capitaliste et capables de procéder à une réorganisation sociale sur le plan communiste.

Pouget cite les statuts types édités par la Confédération générale du travail, pour servir de base à tous ses groupements. On va voir par les extraits ci-dessous qu'ils sont inspirés du plus pur marxisme :

Considérant que, de par les effets de l'industrie moderne et de l'appui logique que procure le pouvoir aux détenteurs de la propriété et des instruments de production, il y a antagonisme permanent entre le Capital et le Travail ;

Que, de ce fait, deux classes bien distinctes et irréconciliables sont en présence : d'un côté ceux qui détiennent le Capital, de l'autre les producteurs qui sont les créateurs de toutes les richesses, puisque le capital ne se constitue que par un prélèvement effectué au détriment du travail ;

Pour ces raisons, les prolétaires doivent donc se faire un devoir de mettre en application l'axiome de l'*Internationale* : « *L'émancipation des travailleurs ne peut être l'œuvre que des travailleurs eux-mêmes.*

Voici encore d'autres passages de la brochure de Pouget où l'idée de lutte de classe est présentée comme le principe fondamental du syndicalisme :

De la conception corporatiste aussi bien que de l'espoir en l'intervention de l'Etat découlait la collaboration des classes, substituée à la lutte de classes, pierre angulaire du syndicalisme.

La besogne du syndicat qui prime toutes les autres et qui lui donne son véritable caractère d'organisme de combat social, est une besogne de lutte de classe...

...C'est cela qui est, en France, l'objectif dominant de l'organisation syndicale : *la lutte de classe...*

D'autre part, un marxiste ardent quoique non orthodoxe, Georges Sorel, a écrit dans sa brochure : *la Décomposition du Marxisme,* en parlant du rôle considérable de Fernand Pelloutier dans la formation de la doctrine syndicaliste :

La nouvelle école... purgea le marxisme traditionnel de tout ce qui n'était pas spécifiquement marxiste, et elle n'entendit garder que ce qui était, suivant elle, le noyau de la doctrine, ce qui assure la gloire de Marx.

Et ailleurs :

Pelloutier avait un sens très net de la nécessité qui s'impose de fonder le socialisme sur une absolue séparation des classes.

Au surplus un autre document officiel, la résolution du Congrès d'Amiens (1906) confirme les citations qui précèdent. Le Congrès d'Amiens a eu, dans le mouvement syndicaliste, une importance exceptionnelle. Il a fixé sa doctrine, et depuis elle n'a pas varié. Les deux tendances qui ont toujours existé dans le syndicalisme et qui ont abouti à sa scission complète, les révolutionnaires et les réformistes, se réclament également des décisions d'Amiens, chacune les interprétant selon son point de vue.

Or la résolution d'Amiens affirme la lutte de classe qui « oppose sur le terrain économique les travailleurs en révolte contre toutes les forces d'exploitation et d'oppression, tant matérielles que morales. »

Mais en même temps la résolution d'Amiens, confirme le caractère spécial du syndicalisme déjà affirmé dans les élaborations précédentes, et précise sa tactique propre :

Non seulement la Confédération générale du Travail est un organisme de classe, mais elle est, dit la résolution d'Amiens « le seul organisme de classe réel ».

En conséquence elle doit, non seulement rester autonome, mais n'entretenir aucun rapport avec le parti socialiste.

Le syndicalisme, dit encore la résolution d'Amiens est apte à préparer et à réaliser, sans interventions extérieures, par la grève générale, l'expropriation capitaliste et là réorganisation sociale avec, pour base, le syndicat qui, de groupement de résistance, se transformera en groupement de production et de répartition.

La résolution déclare enfin : « qu'afin que le syndicat atteigne son maximum d'effet, l'action économique doit s'exercer directement contre le patronat, les organisations confédérées n'ayant pas, en tant que groupements syndicaux à se préoccuper des partis et des sectes. »

Et le vote par lequel a été adoptée cette résolution ne prête à aucune équivoque, car il a été émis à la presque unanimité des mandats représentés. C'est par 834 mandats contre une trentaine qu'a été repoussée la proposition de Renard, délégué du textile, qui demandait que la Confédération entrât en rapport avec le parti socialiste.

*** Il faut le dire : le parti socialiste avait dans une certaine mesure provoqué une telle décision en refusant d'admettre dans ses Congrès les représentants des syndicats. Mais pouvait-il faire autrement? Un syndicat est neutre par essence, puisque pour y être admis, il suffit d'exercer la profession à laquelle il s'applique. Le parti socialiste, au contraire, a une doctrine précise. Admettre dans ses Congrès des éléments hostiles à sa doctrine et assez forts numériquement pour dicter ses résolutions eût été se suicider.

Le Parti socialiste a donc été le premier à déclarer que son action devait rester distincte de l'action syndicale, et cela est l'évidence même ; mais cela ne signifiait pas que, dans l'intérêt commun de la classe ouvrière, les deux organisations ne devaient pas vivre en bonne intelligence et se mettre d'accord chaque fois que l'occasion le permettrait pour unir leurs forces. Le parti socialiste ne s'est jamais montré hostile au mouvement syndical. Il n'a cessé d'en reconnaître l'utilité et de souhaiter son développement.

C'est ainsi qu'à son Congrès de Nantes (1894) le Parti ouvrier français, qui fut particulièrement en butte aux attaques des syndicalistes, adoptait une résolution établissant la nécessité de joindre les deux actions, syndicale et politique et indiquant le but précis de chacune d'elles :

C'est sur le terrain politique que le prolétaire est l'égal du capitaliste, supérieur même au capitaliste, puisque les prolétaires sont le nombre.

Ce n'est que par l'action politique, par la conquête du pouvoir politique, que les travailleurs organisés pourront s'émanciper en socialisant les moyens de production, de transport et de distribution des produits.

Les Trades-Unions d'Angleterre, c'est-à-dire les plus puissantes organisations corporatives d'Europe, viennent de reconnaître et de proclamer cette nécessité à leur Congrès de Norwick.

Elles ont été suivies dans cette voie par l'Union générale des travailleurs d'Espagne.

Et, fort de ces nouvelles et précieuses adhésions à son programme et à sa tactique, le Parti ouvrier ne peut que confirmer les résolutions de ses Congrès précédents et recommander aux travailleurs de France comme moyens indispensables de salut :

1° L'organisation syndicale ou corporative pour la sauvegarde de leurs intérêts immédiats ;

2° L'organisation politique pour la prise de possession du gouvernement et l'affranchissement définitif du travail et de la société.

De plus le Parti ouvrier français avait, dès 1890, fait une obligation à tous ses membres d'adhérer au syndicat de leur profession et, après l'unité, la même disposition a été maintenue.

Devant ces manifestations de sympathie et ce désir d'entente, comment expliquer l'attitude intransigeante du syndicalisme? Elle tient à bien des causes.

D'abord les syndicalistes attribuent les prévenances dont

ils sont l'objet au désir des politiciens socialistes de s'assurer, aux élections, les voix nombreuses des travailleurs syndiqués. Loin d'être reconnaissants aux membres du Parti socialiste d'entrer dans leurs syndicats, ils leur attribuent un mobile intéressé : y recruter pour leur organisation.

D'autre part tout le mouvement d'émancipation ouvrière étant ramené par Marx sur le terrain de la lutte de classe, il n'était pas difficile de convaincre les travailleurs syndiqués que leurs groupements constituaient par excellence des organismes de lutte de classe, qu'ils étaient même les seuls véritables organismes de lutte de classe, puisqu'ils étaient purs de tout alliage avec des éléments bourgeois, alors que les groupes socialistes se recrutaient dans tous les milieux.

C'est certainement cette conception initiale, tirée de Marx lui-même, qui a déterminé les syndicalistes à s'organiser séparément, ce dont ils ont été loués par certains socialistes qui interprétaient dans le même sens le principe marxiste de la lutte de classe. Citons Hubert Lagardelle, qui fut le chef de cette tendance, dans l'avant-propos de la brochure : *Syndicalisme et Socialisme :*

Si la lutte de classe est tout le socialisme, on peut dire que tout le socialisme est contenu dans le syndicalisme, puisque, hors du syndicalisme, il n'y a pas de lutte de classe.

Plus loin, Lagardelle dit encore :

Plus de dogmes ni de formules, plus de discussions vaines sur la société future... mais un sens de la lutte qui s'avive par la pratique... le plus simple ouvrier engagé dans le combat en sait plus que les plus abscons doctrinaires de toutes les écoles.

On voit par ce dernier passage quels ravages a pu faire, dans le cerveau d'un intellectuel, la doctrine marxiste de la lutte de classe, à quelle aberration démagogique elle l'a entraîné. C'est la glorification de l'ignorance, mise au-dessus de la science. Comment s'étonner que l'ouvrier se soit laissé convaincre par les basses adulations qui le représentaient comme supérieur à tous les autres éléments sociaux et capable, sans leur concours, d'aborder et de résoudre le problème ardu de la transformation sociale?

Sans doute c'est là une exagération du marxisme qui admettait les concours venus des autres classes. Mais Marx y voyait un accessoire si modeste, il proclamait si constamment que le fait primait l'idée, il faisait si peu de cas des conceptions personnelles, même géniales et mettait si exclusivement sa confiance en l'action du prolétariat pris dans sa masse, qu'on ne peut pas dire que les fondateurs du syndicalisme ont beaucoup forcé sa pensée.

C'est donc Marx qui doit porter la principale responsabilité du mouvement syndicaliste si fatal au développement du socialisme.

*** La coupure entre le syndicalisme et le socialisme a eu encore une autre cause : la défiance croissante inspirée à l'élément ouvrier, resté intransigeant sur le terrain de la lutte de classe, par les compromissions du socialisme parlementaire avec les partis bourgeois. Lagardelle constate dans la brochure citée plus haut que les élus socialistes à la Chambre ont abandonné peu à peu la notion de la lutte de classe « qui est le commencement et la fin du socialisme », pour faire une entente avec leurs collègues bourgeois, pour pratiquer « une politique de paix sociale ». Il cite de nombreux faits à l'appui de son affirmation et signale les défections retentissantes d'élus socialistes notables qui ont abandonné complètement la cause des travailleurs. C'est, dit-il, ce qui a amené la classe ouvrière à croire qu'elle n'avait rien à attendre de l'action politique et à s'organiser séparément sur la base syndicale.

Il n'est que trop certain que l'action socialiste au Parlement, malgré l'éclat qu'elle a emprunté au prestige personnel de Jaurès, a été lamentablement inférieure aux magnifiques principes dont elle se réclamait. Mais si elle s'était inspirée de cet esprit de lutte de classe étroit qu'on lui reproche d'avoir abandonné, elle n'aurait réussi sans doute qu'à déconsidérer davantage encore le socialisme.

*** L'erreur des conceptions intransigeantes comme celle du syndicalisme révolutionnaire est de ne pas mesurer la distance qui les sépare de ce qu'on peut faire accepter par le gros de l'armée prolétarienne.

Il est vrai que le syndicalisme révolutionnaire ne prétend pas rallier à son programme extrémiste la totalité, ni même la majorité de la classe ouvrière. Une minorité consciente et résolue suffit, croit-il, à consommer la révolution. Pouget écrivait à ce sujet dans sa brochure déjà citée :

La puissance de la Confédération générale du travail ne réside pas dans de fortes caisses et il serait inexact de l'évaluer uniquement d'après ses cadres. Elle est un organisme vivant, au sein duquel les réactions s'accomplissent selon les modes que nous voyons en action dans la nature : les éléments qu'elle groupe — et qui sont les éléments d'élite de la classe ouvrière, les plus conscients, les plus révolutionnaires — agissent sur la masse prolétarienne à l'égal des ferments, et, aux heures psychologiques, leur influence est prépondérante.

Par malheur, les événements ont prouvé le contraire : les tentatives de grève générale d'il y a trois ans sont tombées à plat ; l'avant-garde seule a marché. Mais avec un peu plus de psychologie, il était facile de prévoir ce résultat. Pour un observateur qui ne s'arrête pas à des manifestation superficielles et momentanées et qui va au fond des choses, il est évident que l'immense majorité des travailleurs reste étrangère aux agitations de la minorité. Non seulement elle n'est pas disposée à participer à une guerre civile, mais elle ne conçoit pas une organisation sociale autre que celle où elle vit, elle ne comprend pas le socialisme ni le syndicalisme.

Sur près de douze millions de salariés des deux sexes existant en France la Confédération générale du Travail n'a jamais groupé plus de deux millions d'adhérents. Il a fallu des circonstances extraordinaires pour atteindre un tel chiffre et les recrues occasionnelles qui ont afflué un moment dans les syndicats n'y étaient attirées que par l'appât d'avantages immédiats. Lorsque leur but égoïste a été atteint et qu'elles ont vu qu'on voulait les entraîner à la révolution, elles se sont débandées, et aujourd'hui les effectifs syndicaux sont descendus bien au-dessous de ce qu'ils étaient avant la guerre.

Les divisions profondes qui ont déchiré le syndicalisme ont d'ailleurs beaucoup contribué à faire fuir les éléments paisibles. C'est un fait bien connu de ceux qui ont fréquenté les groupements ouvriers : aussitôt qu'il s'y élève des querelles fratricides, les violents des deux partis y restent seuls en présence. Quant aux modérés, leur mentalité simpliste ne pouvant concevoir que des soldats de la même cause ne restent pas unis, ils s'en vont, sans vouloir chercher à se rendre compte si l'une des fractions a tort et si l'autre a raison.

Ainsi l'avant-garde syndicaliste, loin d'agir comme un ferment sur la masse ouvrière, selon ce que croyait Pouget, n'a réussi qu'à s'aliéner sa confiance et à la rejeter hors des syndicats. Si encore elle avait gagné en homogénéité ce qu'elle a perdu en force numérique ! Mais entre révolutionnaires et réformistes, la scission est devenue complète ; il y a aujourd'hui deux Confédérations générales du Travail, en lutte acharnée l'une contre l'autre, et une telle situation ne peut que faire le vide encore davantage dans les syndicats, déjà réduits à un état squelettique.

Et par conséquent le syndicalisme n'a réussi qu'à affaiblir considérablement le mouvement socialiste, sans être en mesure de créer une force nouvelle. Sur le terrain de l'organisation syndicale comme sur celui de l'organisation politique, le prolétariat, que Marx considérait comme la classe révolutionnaire par excellence, en qui il mettait toute sa confiance et tous ses espoirs, s'est montré tout à fait au-dessous de la mission qu'il lui assignait. A ses appels à la lutte de classe, une petite fraction seule a répondu. Et encore il est bien certain que la plus grande partie de cette avant-garde n'a pas été entraînée dans l'action par la puissance de l'idée de lutte de classe. Elle se retrouverait dans les rangs d'un parti socialiste qui, sans faire de cette idée son dogme fondamental, n'en poursuivrait pas moins la transformation sociale intégrale qui est le but du socialisme.

C'est pourquoi nous répétons encore que non seulement l'idée de lutte de classe n'a apporté aucune force au mouvement socialiste, mais qu'elle lui a été fatale.

Sans elle, il n'y aurait pas eu un syndicalisme autonome, prétendant se suffire à lui-même et accomplir par ses moyens propres, la révolution sociale, en dehors du parti socialiste. Il y aurait eu des syndicats, ne cherchant pas à sortir de leur rôle de défense des intérêts corporatifs et n'ayant par conséquent aucune occasion d'entrer en compétition et en lutte avec le parti socialiste, auquel leurs membres les plus résolus auraient en même temps appartenu. Chaque organisation restait sur son terrain et poursuivait son but propre, toutes deux s'appuyant dans la mesure du possible et ne se heurtant jamais.

*** La conception syndicaliste révolutionnaire, fondée sur une interprétation trop étroite du principe de lutte de classe, n'a aucun avenir parce qu'elle ne tient pas compte des réalités.

La transformation du régime individualiste en régime communiste est une œuvre formidable, sans analogue dans l'histoire, et à laquelle ne saurait suffire la force prolétarienne toute seule, à plus forte raison la force d'une avant-garde prolétarienne.

Dans les milieux révolutionnaires, socialistes ou syndicalistes, on semble ne voir de difficultés que dans la destruction de l'ordre actuel, soit par la conquête du pouvoir polique selon les uns, soit par la grève générale selon les autres. On ne s'inquiète pas du lendemain, et cela par la faute du marxisme qui ne l'a jamais envisagé.

Or autre chose est d'accomplir une révolution purement politique, comme toutes celles qu'on a vues jusqu'à ce jour ; autre chose d'une révolution sociale. Quelques modifications dans la constitution, quelques diminutions ou extensions des libertés publiques, quelques mutations dans le personnel, voilà le bilan d'une révolution politique. Une révolution sociale, au contraire, outre les réformes qui précèdent, doit remplacer de fond en comble toutes les lois, règlements, institutions sur lesquels reposent la vie civile, industrielle, commerciale, les rapports sociaux sous toutes leurs formes. La première n'agite un pays que superficiellement ; elle passe presque inaperçue dans les couches profondes de la population ou tout au moins y est accueillie avec indifférence. La seconde apporte avec elle une perturbation complète : il s'agit de pourvoir non au remplacement de quelques fonctionnaires, mais à la direction et à l'administration de tous les services producteurs et répartiteurs ; il s'agit de changer complètement la mentalité du pays, la manière de vivre de chacun. Et il ne faudrait pas compter sur le temps pour résoudre les problèmes ardus qui se dresseraient devant le gouvernement socialiste : en présence du déchaînement des espérances, des craintes et des fureurs, nul arrêt ne serait possible : ajourner serait échouer, et échouer serait périr.

Le concours de toutes les intelligences supérieures, de toutes les forces vives d'un pays est évidemment indispensable pour mener à bien une tâche aussi colossale. Une mentalité ouvrière moyenne n'en conçoit même pas toute l'étendue : trop de connaissances lui font défaut pour qu'elle puisse s'en rendre compte. C'est parce que les militants syndicalistes ignorent les difficultés à vaincre qu'ils s'imaginent les surmonter aisément. Certes ils comptent parmi eux des spécialistes de la plus grande valeur et capables de prendre en main des services importants. Mais la technique n'est pas l'organisation et, de toute évidence la Confédération générale du travail manque de cerveaux préparés à résoudre les problèmes d'ensemble. On l'a bien vu il y a trois ans lorsqu'elle a essayé d'aborder pratiquement les questions complexes de la reconstruction.

Le grand organisme d'études qu'elle avait créé, sous le nom de *Conseil Economique du Travail,* n'a abouti qu'au néant et ses nombreuses commissions ont depuis longtemps cessé de fonctionner sans qu'un seul projet viable soit sorti de leurs délibérations.

Un tel avortement était la conséquence fatale de la mauvaise méthode employée. Au lieu de commencer par fixer les principes généraux, le Conseil Economique du Travail a éparpillé son effort sur une foule de questions de détail en recherchant pour chacune d'elles une solution particulière. De plus, pour affirmer son esprit réalisateur et éviter le reproche de verser dans l'utopie, il n'a étudié ces solutions que dans le cadre de la société actuelle, ne paraissant ainsi envisager une transformation intégrale que comme lointaine et même problématique. Et comme ce que l'on conçoit mal ne saurait s'énoncer clairement, il a adopté, pour formuler ses aspirations, une expression nouvelle, peu heureuse puisqu'elle a besoin d'une interprétation pour être comprise : la *nationalisation industrialisée.*

De leur côté les syndicats de la tendance révolutionnaire,

après s'être montrés sceptiques sur la tentative des dirigeants réformistes de la Confédération, ont manifesté à leur tour l'intention d'entrer dans la voie reconstructive. Ils ont adopté une résolution dans ce sens au Congrès minoritaire de Lille en juillet 1921. Mais jusqu'à présent ils n'ont abouti à rien : au lieu de définir les bases fondamentales d'une société communiste, ils se perdent dans un projet de *contrôle ouvrier*, voué d'ailleurs à un échec complet, et qui, même s'il se réalisait, conférerait simplement à la classe ouvrière un droit de participation à la gestion des entreprises capitalistes. Voilà à quelles timidités se réduisent pratiquement les révolutionnaires les plus audacieux en paroles.

*** Il est évident que, du fait de son instruction insuffisante, la classe ouvrière dans toutes ses fractions n'a pas l'envergure nécessaire pour résoudre seule le problème social. Autant, sur les détails, elle apporterait de lumières précieuses à une commission composée principalement d'éléments intellectuels, et où elle serait représentée, autant, livrée à elle-même, elle est impuissante.

Or le vice constitutionnel du syndicalisme c'est de repousser les concours plus éclairés qui pourraient s'offrir à lui des autres classes. Sauf quelques éléments d'employés et de petits fonctionnaires, ils n'admet que les travailleurs manuels.

Les professions intellectuelles, dont certaines, travaillant pour des patrons, appartiennent réellement au prolétariat et dont certaines autres, si elles sont indépendantes, n'exploitent pas du moins le travail d'autrui, ont dû former des groupements séparés.

Au début de 1920, ces groupements se sont agglomérés et ont formé la *Confédération des Travailleurs Intellectuels* qui est divisée en onze sections : Art dramatique et musical, Arts plastiques et graphiques, Enseignement, Fonctionnaires, Lettres, Presse, Professions libérales, Sciences pures et appliquées, Techniciens du Commerce, Techniciens de l'Industrie, Groupements interprofessionnels.

On voit, par la simple lecture de cette énumération, toute la valeur des éléments qui, n'ayant aucune place dans la

Confédération générale du Travail, sont obligés de s'organiser séparément. N'est-ce pas folie pure que de penser qu'on peut se passer de leur concours pour préparer et réaliser la transformation sociale?

Mais allons plus loin : n'est-il pas évident qu'il existe dans l'agriculture, dans l'industrie, dans le commerce, des compétences nombreuses qui n'entrent pas dans la catégorie des *travailleurs* intellectuels et ne devraient pas moins participer à la refonte de nos institutions?

Envisageons par exemple la classe des paysans petits propriétaires, plus nombreuse en France que le prolétariat. Assurément il est chimérique d'espérer la gagner en majorité au socialisme. Mais peut-on espérer lui imposer un régime qu'elle repousserait unanimement? Tout au moins faudrait-il avoir avec soi ses éléments les plus intelligents qui pourraient, au moment décisif, exercer sur les autres une influence apaisante, notamment, empêcher la masse paysanne, d'affamer les villes en cessant de vendre ses produits. Or le syndicalisme écarte de principe tous les paysans. Il entend gouverner contre eux en s'appuyant sur la force ouvrière. C'est tout simplement insensé.

***** Encore une fois il ne peut être question d'enfermer en quelques pages une étude critique complète du syndicalisme : il n'est examiné ici que dans ses points de contact avec le marxisme, notre sujet principal.

Signalons donc, pour terminer ce chapitre, d'abord une énorme lacune qu'il a empruntée au marxisme, puis une précision regrettable apportée par lui à une phrase équivoque du Manifeste communiste.

Nous avons déjà fait remarquer que la théorie de la plus-value, en expliquant exclusivement par l'exploitation du travail l'origine et l'accroissement de l'accumulation capitaliste, passait sous silence d'autres causes de cette accumulation, et notamment les agissements des spéculateurs et des financiers qui, bien plus que le travail industriel, sont la source des grosses fortunes.

Les syndicalistes révolutionnaires n'ont pas sans doute l'intention de laisser subsister les parasites de la Banque et de la Bourse dans leur organisation syndicaliste de la société future, quoiqu'ils n'en parlent pas beaucoup. Mais en attendant ils les laissent bien tranquilles, tandis qu'ils font une guerre au couteau aux industriels, plus intéressants cependant, puisque tout en cherchant à s'enrichir, ils produisent, alors que les financiers s'enrichissent en ne produisant rien.

Qu'un grand établissement de crédit rétribue convenablement son personnel, qu'il n'exige pas de lui trop d'heures de travail par jour, il est en règle avec le syndicalisme et peut impunément se livrer aux pires pirateries sans qu'on lui en demande compte. On ne s'occupe de lui que comme employeur et son rôle normal de détrousseur échappe à la critique syndicale !... N'est-ce pas là un bel exemple du particularisme qui, malgré les prétentions du syndicalisme marxiste à la généralisation, est sa caractéristique? Il ne voit jamais qu'une partie des hommes et qu'un côté des choses.

Enfin le syndicalisme a repris à son compte la célèbre phrase de Marx : les prolétaires n'ont pas de patrie ; mais il l'a dépouillée de son caractère vague et en a fait un axiome formel d'antipatriotisme ouvertement affirmé.

« Le prolétaire ne peut avoir de patrie » écrivait Victor Griffuehles, ancien secrétaire de la Confédération générale du Travail, dans l'*Action syndicaliste* ; « il ne peut être patriote ».

Il est juste de reconnaître que, pendant la guerre, la majorité réformiste de la Confédération a donné son concours dévoué à la défense nationale. Mais la minorité lui en a fait grief, et grâce à sa campagne acharnée, l'antipatriotisme, qui n'avait trouvé que peu d'écho, même chez les extrémistes du parti socialiste, est devenu la doctrine d'une fraction appréciable, quoique minime, du prolétariat. C'est une des raisons qui ont contribué le plus à élargir le fossé qui sépare les syndicalistes révolutionnaires de la masse du prolétariat, car l'antipatriotisme répugne profondément au sentiment français.

******* En résumé, Karl Marx, en même temps qu'il lançait son appel à l'union des prolétaires de tous les pays, leur apportait une doctrine qui devait fatalement aboutir à les di-

viser, soit parce que trop vague, elle prêtait à des interprétations divergentes, soit parce qu'elle était inacceptable pour
la plus grande partie du prolétariat, soit parce qu'elle ne
donnait aux éléments éclairés et raisonnables de la population aucune garantie d'un avenir meilleur.

Grâce à cette doctrine, le prolétariat d'avant-garde est aujourd'hui séparé en deux camps rivaux et ennemis, et dans
l'intérieur de chacun les tendances contraires se livrent des
combats acharnés.

Jamais le prolétariat n'a été plus impuissant et jamais,
hélas! le socialisme n'a été plus discrédité.

Tels sont les fruits du marxisme.

CHAPITRE X

Le socialisme marxiste en France

Le marxisme n'a pas tué l'ancien socialisme français, si florissant dans la première moitié du XIX° siècle, et ne s'est pas substitué à lui à partir de la publication du Manifeste communiste. Ce document est resté à peu près ignoré en France pendant plus d'un quart de siècle.

Ce furent l'implacable répression de l'insurrection ouvrière de juin 1848 et la longue période de réaction étouffante qui la suivit qui anéantirent les magnifiques espérances de rénovation sociale, alors en plein épanouissement. Elles ne se firent jour de nouveau — bien timidement — que vers la fin du deuxième empire, pour disparaître une seconde fois à la suite des fusillades de mai 1871 et des déportations qui les suivirent.

Disons à ce propos que la Commune de Paris n'eut de caractère socialiste ni dans son origine ni dans ses actes. Ses décrets les plus audacieux, notamment la suppression du budget des cultes et la mise à la disposition de la nation des biens, meubles et immeubles des corporations religieuses (2 avril) ; l'interdiction du travail de nuit dans les boulangeries (20 avril ; l'interdiction à toute administration publique ou privée d'infliger une amende ou une retenue sur les salaires aux ouvriers et employés (2; avril) ; l'établissement d'une statistique des ateliers abandonnés « pour leur prompte mise en exploitation par l'association coopérative des ouvriers et employés » n'avaient rien de commun avec le véritable programme socialiste.

******* La première Internationale de 1864, d'ailleurs, dont beaucoup de membres de la Commune faisaient partie, bien que Karl Marx ait été au nombre de ses fondateurs, sans y jouer apparemment un rôle actif, et bien que ses statuts commencent par proclamer que « l'Emancipation des travailleurs sera l'œuvre des travailleurs eux-mêmes » ne s'était pas montrée plus hardie sur le terrain des revendications économiques. Ses membres français, imbus de la métaphysique proudhonnienne n'envisageaient aucune transformation du régime de la propriété. Et les membres des autres nations n'étaient pas plus avancés. Aussi le préambule des statuts adoptés par le Congrès de Genève de 1866 était-il tout à fait incolore :

...L'Association reconnaît comme devant être la base de sa conduite envers tous les hommes la *Vérité*, la *Justice*, la *Morale*, sans distinction de couleur, de croyance ou de nationalité.
...Pas de devoirs sans droits ; pas de droits sans devoirs.

D'ailleurs lorsque la justice impériale condamna les membres du bureau parisien de l'Internationale, elle ne trouva d'autres griefs contre eux que ceux portés au considérant ci-après : « Attendu que le but des associés était l'amélioration du sort de tous les ouvriers sans distinction de nationalité, et ce par la *coopération*, la *production*, le *crédit*... »

Ce ne fut qu'au Congrès de Bâle de 1868, et malgré l'opposition des délégués français, que l'Internationale, sur la proposition de Bakounine, se prononça pour la suppression de la propriété individuelle.

******* L'éclipse des idées socialistes en France devint plus complète encore après la saignée de la Commune. Le prolétariat parisien, amputé de ses plus vaillants militants, était retombé dans l'impuissance, et les revendications ouvrières ne trouvèrent une expression, bien timide encore, que dans le sein des premiers syndicats qui se constituèrent à partir de cette époque :

Les onze premières corporations qui s'organisent et fondent, le 28 mai 1872, le *Cercle de l'Union syndicale ouvrière*, ne cherchent « qu'une entente commune réglant les intérêts divers » des employeurs et des employés. Et lorsque ce *Cercle* central qui se proposait de clore « l'ère des grèves » est supprimé par le veto administratif du 22 octobre, les vingt-huit délégations des groupes ouvriers qui le composaient alors rédigent une déclaration proclamant que le but qu'elles ont toujours poursuivi, c'était « la fin de l'antagonisme existant entre le patronat et le salariat par la formation de commissions mi-partie ouvrières et mi-partie patronales, chargées d'arranger à l'amiable tous les différends ».

C'est le même esprit conservateur qui guide la délégation ouvrière envoyée à l'Exposition Universelle de Vienne (1873), sous le patronage et avec le concours politique et financier des Tolain, des Cantagrel et autres politiciens radicaux. Dans le rapport collectif des cent délégués de quarante-deux corporations parisiennes et de divers groupes de Nancy, Angers, Angoulême, etc., l'organisation syndicale est donnée comme le dernier mot de l'affranchissement des travailleurs, appelés par leurs *épargnes* (le mot y est) à « organiser l'enseignement professionnel et général, à fonder des sociétés de consommation et de production et à arriver progressivement à l'annulation de l'intérêt du capital par l'établissement du crédit mutuel ».

La délégation qui va à l'Exposition de Philadelphie (1876) n'est pas animée d'un esprit différent ; et si son rapport s'exprime différemment, c'est qu'il ne fut publié qu'en 1879, après que la manière de voir de quelques-uns de ses membres eut été modifiée par la propagande socialiste. (Aperçu historique sur le *Parti ouvrier français,* par A. Zévaès.)

Ainsi, jusqu'en 1876, le socialisme français ayant tout à fait perdu de vue son idéal élevé d'avant 1848, se réduisait à la coopération, au mutuellisme, à la revendication du crédit aux associations ouvrières. Ce furent les seules questions agitées au Congrès de Paris en octobre 1876, auquel étaient représentés 101 syndicats et 45 cercles d'études sociales.

*** Mais l'année suivante, Jules Guesde, rentré d'exil, fondait le journal l'*Egalité* et commençait sa propagande collectiviste qui n'eut tout d'abord qu'un médiocre succès. En effet, au Congrès ouvrier national de Lyon (janvier 1878) une proposition tendant « à étudier les moyens pratiques pour mettre en application le principe de la propriété collective du sol et des instruments de travail » ne recueillit que huit suffrages.

Observons en passant que cette proposition était en contradiction formelle avec la doctrine marxiste qui exclut toute recherche de moyens pratiques et d'application.

On retrouve la même hétérodoxie dans le manifeste adressé en 1879 par Jules Guesde et ses amis, non seulement aux prolétaires industriels et agricoles, mais encore aux paysans-propriétaires, ainsi qu'aux petits industriels et petits commerçants. Ce manifeste, d'où le mot et même l'idée de lutte de classe étaient absents, se terminait par cette phrase :

La Révolution que nous vous appelons à faire n'atteint que les oisifs, que la féodalité terrienne, industrielle et commerciale, qui a succédé à l'ancienne féodalité de la noblesse et de l'épée. Elle sauvegarde tous les intérêts légitimes, c'est-à-dire les intérêts de tout ce qui, à un titre quelconque, et sous quelque forme que ce soit, travaille et produit. — Et c'est pourquoi elle s'accomplira tôt ou tard, parce qu'elle est la Révolution de la Justice.

Cet appel à la justice était en opposition absolue avec l'esprit du Manifeste communiste qui écarte dédaigneusement les facteurs sentimentaux. Toutefois le but final, la socialisation des moyens de production et d'échange, était en concordance avec le but marxiste. Le socialisme français avait enfin retrouvé sa voie.

Après avoir purgé une condamnation à six mois de prison qui lui avait été infligée pour délit d'association, Jules Guesde reprit avec ardeur sa propagande, secondé par un noyau d'amis dévoués.

Aussi, au Congrès ouvrier de Marseille d'octobre 1899, la minorité du Congrès de Lyon devint majorité, et la coupure se fit nettement entre l'élément coopérateur qui avait à sa tête M. Barberet et l'élément vraiment socialiste.

La résolution adoptée par la majorité du Congrès déclare que l'appropriation collective de tous les instruments de travail et forces de production devait être poursuivie par tous les moyens possibles.

De plus le Congrès proclama la nécessité pour les salariés de se constituer en parti politique de classe et de participer aux luttes électorales.

Pour la première fois l'idée marxiste de lutte de classe était donc officiellement admise comme base de l'action socialiste en France. Avec des interprétations diverses, elle n'a pas cessé, depuis, d'en être le levier essentiel.

Et en même temps, comme conséquence de sa décision d'entrer dans les luttes électorales, le parti socialiste français, en voie de formation, décidait de joindre à l'affirmation de son but principal, un programme de revendications immédiates ou programme minimum.

Le programme électoral, divisé en deux parties, comprenait donc : d'une part des considérants expliquant le programme intégral ; d'autre part un certain nombre d'articles applicables en régime capitaliste.

Adopté en premier lieu dans un Congrès régional tenu à Paris en juillet 1880, il fut confirmé par le Congrès national du Havre quatre mois plus tard et devint en quelque sorte la charte constitutive du parti socialiste, définitivement formé sous le nom de *Parti ouvrier français.*

Le nouveau parti, dit M. Zévaès dans la brochure déjà citée, « était basé sur le terrain de la lutte de classe, il repoussait à la fois toute compromission avec les anarchistes d'une part, avec les coopérateurs de l'autre, et poursuivait, avec l'action révolutionnaire comme moyen, le collectivisme envisagé comme but. »

Le même auteur, dans sa brochure : *les Guesdistes,* précise ainsi la politique générale du Parti ouvrier français :

Le but du Parti ouvrier français... c'est la transformation du mode de propriété, la socialisation des moyens de production. Ce but sera réalisé par un prolétariat organisé en parti distinct pour la conquête du pouvoir politique, et se plaçant sur le terrain de la lutte de classe.

La lutte de classe résultant elle-même de la division de la société en classes : tel est donc le fait que, dans leur active propagande, les guesdistes se sont attachés sans cesse à mettre en lumière, et c'est en partant du fait de la lutte de classe qu'ils ont déterminé leur attitude politique à l'égard des problèmes qui ont pu se poser depuis trente ans...

*** Dans les divers Congrès nationaux annuels qu'il a tenus jusqu'en 1902, le Parti ouvrier français a fixé sa doctrine sur diverses questions importantes. Nous allons citer quelques extraits de ses résolutions pour bien le caractériser.

Sur la question religieuse, le Parti ouvrier français a toujours été très libéral, estimant que la religion est une affaire privée. Il s'exprime en ces termes dans sa résolution du Congrès d'Issoudun (septembre 1902) :

Le Parti ouvrier français rappelle aux travailleurs que l'affranchissement intellectuel ne peut pas précéder, qu'il ne peut que suivre l'affranchissement économique et que, par conséquent, le seul anticléricalisme sérieux en régime bourgeois est l'anticapitalisme.

Les religions, ainsi que toutes les conceptions surnaturelles, ne disparaîtront que dans une société où, toute classe exploitante disparue, l'humanité, maîtresse de ses moyens de production, sera devenue sa propre providence.

Voici maintenant, sur la question de la patrie, un passage du Manifeste du Conseil national de juin 1893 :

L'internationalisme n'est ni l'abaissement ni le sacrifice de la patrie. Les patries, lorsqu'elles se sont constituées, ont été une première et nécessaire étape vers l'unité humaine à laquelle nous tendons et dont l'internationalisme, engendré par toute la civilisation moderne, représente une nouvelle étape aussi inéluctable. Et de même que la patrie française ne s'est pas organisée contre les différentes provinces qu'elle arrachait à un antagonisme caduc pour les solidariser, mais en leur faveur et pour leur plus libre et large vie, de même la patrie humaine que réclame l'état social de la production, de l'échange et de la science, ne s'opère pas, ne peut pas s'opérer aux dépens des nations de l'heure présente, mais à leur bénéfice et pour leur développement supérieur...

Et voici comment le Congrès de Paris (octobre 1893) précisait les devoirs du prolétariat au point de vue de la défense nationale :

...Pas plus que la solidarité ouvrière n'exclut ou ne limite le droit et le devoir de se défendre contre les ouvriers traîtres à leur classe, la solidarité internationale n'exclut ou ne limite le droit et le devoir d'une nation de se défendre contre un gouvernement, quel qu'il soit, traître à la paix européenne. La France attaquée n'aurait pas de plus ardents défenseurs que les socialistes du parti ouvrier.

Au Congrès de Nantes (1894) la déclaration suivante a été faite sur la question des grèves :

Le parti ouvrier ne voit et n'a jamais vu dans les grèves que les conséquences naturelles et nécessaires de la société capitaliste basée sur l'antagonisme des intérêts et des classes.

Le socialisme ne pousse pas aux grèves ; il ne les provoque pas. Mais il en tient compte comme d'un fait, lequel détermine sa conduite et ses devoirs... Notre devoir est, partout où le conflit se produit, de prendre la défense des grévistes. Moins nous sommes des fauteurs de grèves, plus nous devons nous porter au secours des travailleurs contraints à se refuser à un travail devenu intolérable.

Le même Congrès a catégoriquement écarté la grève générale comme moyen de faire la révolution en lui opposant la conquête du pouvoir politique :

Instrument inégal et partiel de défense dans la présente société, à plus forte raison la grève ne saurait-elle être, *même généralisée*, l'outil de l'affranchissement ouvrier. Préparer la grève générale, ce serait conduire le prolétariat dans une impasse, le diviser contre lui-même en grévistes et non-grévistes ; ce serait immobiliser, dans la lutte pour la libéraiton commune, les travailleurs des campagnes et organiser nous-mêmes notre propre défaite.

C'est sur le terrain politique que le prolétaire est l'égal du capitaliste, supérieur même au capitaliste, puisque les prolétaires sont le nombre. Ce n'est que par l'action politique, par la conquête du pouvoir politique, que les travailleurs organisés pourront s'émanciper en socialisant les moyens de production, de transport et de distribution des produits.

En ce qui concerne la politique coloniale, le Parti ouvrier français, par le passage ci-dessous d'une résolution de son Congrès de Romilly (1895) a déclaré repousser formellement la colonisation dans sa forme capitaliste ; mais il n'a pas envisagé la question de savoir si la colonisation sur des bases différentes, pourrait être conservée en régime socialiste. De son silence et de l'attitude de certains de ses membres en certaines circonstances, on peut inférer qu'il ne la repoussait pas d'une façon absolue :

Considérant que la politique coloniale est une des pires formes de l'exploitation capitaliste, qu'elle tend exclusivement à élargir *le champ des profits* de la classe possédante, en épuisant de sang et d'argent le prolétariat producteur.

...Le XIIIᵉ Congrès national du Parti ouvrier français s'élève de toutes ses forces contre les flibusteries coloniales pour lesquelles aucun socialiste conscient ne votera jamais ni un homme ni un sou.

En 1899, l'entrée de M. Millerand dans le cabinet Waldeck-Rousseau posa le problème de la participation du parti socialiste au pouvoir, c'est-à-dire de sa collaboration avec les partis bourgeois. Le Congrès d'Epernay (1899) à cet égard, sous l'influence d'éléments modérés, fut un peu moins net que ne l'était personnellement Jules Guesde qui s'y montrait résolument opposé :

Le Congrès rappelle :
Que par conquête des pouvoirs publics, le Parti ouvrier français a toujours entendu l'expropriation politique de la classe capitaliste, que cette expropriation ait lieu pacifiquement ou violemment ;
Qu'elle ne laisse place, par suite, qu'à l'occupation des positions électives dont le parti peut s'emparer au moyen de ses propres forces, c'est-à-dire des travailleurs organisés en parti de classe ;
Il laisse pour l'avenir au Conseil national le soin d'examiner à

l'occasion et selon les circonstances, si, sans quitter le terrain de
la lutte de classe, d'autres positions peuvent être occupées.

La politique du Parti ouvrier français, on le voit, était
extrêmement nette. Il avait su la dégager de toute compromission avec l'anarchie et avec le modérantisme. Aussi de-
vait-elle rencontrer une vive opposition dans des milieux
divers. Ajoutons que la parole âpre et tranchante, la dialectique incisive, les mots à l'emporte-pièce de son chef Jules
Guesde, dont la manière, avec moins de talent et plus de
prétention à l'infaillibilité dogmatique, était imitée par ses
élèves, n'était pas faite pour favoriser les idées de conci-
liation.

*** Depuis longtemps, au sein du Parti ouvrier français,
les éléments purement réformistes combattaient la fraction
de gauche rangée autour de Jules Guesde et du journal
l'*Egalité*.

La scission éclata au Congrès de St-Etienne (1882) à la
suite de polémiques entre l'*Egalité* et le journal le *Prolétaire*, dont le rédacteur le plus en vue était le docteur Paul
Brousse. Les réformistes y eurent la majorité : ce que
voyant, les collectivistes se rendirent à Roanne pour y tenir
un Congrès séparé qui affirma à nouveau le programme précédemment établi.

La majorité de St-Etienne, de son côté, adopta le titre
officiel de « Fédération des travailleurs socialistes de
France ». On lui donna plus couramment le nom de parti
possibiliste.

Les amis de Benoit Malon et lui-même se tinrent à l'écart,
et l'influence de Paul Brousse resta prépondérante. Brousse,
personnellement, représentait l'extrême droite du socialisme,
envisageant à peine et dans le lointain, la socialisation générale des moyens de production, limitant ses revendications
à l'étatisation ou à la municipalisation des services publics
et s'associant constamment à la politique des radicaux, plus
préoccupé, en somme, des luttes parlementaires que des intérêts du prolétariat.

*** Une telle attitude ne pouvait convenir aux éléments
ouvriers de son parti, et particulièrement aux prolétaires
manuels, à tendance plutôt démagogique et anarchisante,

hostiles à Jules Guesde dont ils trouvaient les formules trop rigides, mais nullement disposés à subir une oligarchie bourgeoise sous l'étiquette socialiste.

Ils se groupèrent autour de Jean Allemane, qui avait fondé le journal le *Parti ouvrier* et une polémique violente éclata entre cet organe et le *Prolétaire* que dirigeait Paul Brousse. Le diapason était tel que les deux adversaires ne se traitaient plus que de « sieur Brousse » et de « sieur Allemane » et se jetaient à la tête les accusations les plus graves.

Le conflit se traduisit en scission ouverte au Congrès de Châtellerault (1890). Les partisans d'Allemane se détachèrent de ceux de Brousse et fondèrent le *Parti ouvrier socialiste révolutionnaire*. Par la suite les deux fractions furent simplement désignées par les noms de leurs chefs respectifs : les Broussistes et les Allemanistes.

Le caractère démagogique du nouveau parti se manifestait de toutes parts. Il n'admettait aucune direction, même morale.

« Des maîtres, des chefs », disait le rapport d'un de ses membres Léon Michaux, au Congrès de 1891, « l'essai en a été assez fatal pour y renoncer à jamais. Que notre organisation repose entière sur la volonté commune, librement exprimée dans nos fédérations et dans nos congrès. »

Et le parti supprima son Comité national pour le remplacer par un simple secrétariat général sans aucun pouvoir.

Il déclara d'ailleurs se placer sur le terrain de la lutte de classe.

Il n'y a jamais eu, à proprement parler, de doctrine allemaniste. La tendance la plus caractéristique du parti était le rejet par les travailleurs manuels du concours des intellectuels.

Par la suite, une fraction des allemanistes se détacha du parti, avec Arthur Groussier, pour former l'Alliance communiste.

*** Un autre parti a joué un certain rôle dans la formation du parti socialiste actuel ; il reconnaissait pour chefs, en premier lieu Blanqui, par la suite Eudes et Granger, et plus tard Vaillant. Le *Comité révolutionnaire central*, son premier groupement, fermé et peu nombreux, se divisa à l'époque du boulangisme, Granger et Ernest Roche ayant pris parti pour le général démagogue et Vaillant lui étant hostile.

Sa tactique primitive était de préparer des coups de main, des émeutes, pouvant amener une révolution. C'était la méthode de Blanqui. Mais les dernières tentatives de ce genre n'eurent aucun succès. L'une, l'attaque du poste des sapeurs-pompiers de la Villette, dirigée par Eudes et Granger quelques mois avant le 4 septembre 1870, au moment où l'Empire semblait mûr pour le coup d'épaule final, échoua devant l'indifférence populaire : ce ne fut qu'une bagarre. La seconde, à laquelle Blanqui lui-même prit part : la journée du 31 octobre 1870, contre le gouvernement de la Défense nationale, quoique beaucoup plus sérieuse, fut également ment vaincue.

D'ailleurs les progrès de l'armement rendaient les insurrections de plus en plus difficiles. Aussi le Comité révolutionnaire central, s'il continua à parler beaucoup de la Révolution, ne jugea aucune occasion assez favorable pour passer aux actes.

En 1898, il s'élargit et prit le nom de *Parti socialiste révolutionnaire*. Sa doctrine a toujours été mal définie. Il se réclamait de Marx en même temps que de Blanqui, mais considérait le socialisme comme un mouvement plutôt que comme un but. Par la suite son action a été surtout réformiste

*** Mais la puissante personnalité de Jean Jaurès, qui commença à s'affirmer après les élections de 1893 où il avait été élu, amena au socialisme des éléments nouveaux, venus surtout des milieux intellectuels.

Jaurès adopta le réformisme de Benoit Malon et de son groupe ; mais son talent prestigieux d'orateur et d'écrivain lui donna un rayonnement qu'il n'avait jamais eu jusque là.

Il acceptait d'ailleurs sans réserve la doctrine de la lutte de classe et considérait comme primordiale la nécessité pour le prolétariat de s'organiser en parti politique de classe.

Foncièrement idéaliste, il ne voyait pas d'incompatibilité entre son idéalisme et le matérialisme de Marx.

Il s'engagea avec ardeur dans la bataille dreyfusiste et y entraîna une fraction du parti socialiste. Le retentissement énorme de ses polémiques contribua beaucoup à rallier autour de lui une élite de professeurs et d'intellectuels qui parurent un moment acquis au socialisme, mais qui l'abandonnèrent pour la plupart ensuite.

Malgré l'éclat de sa propagande, Jaurès ne devint pas le chef d'une nouvelle organisation nationale socialiste ; mais il imprégna de ses idées beaucoup de membres des anciennes organisations et beaucoup d'éléments non groupés, ainsi que plusieurs fédérations départementales autonomes.

*** La multiplicité et les antagonismes des organisations existantes étaient évidemment une faiblesse pour le socialisme français. Aussi tendait-il de plus en plus vers l'unité et elle se serait réalisée plus tôt si l'entrée de M. Millerand dans le ministère Waldeck-Rousseau, en même temps que le général de Galliffet, le massacreur de la Commune, n'était venue surexciter les colères et raviver les discordes entre socialistes.

Aussi un Congrès général, qui réunit dans la salle Japy, en décembre 1899, des délégués des diverses organisations nationales, des Fédérations autonomes et des groupements indépendants (ces derniers composés d'éléments jauressistes) n'aboutit qu'à la constitution d'un Comité général commun, dans lequel chaque fraction était représentée proportionnellement à ses forces, les organisations nationalement constituées étant maintenues.

Ce fragile commencement d'union fut rompu l'année suivante, au Congrès de la salle Wagram, dont les guesdistes, qui en formaient la fraction principale, se retirèrent.

Le surplus du parti socialiste, composé de groupements hétérogènes, tint un Congrès à Lyon, en mai 1901. Mais une nouvelle scission s'y produisit : les blanquistes, l'Alliance communiste et plusieurs fédérations autonomes s'en séparèrent et s'unirent au parti ouvrier français pour former le Parti socialiste de France sur la base des principes suivants :

Entente et action internationale des travailleurs ; organisation politique et économique du prolétariat en parti de classe pour la conquête du pouvoir et la socialisation des moyens de production et d'échange, c'est-à-dire la transformation de la société capitaliste en société collectiviste ou communiste.

Parti de révolution, et par conséquent d'opposition à l'Etat bourgeois, s'il est de son devoir d'arracher toutes les réformes susceptibles d'améliorer les conditions de lutte de la classe ouvrière, il ne saurait en aucune circonstance, par la participation au pouvoir central, par le vote du budget, par des alliances avec des partis bourgeois, fournir aucun des moyens pouvant prolonger la domination de la classe ennemie.

De leur côté les jauressistes et les possibilistes formèrent le *Parti socialiste français* qui défendit la politique réformiste et la participation ministérielle.

******* Les deux grandes organisations françaises s'affrontèrent en août 1904 au Congrès international d'Amsterdam et y défendirent chacune son point de vue.

Ce fut la tactique de Jules Guesde, appuyée par la démocratie socialiste allemande, qui l'emporta. La motion adoptée condamnait nettement la tactique de la participation :

Le Congrès repousse (ou répudie) de la façon la plus énergique les tentatives révisionnistes tendant à changer notre tactique eprouvée et glorieuse basée sur la lutte de classe et à remplacer la conquête du pouvoir politique de haute lutte contre la bourgeoisie par une politique de concession à l'ordre établi.

La conséquence d'une pareille tactique révisionniste serait de faire d'un parti qui poursuit la transformation la plus rapide possible de la société bourgeoise en société socialiste — d'un parti, par suite, révolutionnaire, dans le meilleur sens du mot — un parti se contentant de réformer la société bourgeoise.

C'est pourquoi le Congrès, persuadé, contrairement aux tendances révisionnistes existantes, que les antagonismes de classe, loin de diminuer, vont s'accentuant, déclare :

1° Que le Parti décline toute responsabilité, quelle qu'elle soit, dans les conditions politiques et économiques basées sur la production capitaliste, et ne saurait, par suite, approuver aucun des moyens de nature à maintenir au pouvoir la classe dominante ;

2° Que la démocratie socialiste ne saurait rechercher aucune participation au gouvernement dans la société bourgeoise, et ce, conformément à l'ordre du jour Kautsky voté au Congrès international de Paris, en 1900.

Le Congrès repousse, en outre, toute tentative faite pour masquer les antagonismes de classes toujours croissants à l'effet de faciliter un rapprochement avec les partis bourgeois.

Le Congrès compte que les représentants du Parti dans les Parlements se serviront de leur puissance accrue, tant par leur nombre augmenté que par l'accroissement considérable de la masse d'électeurs qui les suivent, pour persévérer dans leur propagande sur le but final du socialisme et, conformément à notre programme, pour défendre de la façon la plus résolue les intérêts de la classe ouvrière, l'extension et la consolidation des libertés politiques ; pour revendiquer l'égalité des droits pour tous ; pour continuer, avec plus d'énergie que jamais, la lutte contre le militarisme, contre la politique coloniale et impérialiste, contre toute espèce d'injustice, d'asservissement et d'exploitation, et finalement s'employer énergiquement à perfectionner la législation sociale et à rendre possible à la classe ouvrière l'accomplissement de sa mission politique et civilisatrice.

Cette résolution d'Amsterdam a une extrême importance en ce qu'elle définit la doctrine du socialisme marxiste international et en ce qu'elle a été la base de l'unité socialiste en France, unité que le Congrès d'Amsterdam avait invité les organisations françaises à réaliser le plus tôt possible.

*** Après cette décision, le Parti socialiste français avait le choix entre deux alternatives : s'incliner et rejoindre les fractions de gauche sur le terrain de l'unité, ou résister et se mettre en dehors de l'Internationale.

Il se divisa en deux tronçons. Le plus important, avec Jaurès, accepta la résolution d'Amsterdam. Le second, avec MM. Viviani, Briand, Augagneur, etc., maintint son opposition.

Les délégués des organisations et groupements qui acceptaient la doctrine d'Amsterdam se réunirent le 13 janvier 1905 et jetèrent les bases de l'unité socialiste en France. Voici le principal passage de leur résolution :

1° Le Parti socialiste est un parti de classe qui a pour but de socialiser les moyens de production et d'échange, c'est-à-dire de transformer la société capitaliste en une société collectiviste ou communiste, et pour moyen l'organisation économique et politique du prolétariat. Par son but, par son idéal, par les moyens qu'il emploie, le Parti socialiste, tout en poursuivant la réalisation des réformes immédiates revendiquées par la classe ouvrière, n'est pas un parti de réforme, mais un parti de lutte de classe et de révolution ;

2° Les élus du Parti au Parlement forment un groupe unique, en face de toutes les fractions politiques bourgeoises. Le groupe socialiste au Parlement doit refuser au gouvernement tous les moyens qui assurent la domination de la bourgeoisie et son maintien au pouvoir : refuser en conséquence les crédits militaires, les crédits de conquête coloniale, les fonds secrets et l'ensemble du budget ;

Même en cas de circonstances exceptionnelles, les élus ne peuvent engager le Parti sans son assentiment ;

Au Parlement, le groupe socialiste doit se consacrer à la défense et à l'extension des libertés politiques et des droits des travailleurs, à la poursuite et à la réalisation des réformes qui améliorent les conditions de vie et de lutte de la classe ouvrière.

Quelques mois plus tard, l'unité socialiste reçut sa consécration au Congrès national tenu à Paris, salle du Globe (avril 1905).

*** Quant aux réfractaires, peu nombreux, malgré la présence parmi eux de brillantes personnalités, composés presque exclusivement d'éléments de droite sans conviction socialiste bien profonde, ils furent quelque temps avant de de se réorganiser. Ce ne fut qu'en 1907 qu'ils reconstituèrent l'ancien *Parti socialiste français*, dont le rôle fut insignifiant.

Après les élections législatives de 1910, un groupe de trente-quatre députés, élus avec l'étiquette de socialistes indépendants, socialistes réformistes et républicains socialistes, se constitua sous le nom de groupe républicain socialiste et publia une déclaration des plus ternes dont voici le passage saillant :

Résolument et exclusivement réformiste, le groupe estime que les réformes ne doivent cependant être considérées que comme les étapes d'une transformation plus complète et l'instauration progressive d'un ordre social où le travail aura conquis l'intégrité de ses droits.

En avril 1911, un Congrès national tenu à Paris adopta cette phrase avec de légères modifications comme doctrine fondamentale du *Parti républicain socialiste*.

Ce parti, composé d'éléments hétérogènes : les uns sincèrement socialistes mais agissant pratiquement comme des radicaux, les autres sans aucune conviction et adoptant une étiquette peu compromettante pour être plus libres dans leurs palinodies, a cessé de compter dans le mouvement socialiste en France. A peine a-t-il conservé une existence purement nominale.

*** Il est incontestable que l'unité répondait aux aspirations de la plupart des militants, qu'elle facilita la propagande et donna un nouvel élan au recrutement. A-t-elle véritablement apporté un surcroît de force au socialisme? La question est plus douteuse.

En s'inclinant devant le verdict d'Amsterdam, Jaurès n'avait nullement renoncé à sa conception de l'action socialiste ; il renonçait seulement à défendre la participation ministérielle et on peut lui rendre cette justice qu'il tint loyalement son engagement. Quant au surplus de sa politique, il pouvait le maintenir, en se fondant sur une ambiguïté de la résolution commune du 13 janvier 1905 interprétant la décision d'Amsterdam. En effet après avoir affirmé que « le Parti socialiste n'est pas un parti de réforme, mais un parti de lutte de classe et de Révolution » cette résolution faisait un devoir aux élus de se consacrer « à la réalisation des réformes qui améliorent les conditions de vie et de lutte de la classe ouvrière. » Et quelle est la réforme qui, directement ou indirectement, ne paraisse entraîner une telle amélioration?

Jaurès était donc bien à l'aise pour poursuivre, au sein de l'unité, sa politique réformiste, en s'abstenant seulement de la pousser jusqu'à la participation au pouvoir. Il n'y manqua pas.

Et la résistance qu'il rencontra du côté guesdiste ne fut pas bien énergique et ne pouvait pas l'être, le Parti ouvrier français ayant lui-même, en présentant son programme minimum, reconnu l'utilité des réformes. A la vérité, il n'admettait que celles pouvant améliorer les *conditions de lutte* de la classe ouvrière. Mais la résolution commune, allant plus loin, y ajoutait celles pouvant améliorer ses *conditions de vie*. Jaurès triomphait donc sur ce point et avait pour lui le texte constitutif du Parti.

Au surplus Jaurès admettait la révolution comme Guesde admettait les réformes. Pour Jaurès seulement les réformes étaient le principal, l'immédiat, alors que la révolution était l'accessoire, le lointain ; tandis que, pour Guesde les réformes, devant rester stériles, ne pouvaient servir qu'à faire accepter l'idée d'une révolution nécessaire par ceux qui y auraient répugné de prime abord. La divergence restait donc réelle et profonde.

Dans la lutte qui s'engagea entre les deux tendances, Guesde devait avoir le dessous. Son rival avait pour lui, sinon la supériorité de l'éloquence et du prestige, du moins celle de la jeunesse et des forces physiques qui lui permettaient de se dépenser sans compter au Parlement et dans les réunions, alors que Guesde, fatigué, ne pouvait donner que des efforts intermittents. De plus Jaurès avait la direction d'un quotidien : la *Petite République* d'abord, plus tard l'*Humanité*, d'où, chaque matin sa pensée jaillissait avec l'impétuosité d'une éruption. Celle de Guesde ne s'exprimait plus guère que dans les Congrès. Alors il retrouvait sa puissance, et ceux qui ont assisté aux magnifiques joutes oratoires qui s'engageaient entre lui et Jaurès en garderont un inoubliable souvenir.

■■■ Et pourtant ce n'était déjà plus l'âge héroïque du socialisme, la période qui avait précédé Amsterdam, où chaque tactique s'affirmait sans restriction avec un éclat et une hauteur incomparables. Jaurès était alors tout débordant de foi socialiste ; il consacrait tous ses écrits, tous ses discours à discuter la doctrine et à justifier sa conception de la tactique. On pouvait ne pas le suivre ; il était impossible de ne pas l'admirer. Quant à Guesde sa dialectique lumineuse, ses formules lapidaires, la force concentrée de son langage d'une pureté impeccable, d'une élégance raffinée malgré sa sobriété faisaient de lui le plus redoutable des contradicteurs. Tous les socialistes étaient fiers d'avoir de tels chefs et jamais le parti socialiste n'eut plus de rayonnement extérieur qu'à cette époque où il était si profondément divisé.

Même avant l'unité, la nature impressionnable de Jaurès, influencée à son insu par les adulations dont il était l'objet de la part, surtout, des radicaux, et l'autorité grandissante qu'il exerçait sur eux, avait commencé à l'entraîner peu à peu hors du socialisme ; non que ses convictions eussent fléchi ; mais le socialisme l'intéressait moins exclusivement. Il se laissait de plus en plus aller à intervenir dans des questions n'ayant aucun rapport avec lui. Quand il préconisait une réforme, il ne la rattachait plus aussi constamment que jadis au but final. Cette fâcheuse évolution s'accentua après l'unité.

Bientôt il en vint à ne plus parler qu'à de longs intervalles de la socialisation des moyens de production, alors qu'il se jetait de toute son ardeur passionnée dans les discussions sur la Séparation des Eglises et de l'Etat, l'impôt sur le revenu, le budget, les retraites ouvrières, la conquête du Maroc, la réorganisation de l'armée, etc., etc. Et le plus fâcheux, c'est qu'au lieu d'être méthodique et gradué comme celui de Louis Blanc, son réformisme était incohérent ; il flottait au gré des événements au lieu de les diriger ; l'actualité le saisissait et l'entraînait dans les voies les plus diverses, et avec lui, hélas! le parti tout entier.

En même temps, cherchant partout des appuis contre les guesdistes, encore puissants dans les Congrès bien qu'ils perdissent du terrain, Jaurès en venait à de regrettables compromissions avec les éléments démagogiques du parti, au point de défendre à Nancy, lui, le grand patriote, la motion hervéiste que le prolétariat devrait répondre à l'ordre de mobilisation par la grève générale et l'insurrection!

Ainsi, plus l'influence de Jaurès devenait prépondérante, plus la politique du parti s'affaiblissait en se dispersant sur une multitude de questions diverses, ou lorsqu'elle revenait au socialisme, en ne s'attachant qu'à des points secondaires de tactique propres seulement à entretenir de stériles disputes.

*** Non, vraiment, l'unité n'avait pas accru la force du socialisme. Aux causes d'amoindrissement qui viennent d'être indiquées s'en ajoutait une autre non moins grave.

Dans quel esprit fallait-il comprendre et pratiquer l'unité réalisée? Non seulement il n'y avait aucun inconvénient, mais il n'y avait que des avantages à ce que les deux grandes tendances, dont les forces se contrebalançaient presque dans les Congrès, continuassent à s'affirmer librement et à se compter sur des motions bien nettes exprimant la pensée de chacune ; puis que l'administration du parti passât entièrement aux mains de celle qui aurait eu la majorité, l'autre se constituant en opposition et s'efforçant de prendre sa revanche au Congrès suivant. C'était le jeu de balance normal du parlementarisme dans le meilleur sens du mot, c'était la confrontation loyale de deux politiques dont l'une et l'autre peuvent se soutenir. Chaque militant socialiste, éclairé par les discussions des Congrès, des réunions et de la presse, auraient pu librement faire son choix motivé entre elles. Il se serait formé ainsi un esprit socialiste véritable et une force morale qui serait devenue par la suite une force matérielle.

Nul ne parut le comprendre, ou tout au moins la majorité ne le comprit pas. On s'habitua à penser que, puisque l'unité était faite, il ne devait plus sortir des Congrès que des motions d'unanimité ou à peu près. Et pour atteindre ce but, chaque tendance fit des concessions à l'autre et lui sacrifia une partie de ses convictions, de sorte qu'on arriva à mettre au jour des textes hybrides, incolores, sans signification précise, incapables d'entraîner les masses ouvrières et de réveiller les grands enthousiasmes de jadis. Ce confusionnisme fut une perte sensible pour l'idée socialiste et un gain tout net pour le réformisme bâtard qui l'étouffait de plus en plus en se substituant à elle.

*** On arriva ainsi à 1914. La guerre éclata. Jaurès en fut la première victime, et quelles qu'aient été ses erreurs, sa mémoire restera toujours honorée, car nul n'a pu jeter la moindre suspicion sur sa sincérité et son dévouement.

Manifestement l'Allemagne impériale était l'agresseur ; aussi, sans une défaillance, les élus socialistes donnèrent leur concours à la défense nationale. Guesde et Sembat, et plus tard Albert Thomas, entrèrent même dans les Conseils du gouvernement, avec l'approbation de leurs collègues. Peut-être eût-il mieux valu, tout en s'associant par le vote à l'effort commun, s'abstenir de cette participation, qui donna naissance à des divisions et à des suspicions.

La mobilisation, en vidant les sections, suspendit la vie du Parti qui fut presque toute concentrée dans son groupe parlementaire. Lorsque, peu à peu, elle reprit son activité, des préoccupations nouvelles avaient fait oublier les anciennes querelles entre réformistes et révolutionnaires. Il s'agissait de savoir si le Parti allait continuer jusqu'au bout son effort de défense nationale, ou s'il allait essayer d'arrêter le fleuve de sang qui semblait intarissable. Une fraction de plus en plus forte se prononça pour la deuxième alternative, sans que son influence pût d'ailleurs modifier, si peu que ce fût, la marche inexorable des événements.

Pendant ce temps la guerre avait en Orient des répercussions plus sensibles : le tzarisme russe avait été renversé et en octobre 1917 le faible gouvernement qui lui avait succédé fut à son tour balayé par la révolution bolchevique. Lénine et Trotzky, les personnalités les plus marquantes du nouveau régime, prêchaient la paix à tout prix, et invitaient les prolétaires des nations belligérantes à tourner leurs armes contre les pouvoirs bourgeois qui éternisaient la guerre.

Leur appel ne resta pas sans écho en France où il se constitua une fraction extrémiste exigeant le désarmement immédiat et sans conditions, alors que les autres pacifistes, tout en voulant mettre fin à la guerre, ne se montraient pas disposés à subir la domination du militarisme allemand.

L'armistice, puis la paix ne mirent pas fin aux luttes des nouvelles tendances. Elles reprirent avec une nouvelle force à la constitution de l'Internationale de Moscou, dite la troisième Internationale. La minorité du parti socialiste qui voulait y adhérer devint la majorité au Congrès de Tours, et le parti socialiste prit le nom de Parti communiste, alors que les opposants restèrent eux-mêmes divisés : les uns acceptant de se rallier à la troisième Internationale, mais repoussant les conditions imposées par Moscou, les autres restant fermes sur le terrain de la deuxième Internationale, dite Internationale d'Amsterdam, enfin une troisième fraction précédemment exclue du parti socialiste pour cause de modérantisme exagéré et constituée sous le nom de parti socialiste national.

*** Telle est la situation actuelle. Les communistes ont rallié à eux la grande majorité des militants ; les autres fractions ont un nombreux état-major avec peu de troupes. Il a été question, un moment de ressouder dans une unité nouvelle ces tronçons épars sauf les socialistes nationaux voués sans doute à un exil perpétuel. Mais une réunion préparatoire tenue dans ce but, à Berlin en avril 1922, n'a pas résolu les difficultés que soulève un tel projet, et depuis le Parti communiste n'a cessé de s'affaiblir et de s'émietter de plus en plus.

*** Par malheur, au milieu de ces déchirements, l'idée socialiste a disparu.

Elle avait brillé de tout son éclat au moment des grandes controverses entre Jules Guesde et Jaurès qui, tout en révélant de profondes oppositions de méthode, avaient poussé très avant l'étude de la doctrine et sa diffusion.

L'œuvre du Parti ouvrier français, dont Guesde fut l'inspirateur, avait été considérable. Il avait clarifié l'idée socialiste en la dégageant d'une part des timides programmes coopératistes et mutuellistes, d'autre part des exagérations démagogiques, et, sauf quelques violences verbales inutiles, en la plaçant sur un terrain raisonnable.

Le Parti ouvrier français, tout en mettant le principe de la lutte de classes à la base de son action — ce qui était une faute, comme on va le voir — avait écarté les absurdités allemanistes qui réduisaient la classe prolétarienne aux seuls ouvriers manuels ;

Il avait purgé le parti socialiste des éléments anarchistes dissolvants en lui assignant, pour accomplir la transformation économique, un moyen politique : la conquête du pouvoir ;

Il avait écarté l'antipatriotisme, qui fut plus tard repris par le syndicalisme, et maintenu les traditions de la Révolution française ;

Il n'insistait pas trop, dans sa propagande sur la conception matérialiste de l'histoire et envisageait surtout les formes présentes de l'évolution.

Ses principales erreurs lui venaient du marxisme :

D'abord, du moment où il admettait l'action politique et acceptait dans son sein les éléments qui lui venaient de toutes les classes, pourvu qu'ils adhérassent à sa doctrine, il était illogique en prétendant faire une coupure entre les classes et organiser le prolétariat en parti séparé. A quoi bon ériger en principe une distinction qui n'existait pas en fait? Certes le parti socialiste devait être un parti à part, aux frontières bien délimitées ; mais il n'avait pas besoin de s'affirmer parti de classe, en lutte non seulement contre les autres partis, mais aussi contre les autres classes. Cette tactique funeste, n'a pas attiré à lui un ouvrier de plus et que de sympathies il s'est aliénées dans les classes écartées!

Il a eu le grand tort aussi de se montrer un parti trop

exclusivement négatif et d'écarter toutes préoccupations reconstructives. Son opposition au régime capitaliste ne se traduisait que par un refus de coopération, comme par exemple le vote de ses élus contre le budget. C'était là une politique stérile et que l'opinion ne pouvait comprendre. Lui-même s'en est rendu compte, car pour en atténuer l'effet, il a dès le début, ajouté à ses exposés théoriques un programme de réformes immédiates, ce qui était une autre faute, car reconnaître la possibilité et l'efficacité de réformes dans le cadre de la société capitaliste, c'est faire de la propagande pour les radicaux dont c'est là le but et la raison d'être.

*** Le programme positif du parti socialiste ne doit pas être d'améliorer le régime actuel, mais de préciser les conditions de sa transformation. Il est permis de croire que, personnellement, Jules Guesde inclinait à cette conception ; mais l'esprit purement marxiste qui régnait autour de lui l'a sans doute empêché de la faire prévaloir.

Et par là le Parti ouvrier français donnait prise à la redoutable critique de Jaurès, purement réformiste lui, mais plus logique dans son erreur.

Le propre de l'homme, disait-il, en substance, n'est pas la pensée, mais le mouvement, la vie. Pour l'entraîner, il ne faut pas se contenter de lui présenter des déductions rationnelles, il faut lui montrer un champ d'action indéfini où, chaque jour, un résultat si minime soit-il, couronne l'effort. Le programme socialiste fondamental effraie beaucoup de gens qui acceptent volontiers des réformes partielles. Habituons-les à nous suivre sur le terrain des réformes, et d'étape en étape, nous les amènerons à la transformation intégrale. Par contre une tactique d'opposition pure et simple équivaut à se retrancher de la vie, de l'action, de la lutte, et ne peut que détourner de nous l'opinion.

Ce raisonnement pouvait séduire il y a une trentaine d'années ; et peu à peu l'influence de Jaurès devint prépondérante au sein du parti unifié : le parti ouvrier français, qui aurait pu y résister, était lui-même trop préparé au réformisme par son programme minimum.

Pourtant l'expérience a prouvé depuis que le réformisme

n'aboutit qu'à amener pratiquement une confusion entre la politique socialiste et la politique radicale au Parlement, au bénéfice de cette dernière sans apporter à la classe ouvrière aucune satisfaction réelle, et à détourner le parti de son propre programme et de la recherche des moyens de le réaliser.

Ni dans l'œuvre de Marx ni dans la résolution d'Amsterdam, inspirée par le marxisme, la déviation réformiste n'était formellement condamnée et c'est pourquoi elle a pu prévaloir. D'ailleurs Jaurès inspirait confiance aux marxistes en se réclamant du principe de la lutte de classe. On a cru qu'il avait conquis beaucoup d'adhérents au socialisme. En réalité, il n'a fait que se créer une nombreuse clientèle d'admirateurs personnels, qui le suivaient sur le terrain réformiste, mais l'auraient abandonné s'il avait voulu faire un pas plus loin. Il a laissé le parti un peu accru numériquement, mais moralement très affaibli, vidé de sa substance, et préparé à toutes les déviations démagogiques. Ainsi l'idée socialiste n'avait cessé de décroître depuis l'unité. A la propagande éducatrice de Guesde et du Parti ouvrier français, qui avait vraiment fait des socialistes conscients, s'étaient ajoutés les enseignements abondants mais diffus de Jaurès dont le réformisme initial, quoique plus critiquable, était encore une doctrine. Mais insensiblement l'action socialiste, mêlée à tous les événements perdit son caractère propre. On s'éloigna de plus en plus de la transformation sociale pour consacrer tous les efforts à la poursuite d'insaisissables réformes. Le parti devient un prolongement du parti radical. Il n'en différait guère qu'en ce qu'il rappelait constamment qu'il était le seul représentant des intérêts du prolétariat : l'idée de lutte de classe, quoique atténuée, surnageait seule au-dessus du naufrage des principes socialistes.

*** Pendant la guerre, il s'opéra un déclassement des opinions : les plus ardents révolutionnaires, s'ils s'associaient à la défense nationale, étaient relégués à droite ; les plus pâles réformistes, s'ils réclamaient la paix immédiate, passaient à gauche ; ceux qui la voulaient à tout prix étaient à l'extrême gauche.

A cette même époque et par la suite, le parti se renouvela presque entièrement : des anciens militants, fortement imprégnés de doctrine, les uns furent tués ; d'autres se retirèrent ; le plus grand nombre s'effaça. A leur place surgirent des éléments de qualité bien moindre, dont le socialisme consistait surtout dans leur antipatriotisme et leur verbalisme révolutionnaire intempérant. Si les anarchistes purs dédaignèrent de franchir la porte d'un parti désormais ouvert à tous, les anarchisants s'y précipitèrent en foule ; et parmi eux nombre de fruits secs de la littérature et de l'art qui envahirent les rédactions des journaux et les fonctions administratives du parti, exerçant ainsi sur l'opinion socialiste une grande et désastreuse influence, qu'ils partageaient avec les habiles de l'ancien parti, adaptés au milieu nouveau.

Cependant, de meilleurs éléments entraient aussi dans le Parti, poussés par le besoin d'une société plus juste et plus humaine, dont les horreurs de la guerre et la crise d'impérialisme aigu qui la suivit démontraient la nécessité aux esprits généreux. Mais quand ils se trouvaient en contact avec les violents, les déséquilibrés qui dominaient les sections, quand ils avaient assisté à quelques séances remplies par des attaques personnelles et les manœuvres des intrigants, ou par de vaines discussions sur des détails oiseux, sans que jamais les grands intérêts du socialisme y tinssent la moindre place, ils partaient discrètement pour ne plus revenir. Le nombre de ces évadés suffirait à faire un parti beaucoup plus considérable que le parti actuel.

*** Incapable à la fois d'apporter un aliment substantiel à l'esprit en développant méthodiquement la doctrine socialiste, et d'accomplir la révolution, dont le mot revient sans cesse sous la plume et sur les lèvres de ses propagandistes, bien que personne ne la croie proche, le parti communiste n'a d'autre tactique que de faire naître, d'aigrir et d'exploiter les mécontentements, quelle qu'en soit la nature et la cause. Tout lui est bon pour essayer de secouer la torpeur de l'opinion par des campagnes de presse, des interventions retentissantes à la tribune de la Chambre, des candidatures sensationnelles, des meetings suivis d'ordres du jour fou-

droyants, des manifestations dans la rue — avec beaucoup
de prudence, toutefois.

Il n'obtient d'ailleurs d'autre résultat que de faire de
plus en plus le vide dans ses groupements et autour de lui ;
mais quand même il réussirait à ameuter passagèrement
contre le gouvernement un nombre considérable de fron-
deurs, le socialisme n'y gagnerait rien : ces recrues d'un
jour abandonneraient son drapeau dès qu'il s'agirait de passer aux réalisations. Ce n'est pas par de tels procédés qu'on
peut constituer un parti digne de ce nom ; c'est par l'affirmation et la propagation d'un programme juste et raisonnable.

***** Telle est la situation présente du parti communiste :
la notion de révolution, d'antipatriotisme et d'internationalisme s'y est complètement substituée à celle de socialisme.
Toute son action consiste à faire de l'agitation à jet continu
en profitant de tous les incidents politiques et économiques
qui peuvent y donner prétexte. Plus que jamais il persiste
dans l'attitude qui a exaspéré contre lui la masse des gens
raisonnables : dans les questions internationales, il donne
toujours tort au gouvernement français et toujours raison à
ses adversaires, surtout aux Allemands. Certes la conduite
du gouvernement français justifie souvent de sévères critiques ; mais son impérialisme reste à l'état de velléité, à côté
de l'impérialisme anglais qui, sur tous les points du monde,
met brutalement la main sur des richesses auxquelles il n'a
aucun droit, et quant à son militarisme, pour l'apprécier il
est juste de tenir compte des menaces grandissantes du militarisme allemand renaissant.

De toutes les campagnes entreprises par le parti communiste, il n'en est aucune qu'il poursuive avec plus d'acharnement que la recherche des responsabilités de la guerre. Campagne bien stérile pourtant, et d'où ne peuvent sortir que des
discordes et des haines à l'exclusion de tout progrès socialiste.
L'histoire a déjà prononcé en attribuant à l'oligarchie militaire allemande la volonté préméditée d'une agression. Mais
selon nos communistes, ce jugement de l'histoire doit être
révisé ; il paraît qu'il y a un grand avantage pour le socialisme français à établir que c'est au contraire la France qui

a voulu et provoqué la terrible conflagration. Et pour en administrer la preuve, on exhume des archives diplomatiques une foule de documents plus ou moins authentiques, qui jusqu'à présent démontrent seulement que la France, menacée d'invasion, prenait quelques précautions défensives. Tout cela, répétons-le, ne peut servir à rien ; car quand on arriverait à prouver clairement que c'est Poincaré et non Guillaume qui est l'auteur de la guerre, qu'est-ce que le socialisme y aurait gagné?

Le parti communiste, dans toutes ces questions, devrait faire à toutes les nations une juste part de blâmes , et l'acharnement qu'il déploie exclusivement contre son pays lui fait un tort incalculable dans l'opinion française. C'est pour cette raison principalement que le vide se fait autour de lui et qu'il est réduit à une minorité d'esprits surchauffés sans contact avec la masse.

Les dirigeants du parti communiste se rendent parfaitement compte de la diminution croissante de leurs effectifs, et ce n'est pas leur moindre souci. Mais ils n'en comprennent pas la cause. Etant eux-mêmes des exaltés — quelques-uns à froid ; ce sont les pires — ne voyant à côté d'eux que des exaltés, ne faisant appel qu'aux exaltés par le ton violent de leurs polémiques, ils ne voient pas que leur attitude fait fuir les gens de sens rassis qui sont la presque unanimité de la population. Il est clair, cependant, que le socialisme ne se réalisera que quand il sera soutenu par une majorité d'esprits raisonnables, qui finiront par lui gagner la masse.

*** Quant aux fractions restées en dehors du parti communiste, elles comprennent, à côté d'éléments très rapprochés de ce dernier et qui tôt ou tard y entreront, d'anciens réformistes devenus pratiquement des radicaux, et quelques vieux socialistes dont l'âge et l'ébranlement de la guerre ont brisé l'énergie. Les groupes de la fédération du Nord, jadis si ardents, sont absorbés par les difficiles problèmes de la reconstitution économique et ont perdu toute activité socialiste.

Il n'y a pas à attendre de la nouvelle unification projetée, même si elle réussit, une renaissance de l'esprit socialiste.

C'est surtout pour faciliter des combinaisons électorales qu'elle est mise en avant ; tout au plus donnera-t-elle quelques satisfactions à des ambitions personnelles en grossissant le nombre réduit des élus. Elle ne remettra pas dans sa véritable voie le socialisme qui en était déjà sorti avant la guerre et depuis s'en est de plus en plus écarté.

∗∗∗ D'ailleurs cette unification paraît plus difficile que jamais. Loin de se rapprocher de la fraction dissidente, le parti communiste se sépare lui-même en tendances qui se déchirent avec rage. Dans son dernier Congrès national, tenu à Paris du quinze au vingt octobre 1922, la droite, le centre, la gauche et l'extrême-gauche, sans parler des sous-tendances, ont déployé les unes contre les autres un acharnement haineux qui a écœuré même ceux des membres du parti qui avaient conservé un peu de sang-froid. Et on a recommencé les exclusions ! Jamais le Parti n'avait à ce point manqué de tenue morale. Dans son allocution de clôture, le député Dormoy, qui présidait la séance, a déclaré : « Ce Congrès fut l'un des plus pénibles qu'on ait jamais vu. » Un délégué qualifié disait en sortant : « Ce n'est pas la scission du parti, c'est la liquéfaction. » Ajoutons que d'après les chiffres indiqués, le Parti socialiste comptait 175.000 membres avant le Congrès de Tours. Aujourd'hui le Parti communiste est tombé à 75.000. Le tirage du journal officiel du Parti est tombé de 300.000 à 150.000.

La résolution votée *in extremis* par ce triste Congrès, et qui donnait au centre 1698 voix contre 1516 à la gauche et 814 abstentions montre bien la profondeur des déchirements du parti communiste. De plus elle est un acte de révolte contre l'autorité du Comité exécutif de la III⁰ Internationale siégeant à Moscou. Il faut donc s'attendre à de nouveaux troubles dans le Parti, l'Exécutif ne pouvant tolérer une telle attitude. (1)

----

(1) L'Exécutif est intervenu en effet, et avec brutalité, imposant aux centristes vainqueurs de pénibles remaniements. De plus, par des résolutions plus récentes, il a imposé au Parti communiste français l'exclusion de ceux de ses membres qui appartenaient en même temps à la Franc-Maçonnerie ou à la Ligue des Droits de l'Homme. Enfin, par d'autres exigences non moins tyranniques, il a exaspéré un grand nombre de militants et des milliers de

En résumé depuis la disparition des grandes autorités morales de Jaurès et de Guesde, le parti socialiste français est tombé en poussière.

*** N'oublions pas qu'en dépit de toutes les aberrations et déviations qu'il a subies, et bien que toute éducation doctrinale ait depuis longtemps cessé, le Marxisme, réduit à la simple notion de lutte de classe, reste toujours officiellement le dogme fondamental des diverses fractions du Parti. On n'en parle plus guère, mais nul n'a osé le renier. Les modérés comme les extrémistes ont la prétention d'en suivre les enseignements, diversement interprétés. Récemment, Vandervelde a fait à la salle des Sociétés savantes de Paris une conférence dont la conclusion est qu'« une des leçons de la guerre et de l'après-guerre, c'est la nécessité d'un retour à Marx. »

C'est donc le Marxisme qui doit être tenu pour responsable de la déchéance actuelle du socialisme. Ses erreurs et ses lacunes l'ont amené à cet état de décomposition, et vainement on allèguerait pour sa défense qu'il n'est pas juste de faire grief à une doctrine des fautes personnelles de ses adeptes, car en l'espèce les fautes ont leur origine dans la doctrine elle-même.

---

démissions s'en sont suivies. Un nouveau Parti, dit *Union socialiste fédérative*, s'est fondé ; mais tous les mécontents n'y sont pas entrés ; beaucoup restent dans l'expectative. D'autres, écœurés, se retirent définitivement de la lutte. Il paraît impossible que le Parti communiste survive à cette crise sans précédent.

CHAPITRE XI

Le Socialisme marxiste en Russie

Le parti social-démocrate russe, dont Georges Plékhanof fut le principal fondateur, et resta longtemps le chef incontesté, était profondément et exclusivement marxiste. Les divergences qui y existaient, comme dans tous les autres partis, ne portaient que sur des questions de tactique et d'opportunité, ou d'interprétation de la doctrine qui était la loi de tous ses membres.

Et quand ces divergences devinrent assez graves pour amener une scission, ni les bolcheviks (majoritaires) ni les mencheviks (minoritaires) ne songèrent à abandonner leur doctrine fondamentale.

La fraction des bolcheviks, maîtresse du pouvoir en Russie depuis la révolution d'octobre 1917, est donc marxiste; et ceux qui, au début, lui contestèrent ce titre, étaient mal informés. Ils voulaient dire par là que les bolcheviks s'écartaient de la méthode de Marx en tentant prématurément une application du socialisme dans un pays dont l'évolution industrielle n'était pas assez avancée. Mais les bolcheviks répondaient que Marx lui-même avait déclaré, dans le passage cité au chapitre IV, que si la Russie attendait pour faire sa transformation sociale d'être aussi industrialisée que les nations de l'Europe centrale et occidentale, elle perdrait la plus belle occasion que l'histoire eût jamais offerte à un peuple.

Ils ont d'ailleurs donné à leur parti le nom de Parti communiste et à la troisième Internationale, qu'ils ont créée, le nom d'Internationale communiste, reprenant en cela la propre expression de Marx, qui avait été un peu abandonnée par ses continuateurs, et dénient aux autres fractions socialistes et même aux mencheviks le droit de porter ce titre.

Que les bolcheviks soient de purs marxistes, c'est un point historique au-dessus de toute discussion : il n'y a pour s'en convaincre qu'à parcourir leurs journaux et leurs brochures. Et ceux qui ont pénétré en Russie y ont trouvé partout, dans les salles publiques, dans les bureaux des administrations et dans nombre de chambres privées le portrait de Karl Marx flanqué généralement de ceux de Lénine et de Trotzky. Ils ont pu constater aussi que dans toutes les villes, même de minime importance, il existe une école communiste où la doctrine de Marx est officiellement enseignée. Enfin ceux qui ont eu l'occasion de s'entretenir avec les bolchevistes russes ont remarqué, non seulement chez les principaux chefs et les chefs de second rang, mais chez un très grand nombre de simples militants, une culture marxiste beaucoup plus forte, sans comparaison possible, que celle des socialistes français.

*** Les divisions qui ont opposé les uns aux autres les marxistes de tous les pays, et qui, en Russie, ont été plus envenimées que partout ailleurs, ont leur origine, ainsi que nous l'avons dit, dans les obscurités, les incertitudes et les lacunes de leur doctrine commune. C'est ainsi que Plekhanof, conformément aux traditions du marxisme orthodoxe, estimait qu'avant de se donner des institutions socialistes, la Russie devait passer par une longue période de libéralisme capitaliste, alors que Lénine et Trotzky, interprétant dans un autre sens les leçons du même maître, croyaient possible et nécessaire de la faire entrer sans transition dans le régime nouveau ; que Plekhanof restait attaché sans restriction aux principes démocratiques, alors que Lénine et Trotzky admettaient, au moins temporairement, la dictature du prolétariat, prévue par Marx ; enfin que Plekhanof poussa de toutes ses forces son pays à continuer la défense nationale, alors que Lénine et Trotzky, s'appuyant sur le texte marxiste : les prolétaires n'ont pas de patrie, réclamèrent la paix immédiate entre les peuples et le commencement de la guerre révolutionnaire contre les gouvernements bourgeois.

Inutile de se demander qui avait tort et qui avait raison et où était la véritable pensée de Marx. Une telle recherche n'aurait qu'un intérêt rétrospectif : il suffit de constater les faits, dont on doit conclure qu'une doctrine assez vague pour engendrer des divergences pratiques aussi néfastes ne peut pas continuer à servir de guide au socialisme.

Ainsi les communistes russes connaissaient à fond la doctrine marxiste ; mais ils ne connaissaient pas autre chose. C'est elle qui a inspiré tous leurs actes. A elle seule revient le mérite de ce qu'ils ont pu accomplir d'utile ; à elle la responsabilité du mal qu'ils ont pu commettre ou du bien qu'ils n'ont pas su faire.

*** Mais il serait souverainement injuste de porter un jugement sur leur œuvre sans tenir compte des circonstances dans lesquelles ils ont pris le pouvoir et de la malveillance universelle dont ils ont été l'objet aussitôt après, ainsi que des difficultés résultant pour eux de la situation économique et sociale de la Russie et des inaptitudes spéciales du peuple russe.

Remarquablement intelligent et bon, merveilleusement doué pour les sciences, les lettres et les arts, le peuple russe est entièrement dépourvu de cette faculté que les Allemands possèdent à un si haut degré : l'esprit d'organisation.

Le despotisme tzariste, qui réduisait tous les hommes à la crainte et à la soumission, laissait subsister des désordres, une anarchie et une corruption inimaginables. Si les administrations publiques paraissaient fonctionner, tant bien que mal, c'est parce qu'à la tête des services les plus importants, et souvent en sous-ordre, on avait placé des Allemands, les uns de la noblesse balte, d'autres originaires d'Allemagne. Ces derniers disparurent pendant la guerre ou après la révolution de mars et d'octobre 1917 ; leur départ laissa un grand vide.

La mobilisation de 1914, puis la nécessité de ravitailler l'armée en vivres, équipements, armes et munitions, dans un pays dont le réseau de voies ferrées était beaucoup trop lâche, bouleversèrent profondément l'économie russe et ralentirent la production agricole et industrielle. D'autre part l'impéritie et la trahison qui régnaient à la cour, dans le gouvernement et dans l'état-major, démoralisèrent les esprits. Après trente mois de guerre, l'armée était en pleine décomposition, et les soldats las d'être jetés, presque sans armes, contre un ennemi supérieurement pourvu des engins de destruction les plus perfectionnés, désertaient en masse pour rentrer chez eux.

Les faibles gouvernements du prince Lwof et de Kerensky laissèrent le mal s'aggraver encore. La situation était donc presque désespérée au moment de la révolution bolchevique d'octobre 1917. Pour arrêter l'invasion allemande menaçante, le nouveau gouvernement, après avoir vainement tenté d'obtenir le concours de la France sous la forme d'instructeurs et de matériel, fut réduit à signer à Brest-Litowsk une paix d'humiliation et de sacrifices qui lui fut durement reprochée par la suite.

*** Nous n'avons pas à apprécier ici l'attitude générale du gouvernement bolchevique ni à nous faire juge des actes de sa politique à l'intérieur et à l'extérieur. C'est le point de vue économique seul qui entre dans le sujet de ce livre. Il nous importe donc peu de savoir si les mesures d'hostilité ouverte ou déguisée dont il fut l'objet, de la part des nations alliées et même neutres, depuis son arrivée au pouvoir, étaient ou non justifiées par ses fautes. Nous n'avons qu'à enregistrer les conséquences désastreuses de ces mesures pour l'économie russe.

Toutefois nous devons signaler une erreur fondamentale de sa politique qui lui fut inspirée par l'esprit marxiste dont il était exclusivement animé.

Les difficultés multiples de sa situation, à l'intérieur comme à l'extérieur, lui furent sensibles dès son avènement au pouvoir. Mais si ses membres n'avaient pas été de purs marxistes, si au lieu de n'avoir dans le cerveau que le matérialisme historique, la lutte de classes et la théorie de la plus-value, ils avaient compris la puissance de reconstruction du socialisme, ils auraient adopté une ligne de conduite diamétralement opposée à celle qu'ils arrêtèrent. En effet leur unique pensée fut : nous sommes perdus si la révolution n'éclate pas, à bref délai, dans deux ou trois au moins des principaux pays du monde. Pénétrés de cette conviction, ils déployèrent des efforts inouïs dans leur propagande à l'extérieur, s'attachant notamment à provoquer des soulèvements aux Indes. Ils échouèrent partout et c'est un résultat qu'ils auraient pu prévoir avec un peu plus de pénétration. Et du même coup ils surexcitèrent au plus haut degré les haines dont ils étaient l'objet. Menacés directement dans leur fortune, dans leur pouvoir, les capitalistes des pays de l'Entente, et même, au début, ceux d'Allemagne, suscitèrent contre la Russie soviétique les ennemis dont on parlera tout à l'heure et les aidèrent dans leurs attaques en leur fournissant abondamment argent, instructeurs, armes, munitions et vivres. Ils firent ainsi courir à la République des Soviets de bien plus grands dangers que ceux que sa propagande leur faisait courir à eux-mêmes et la mirent à deux doigts de sa perte.

Au contraire, si les bolcheviks avaient, dès le début, annoncé au monde qu'ils étaient résolus à ne jamais intervenir à l'extérieur et à se consacrer entièrement à leur reconstitution économique, si au lieu de provoquer à plaisir les nations occidentales en reniant les dettes de l'Etat russe, ils avaient reconnu ces engagements en demandant du temps pour y faire face, et s'ils avaient conformé leur conduite à ces déclarations, ils n'auraient pas conquis, certes, les sympathies des capitalistes, mais ils auraient désarmé, au moins partiellement leur hostilité.

Et si, comme conséquence, ils avaient reporté sur la réorganisation économique de la Russie, par les moyens puissants que leur donnait le socialisme, toute l'intelligence, tout le travail, toutes les ressources, stérilement dépensés en agitation à l'intérieur et à l'étranger, ils auraient ramené le calme et la prospérité dans leur pays et donné à leur pouvoir des bases inébranlables. Il n'y a pas de pays plus malléable que la Russie, et un communisme de bien-être, de paix et de liberté y aurait été accepté par tous.

Mais les bolcheviks n'ont jamais songé à une telle action, parce qu'ils ne connaissaient, et ne connaissent encore, ni les principes économiques du communisme, ni les moyens de les appliquer, ni les résultats qu'on pouvait en attendre. Théoriciens du marxisme révolutionnaire, ils étaient absolument impropres à une tâche d'organisation pratique à base socialiste.

*** Les bandes de Koltchak, de Denikine et de Youdenitch, puis celles de Wrangel et l'armée polonaise, toutes soudoyées et entretenues par les puissances alliées, ainsi que les autres bandes, obéissant à des chefs moins connus, qui se formèrent en Ukraine et dans diverses parties de la grande Russie, occupèrent et ravagèrent toute la surface du territoire russe, à l'exception d'un cercle étroit dont Moscou était le centre. Les cruautés qu'elles exercèrent contre les habitants, les destructions de mines, d'usines, de chemins de fer, de bâtiments auxquels elles se livrèrent sont encore à peu près ignorées en France.

D'autre part les paysans à qui on avait promis la terre et à qui on avait partagé une bonne partie des domaines de la noblesse et des apanages ne se contentèrent pas de ce qu'on leur donnait. Ils s'emparèrent peu à peu du matériel, des animaux et des terres des domaines nationaux, dits domaines soviétiques, qu'on voulait réserver pour la grande culture collective. Et cette prise de possession violente ne se fit pas sans de nombreux pillages et incendies. Actuellement il ne reste presque plus rien des magnifiques domaines soviétiques qui auraient pu devenir le point de départ d'une rénovation scientifique de l'agriculture russe.

*** Pendant qu'il était aux prises avec ces difficultés inextricables et sans cesse renaissantes, le gouvernement des Soviets, au lieu de pouvoir donner ses soins à la reconstitution économique du pays, devait avant tout se mettre en état de résister aux attaques dont il était l'objet. Tout ce qui lui restait de ressources industrielles et de moyens de transport était affecté à l'armée, qu'il avait fallu réorganiser entièrement. Au lieu de réparer le matériel des usines et des chemins de fer qui, faute d'entretien, se détériorait de plus en plus, au lieu de fabriquer de l'outillage agricole dont on commençait à manquer, il fallait produire des fusils, de l'artillerie, des mitrailleuses, des munitions, des chars d'assaut, des aéroplanes, des automobiles, des effets d'équipement. Au lieu de ne puiser qu'avec ménagement dans les réserves de bétail, si affaiblies par la guerre, il fallait pour nourrir les combattants, réquisitionner tous les animaux qu'on pouvait trouver. Dans de telles conditions l'économie russe ne pouvait que se ruiner de plus en plus.

Le blocus inhumain auquel la Russie fut soumise, contre le droit international, aggrava au-delà de tout ce qu'on peut imaginer ses difficultés intérieures. Ce pays dont l'industrie était encore peu développée, dut, du jour au lendemain se suffire à lui-même. Il fallut y pousser le rationnement jusqu'à la sous-alimentation. Et les travailleurs épuisés ne pouvaient presque rien produire. Faute de remèdes pour les combattre, le typhus, le choléra et autres fléaux ravagèrent l'armée et la population civile.

*** Malgré tout, la Russie tint et l'armée rouge purgea le sol de la patrie des envahisseurs. Plus de cinq ans se sont écoulés depuis la révolution d'octobre 1917, et ce gouvernement des Soviets, dont on annonçait la chute de semaine en semaine paraît, malgré l'horrible famine, assez solide pour qu'on songe à le reconnaître plutôt qu'à l'attaquer. Il a fallu des miracles d'énergie pour atteindre un tel résultat. La Russie révolutionnaire moderne a égalé en fermeté la France révolutionnaire de 93, et Trotzky, le créateur de l'armée rouge, n'est pas inférieur à Carnot.

Et cependant la situation économique n'a cessé d'empirer. Elle est tombée si bas qu'on se demande comment et dans combien de temps un relèvement sera possible, même avec l'aide des puissances étrangères.

Si l'on pouvait exprimer par des chiffres la part de responsabilité qui incombe aux communistes russes dans cet état de choses, on serait très près de la réalité en disant que les causes indépendantes de leur volonté y entrent pour les quatre cinquièmes et que le dernier cinquième seul leur est imputable. Ce sera sans doute le jugement de l'impartiale histoire, actuellement faussée de part et d'autre par de constantes exagérations. La presse capitaliste française ne veut accorder aux Soviets aucune circonstance atténuante, et dans les journaux communistes, on ne trouve que de ridicules apologies.

*** L'auteur de ce livre a vécu près d'un an dans la Russie soviétique ; il y a rempli des fonctions importantes qui l'ont mis à même de tout voir. N'ayant eu qu'à se louer de l'accueil qu'il a reçu de ses frères d'idéal, il conserve d'eux, avec un affectueux souvenir, une vive admiration pour leur foi, leur abnégation, leur indomptable courage. Il sait que si leurs actes n'ont pas toujours été heureux, leurs intentions étaient pures : c'est pour l'affranchissement de l'humanité qu'ils se sont jetés dans la fournaise où tant ont déjà péri, ou tant d'autres, peut-être, périront à leur tour. Aucune comparaison n'est possible entre des caractères d'une telle altitude et les misérables profiteurs qui dominent le reste du monde pour s'engraisser de sa misère.

Mais d'autre part, ils ont compromis leur œuvre par d'énormes fautes, et comme on nous donne en exemple leurs pires erreurs, c'est un devoir impérieux de rétablir la vérité, pour épargner à notre pays, si cruellement atteint lui-même, les épreuves de la malheureuse Russie.

*** Si la détresse actuelle de ce grand pays s'explique suffisamment par les causes brièvement rappelées ci-dessus, il n'en est pas moins certain que les bolcheviks ont complètement échoué dans leur projet de réorganiser son économie sur les bases du communisme. Ils ont si bien senti leur impuissance qu'ils se sont décidés à rétablir les entreprises privées de leurs nationaux et à faire appel aux capitalistes étrangers.

Faut-il, comme le font nos adversaires, attribuer cet avortement au socialisme lui-même et conclure avec eux qu'il n'est qu'un principe de destruction, incapable de reconstruire ?

En aucune façon le socialisme ne peut être mis en cause, car ce ne sont pas ses principes économiques qui ont été appliqués. Ces principes, on l'a vu, ne se trouvent pas dans les écrits de Marx, et les communistes russes, ne connaissant rien que Marx, les ignoraient complètement. On peut crier à la faillite du marxisme, mais du socialisme, non.

*** Les partis d'opposition sont souvent mal à l'aise quand ils prennent le pouvoir ; moins que tous les autres, des révolutionnaires y sont préparés. Pourtant au point de vue politique, les révolutionnaires russes, qui avaient passé leur vie dans les prisons, en Sibérie, en exil, ont pu, de par leur valeur propre, s'élever à la hauteur de leur tâche nouvelle, au point que tout le monde reconnaît aujourd'hui qu'aucun gouvernement autre que le leur n'est possible en Russie.

Mais, sur le terrain économique, le problème était bien plus ardu. Remplacer par une seule entreprise nationale la totalité des entreprises privées qui, par leur jeu spontané, et sans que le pouvoir eût à intervenir, se chargeaient de la production et des échanges, était une œuvre gigantesque que nul gouvernement, jusqu'alors, n'avait eu à accomplir et pour laquelle on ne pouvait par conséquent se guider sur aucun précédent.

Faute d'une méthode longuement étudiée d'avance et fondée sur la détermination préalable des principes économiques qui devaient régir la société nouvelle, les communistes russes ne surent que recourir à des expédients, sur le choix desquels leur éducation exclusivement marxiste les servit mal.

La supériorité de l'entreprise collective sur les entreprises individuelles est considérable ; mais, tandis que ces dernières fonctionnent isolément tant bien que mal dans un milieu anarchique, l'entreprise collective ne porte tous ses fruits qu'avec une forte organisation d'ensemble.

Il était donc élémentaire de ne supprimer les entreprises individuelles que graduellement, au fur et à mesure que l'entreprise nationale était prête à prendre leur place. Au lieu de procéder avec cette prudence, les communistes détruisirent brutalement les organismes privés ; et les administrations improvisées qu'ils installèrent pour leur succéder étaient tellement défectueuses, tellement insuffisantes que la production et les échanges furent presque complètement arrêtés.

Dans toutes les administrations soviétiques, le chef responsable qui jadis avait autorité pour diriger le service, fut remplacé par des Comités où la responsabilité, partagée, devenait nulle pour chaque membre. Dans ces comités, on passait le temps à d'éternelles discussions et on ne décidait jamais rien. Et si, par exception, on prenait une décision ferme, son exécution était neuf fois sur dix paralysée par un Comité voisin dont les attributions, mal définies, empiétaient sur celles du premier.

******* On a peine à se faire une idée de l'inextricable imbroglio du régime soviétique, avec une législation pleine de lacunes et d'obscurités et des organismes administratifs faisant double ou triple emploi, chevauchant les uns sur les autres et s'opposant les uns aux autres, sans autorité supérieure pour régler leurs conflits.

Au début de la révolution, les groupes communistes locaux, sur le mot d'ordre ou simplement sur l'exemple venu du centre, se saisirent partout du pouvoir et constituèrent des administrations provinciales à leur idée. Il y eut alors des centaines d'États dans l'État russe et aucune loi générale ne pouvait être exécutée.

Le gouvernement central réagit énergiquement et créa une hiérarchie administrative placée sous sa direction et chargée de faire appliquer ses décisions.

Mais entre les pouvoirs du centre et les pouvoirs locaux qu'il avait été impossible de supprimer, aucune démarcation précise ne fut établie — la précision est inconnue en Russie — de sorte que des confusions et des conflits incessants se produisirent et paralysèrent tout.

Au centre même, les pouvoirs empiétaient les uns sur les autres : on avait d'abord créé des commissaires du peuple chargés chacun d'un département, comme les ministres français. Par exemple le commissaire des chemins de fer avait seul autorité sur les chemins de fer, le commissaire de l'agriculture sur l'agriculture, le commissaire de l'industrie, sur l'industrie. On conçoit que les divers commissaires dont les attributions avaient un caractère économique pouvaient avoir besoin de se concerter entre eux et même de former des commissions interministérielles permanentes. Mais on ne s'en tint pas là : on créa, à côté du Conseil des

Commissaires du peuple, un *Conseil supérieur de l'Economie populaire,* divisé en un grand nombre de sections et de sous-sections, et dont l'autorité annulait en fait celle des Commissaires du peuple à attributions économiques. De là des ordres contradictoires dont la plupart n'étaient jamais exécutés.

Ce n'est pas tout : les nécessités de la guerre donnèrent au Commissariat qui la dirigeait, une prépondérance anormale : il imposa ses volontés à la plupart des autres Commissariats et même au Conseil supérieur de l'Economie populaire, bouleversant ainsi tous leurs projets. Cette autorité fut exercée par un organe spécial investi de pouvoirs suprêmes : le *Conseil révolutionnaire de guerre,* présidé par Trotzky.

Un autre organisme étendit son influence : la Commission extraordinaire pour la lutte contre la contre-révolution ou *Tchéka.* Elle envahit toutes les administrations, y apportant un élément de trouble de plus. Outre ses sections locales qui existaient sur tout le territoire soviétique, elle créa successivement des sections centrales plus ou moins autonomes : section des chemins de fer, section militaire, section économique, etc., etc., et son pouvoir, sans base définie à l'origine, finit par devenir redoutable même à des personnalités comme Lénine et Trotzky.

En outre on créa un autre Conseil suprême présidé par Lénine, sous le nom de *Conseil de défense du travail,* chargé tant de la défense intérieure contre les ennemis de la Révolution que de la défense extérieure non au point de vue technique, mais au point de vue des grandes questions générales. Il faisait par conséquent double emploi avec les deux organes précédents.

******* Mais l'élément le plus nuisible à la bonne marche de l'administration soviétique fut peut-être le syndicalisme. Obligés de s'appuyer sur les masses ouvrières, les chefs communistes devaient compter avec lui et subir ses exigences. Il introduisit partout l'esprit démagogique dont il était imprégné. Ce fut lui notamment qui, contre l'avis des communistes purs, mieux avisés, fit remplacer par des Comités ouvriers les anciens directeurs d'usines, qui écarta également-

ment par des mesures vexatoires les ingénieurs et les techniciens, ce qui désorganisa la production industrielle.

On peut juger de la place prise par les syndicats ouvriers
dans toutes les branches des administrations, et du désordre
qu'ils pouvaient y apporter, par la simple énumération des
droits qui leur étaient reconnus. Elle est empruntée au texte
d'une conférence faite à Berlin par l'un des chefs du syndicalisme russe, Losovsky :

Voici les fonctions des syndicats russes :

1° Ils fixent les salaires ;

2° Ils forment les organes de direction de l'industrie (Conseils
de l'Economie nationale, Comités pour la direction des entreprises
nationalisées, etc.) ;

3° Ils fixent les conditions de travail ;

4° Ils forment tous les organismes s'occupant de la protection
du travail ;

5° Ils forment par les bureaux d'approvisionnement militaire les
détachements, les colonnes d'approvisionnement ; ces colonnes qui
comptent des dizaines de milliers d'ouvriers organisés sont dispersés dans tous les gouvernements pour faire de la propagande
parmi les paysans et pour seconder l'approvisionnement des villes
affamées ;

6° Ils élisent leurs représentants dans les organismes surveil-
lant l'approvisionnement (inspection des approvisionnements) ;

7° Ils élisent les membres de l' « inspection paysanne et
ouvrière » qui participe au contrôle de l'activité des organes de
l'Etat ;

8° Ils fournissent aux ouvriers les costumes de travail ;

9° Ils constituent autant de centres d'instruction et de culture
pour leurs membres ;

10° Ils veillent à ce que le principe du travail obligatoire soit
strictement appliqué ;

11° En collaboration avec le Conseil supérieur de l'Economie
nationale et ses organes locaux, ils déterminent les principes généraux de la politique économique ;

12° Ils participent à la distribution des logements et apparte-
ments ;

13° Ils délèguent leurs représentants dans toutes les commissions
d'Etat ;

14° Ils veillent par leurs organismes au maintien de l'ordre et
de la discipline dans les fabriques et dans les usines ;

15° Ils élisent leurs représentants dans les « communes de consommation », etc...

« J'ai tenté, ajoutait Losovsky, d'énumérer les fonctions
des syndicats, mais je n'ai pu les mentionner toutes. »

Et il concluait :

Les syndicats en Russie ne sont pas les organismes du pouvoir, cependant leurs résolutions (surtout dans les questions touchant la vie ouvrière et le travail) sont des résolutions définitives et ne font que recevoir la sanction des organismes correspondants du pouvoir.

Qu'on relise attentivement cette liste incomplète des attributions conférées aux syndicats et on comprendra que leur intrusion constante dans tous les organes gouvernementaux et administratifs et la crainte qu'inspiraient leurs délégués, apportant au milieu des discussions d'intérêt général leurs préoccupations particulières de classe, devait fausser toutes les décisions.

Un grand esprit politique, de grandes capacités administratives chez les représentants des syndicats auraient pu, certes, atténuer le mal. Mais ces qualités leur manquent. Nulle part on ne trouve plus de désordre et d'incurie que dans les administrations syndicales. Pleines de bon vouloir en général, elles n'aboutissent à rien à cause de leur inexpérience dans le maniement des affaires publiques.

******* Bien d'autres causes de désordre et de confusion s'ajoutèrent à celles qui viennent d'être indiquées.

Au milieu de l'incohérence générale, chaque administration s'annexa des services qui, rationnellement, devaient ressortir à une autre. Ainsi la gestion des domaines soviétiques, au lieu d'être concentrée au Commissariat de l'agriculture, s'exerça en outre par ceux de l'industrie, des chemins de fer, de l'Instruction publique ; des Comités autonomes d'enseignement, d'hygiène, de propagande, se greffèrent sur toutes les institutions.

La paperasserie soviétique s'est rendue célèbre dans le monde entier, et en effet nulle ne l'égale. La quantité de démarches à faire, de signatures et de cachets à obtenir pour l'objet le plus simple dépasse tout ce qu'on peut imaginer.

Sauf à Moscou, où règne un ordre relatif, personne ne travaille dans la bureaucratie soviétique : chaque employé, pour toucher plusieurs traitements et plusieurs *payoks* (rations) exerce des fonctions dans plusieurs services à la fois ; il ne fait dans tous que de courtes apparitions et réduit sa besogne à un minimum très rapproché du néant.

*** On peut s'étonner que, même sans préparation à l'exercice du pouvoir et n'ayant trouvé aucune indication dans les livres de Marx sur ce qu'ils auraient à faire, les chefs communistes n'aient pas, par les seules lumières de leur intelligence, découvert les moyens de prévenir, d'arrêter, ou au moins de limiter cet affreux désordre.

Une première explication est l'absence, déjà constatée, de tout esprit d'organisation qui caractérise le peuple russe, le manque de clarté de sa pensée et des mots qui l'expriment.

Mais la principale est certainement les ravages causés dans les cerveaux bolchevistes par la culture marxiste dont ils sont sursaturés. Non seulement elle n'y introduit aucune notion positive d'économie communiste, mais elle y étouffe toute aptitude à les acquérir ensuite. Cela est à peine croyable et il faut pour s'en convaincre avoir observé longtemps et de très près. En dehors de la lutte de classe, du matérialisme historique, de la théorie de la plus-value, et de toute la métaphysique marxiste, rien n'existe pour eux.

Un exemple concret donnera la preuve de l'invraisemblable ignorance des bolcheviks en matière de reconstruction économique : l'utilisation intégrale des forces naturelles, et aussi des forces qu'on peut produire artificiellement par l'emploi des combustibles, est un des principaux articles du programme socialiste positif. Et comme l'électricité permet le transport à distance des forces inutilisables sur place, ce programme comprend forcément la création d'un certain nombre de centrales électriques à grande puissance et à grand rayon.

Mais s'il est un pays où l'exécution d'un plan général d'électrification se heurte à de grandes difficultés, c'est la Russie avec ses plaines immenses, ses fleuves au cours lent, ses mers glacées au nord et sans marées à l'ouest et au sud. Ce n'est pas que, localement, on ne trouve quelques possibilités de prise de force électrique : les lacs de la région de Pétrograd, les chutes du Dniéper, celles du Caucase et de l'Oural, les gisements de tourbe de la région de Moscou, etc. Mais ces ressources sont limitées. En tout cas, dans un pays dont les transports et l'industrie étaient presque anéantis, l'électrification devait suivre et non précéder le relèvement des branches de production ruinées ; elle ne pouvait être que le couronnement de l'édifice.

Or Lénine, à qui l'idée de l'électrification fut suggérée, s'en engoua et ne vit plus qu'elle. Toutes les questions économiques se condensèrent en son esprit dans ce mot magique : électrification. Ce fut sa grande pensée et il semble qu'il ait voulu, en en poursuivant l'exécution, affirmer son génie économique dont certains doutaient. Il alla même, selon la presse communiste russe, jusqu'à prononcer dans un Congrès cette parole d'une absurdité totale : Le communisme, c'est le régime des Soviets, plus l'électrification !...

Et pendant que les champs restaient incultes, que les mines n'étaient pas remises en état de production, que les usines chômaient presque complètement, une légion d'ingénieurs dressaient des plans d'électrification générale. Des milliers d'ouvriers travaillaient à la création de stations électriques dans les tourbières des environs de Moscou ! La principale fut détruite par un incendie et, dans l'ensemble, ce projet mal venu, on pourrait dire cet enfantillage, fut abandonné devant des préoccupations plus urgentes. Mais le fait que, pendant près de deux ans, il ait occupé la principale place dans les travaux économiques du chef du gouvernement soviétique et des principaux corps constitués ne prouve-t-il pas surabondamment l'absolue inaptitude des théoriciens marxistes à l'élaboration et à l'exécution d'un programme économique coordonné ?

*** On devait croire qu'en cessant d'être un parti d'opposition révolutionnaire pour devenir un parti de gouvernement, les bolcheviks comprendraient qu'ils se trouvaient en présence d'obligations nouvelles et se mettraient à la tâche la plus pressante : l'organisation économique.

Eh bien, nullement ! Devenus maîtres du pouvoir, ils n'ont rien vu de plus nécessaire ni de plus urgent que de développer la propagande marxiste avec les moyens d'action prodigieusement accrus que leur donnait la possession de l'autorité. Les plus belles maisons sont devenues des écoles marxistes, les militants les plus instruits ont été chargés d'y enseigner le marxisme, une armée de propagandistes marxistes s'est abattue sur les campagnes ; des trains de propagande, luxueusement et ingénieusement agencés, ont sillonné le pays en tous sens, emportant des conférenciers marxistes, de la littérature marxiste, des cinémas marxistes, etc., etc., dans les provinces où tout manquait pour assurer la vie matérielle. On ne peut se faire idée des efforts et des sacrifices qui ont été faits pour la propagande à laquelle on donne en Russie le nom d'*agitation*.

Devenue une institution publique et même la première de toutes, après la guerre, l'agitation a été organisée systématiquement sous la direction d'un *Comité central de l'éducation politique*, détaché d'abord du Commissariat de l'Instruction publique, devenu autonome et qui, sans cesse étendu, a pris des proportions énormes.

On l'a pourtant jugé encore insuffisant puisqu'on y a adjoint un autre organe d'agitation spécial à l'armée, la *Direction politique du Conseil supérieur de la guerre*, qui dirige les représentations théâtrales, éditions et meetings de propagande militaire.

Les cheminots ont le privilège de posséder aussi une organisation spéciale d'agitation sous le nom de *Direction politique des transports*.

On ne s'est pas borné à faire de l'agitation à l'intérieur, on en a fait et bien davantage encore, au-delà des frontières, dans l'espoir toujours déçu et toujours renaissant, de déclancher la révolution mondiale. C'était légitime puisque les puissances capitalistes faisaient au gouvernement des Soviets la guerre la plus inhumaine. Mais pendant qu'on s'absorbait dans ces préoccupations, on négligeait les questions économiques.

Les bolcheviks clairvoyants constataient en le déplorant qu'on faisait tout pour l'agitation et rien pour l'économie. Toutes les faveurs, toutes les facilités de transport et de ravitaillement étaient pour les agitateurs et les services d'agitation. Ils étaient toujours pourvus pendant que tout manquait autour d'eux. Alors que les agitateurs tenaient le haut du pavé, les économistes étaient considérés comme des communistes de second ordre, comme des *spes* (spécialistes) mot toujours pris par les communistes dans un sens péjoratif.

Cette aberration a été la cause principale de l'avortement de la réorganisation économique.

Elle ne réussit d'ailleurs pas à convaincre les paysans, ni même la masse des ouvriers, de la supériorité du marxisme. La moindre satisfaction matérielle leur eût paru préférable à la plus belle rhétorique, et en dehors des 700.000 membres du parti communiste, la plupart vraiment sincères, d'autres poussés par l'ambition, le communisme ne compte guère d'adhérents dans la population russe.

*** La culture marxiste ne s'est pas bornée à rendre ceux qui en étaient imprégnés inaptes à toute action économique reconstructive, elle a complètement faussé chez eux la notion des véritables principes de l'économie socialiste ; ou plutôt, ne leur ayant pas appris ces principes, elle les a laissés pris au dépourvu et ils ont dû recourir à des expédients, pour la plupart malheureux.

Ainsi, ignorant qu'il existe un système financier socialiste, fondé d'ailleurs sur la théorie de la valeur adoptée par Marx après d'autres économistes, qui ne présente aucun des inconvénients ni des dangers des systèmes financiers artificiels en vigueur dans les pays capitalistes, et résoudrait aisément les difficultés insolubles au milieu desquelles ils se débattent, un système vraiment scientifique capable d'assurer la circulation dans des conditions parfaites et d'empêcher les crises périodiques qui la troublent ou la paralysent, (1) les bolcheviks n'ont su que faire tourner la presse aux assignats. Ils ont multiplié les roubles-papier dans des proportions telles que cette monnaie a perdu toute valeur appréciable et que par suite l'évaluation des objets d'échange est devenue impossible. Pratiquement, un rouble actuel, ou cent mille roubles, c'est zéro. Ce sera peut-être très commode pour liquider la dette publique : mais, en attendant, une telle situation oppose un obstacle insurmontable au relèvement économique du pays par l'intervention

---

(1) Ce système sera exposé dans le troisième volume (*Note de l'auteur*).

du commerce et de l'industrie des puissances étrangères. Des rapports d'échange ne peuvent pas plus exister avec la Russie soviétique qu'avec les peuples de nègres qui n'ont pour monnaie que des coquillages.

******* L'ignorance de l'économie socialiste où sont les prétendues compétences de la Russie soviétique est à ce point totale qu'ils confondent l'argent, signe de la valeur, instrument nécessaire de la circulation sous tous les régimes, avec le capital qui donne naissance à l'exploitation du travail humain, et croient qu'ils auront réalisé une réforme décisive le jour où ils auront complètement supprimé l'argent. Aussi leur idée fixe est la *naturalisation des salaires,* c'est-à-dire le paiement des salaires en nature. Ils ne se rendent pas compte des complications et de la gêne énorme qu'un tel système apporterait dans la répartition des produits ni de la supériorité d'une monnaie divisible et au porteur. Quelle étrange conception du progrès!

******* Ils ont également perdu de vue que le communisme ne socialise que les moyens de production et laisse à chacun la propriété de son mobilier personnel. En Russie les mobiliers appartiennent à la collectivité : on en donne et on en retire arbitrairement l'usage aux particuliers, sans aucun contrôle, d'ailleurs. Aussi, dans quel état sont les pauvres meubles quand ils n'ont pas été convertis purement et simplement en bois de chauffage!...

******* En donnant à la Russie des institutions communistes, les bolcheviks ne pouvaient ignorer qu'ils allaient, par ce seul fait, s'attirer l'animosité des puissances restées en régime capitaliste. Et comme ils ne pouvaient ignorer davantage qu'au moins dans la période initiale, ils auraient besoin de ces puissances, il devaient observer avec le plus grand soin, à l'égard de leurs ressortissants, les règles du droit international dont nul état ne peut s'affranchir impunément.

Nous avons constaté plus haut qu'en dépit de la plus élémentaire prudence ils avaient, bien inutilement, renié les dettes antérieures de la Russie. Une deuxième faute de la même nature a été commise par eux lorsqu'ils ont socialisé les entreprises étrangères, nombreuses et importantes en Russie, sans faire aucune différence entre elles et les exploitations appartenant à des Russes.

Les excusera-t-on sur les pressantes nécessités devant lesquelles ils se sont trouvés, par exemple le besoin qu'ils avaient de certaines usines pour fabriquer leur matériel de guerre? Ce serait une mauvaise raison car ils pouvaient essayer de s'entendre avec les propriétaires de ces usines pour leurs fournitures, ou en cas d'impossibilité, en disposer temporairement par voie de réquisition, en laissant intact le droit de leurs possesseurs. De cette façon ils se fussent épargné les graves difficultés avec lesquelles ils sont aux prises aujourd'hui.

Et ce n'est pas seulement par prudence qu'ils auraient dû agir ainsi, c'est par esprit de justice et par une saine conception des véritables principes socialistes qui, à la vérité, ne se trouvent pas dans les textes de Karl Marx : les lois que peut se donner un Etat pour modifier le régime de la propriété ne sont applicables qu'à ses nationaux. Il n'a pas le droit de les imposer à des étrangers qui, sur la foi des lois anciennes ont acquis ou créé des établissements dans le pays. S'il use à leur égard des droits supérieurs d'expropriation pour cause d'utilité publique, leur dépossession n'est légitime que contre une juste et préalable indemnité. C'est dans ces conditions que le socialisme doit s'établir. S'il les observe, il doit s'attendre, malgré sa modération, à la malveillance des puissances capitalistes, mais il leur ôte tout prétexte à une agression. S'il les foule aux pieds comme l'ont fait les bolcheviks, il s'expose aux plus violentes représailles.

*** L'absence d'une organisation économique rationnelle à base communiste, la confusion indicible qui en est résultée dans tous les services ont fini par produire une paralysie générale de la vie économique et c'est sous la menace des pires événements que le gouvernement soviétique s'est décidé à prendre, au commencement de 1921, une série de décrets dénationalisant ce qui avait été nationalisé et rendant la liberté aux entreprises privées. En même temps il adressait de pressants appels et faisait les offres les plus alléchantes aux groupements capitalistes étrangers pour obtenir leur concours.

L'histoire des pourparlers auxquels cette tentative a donné lieu et des résultats dont elle a été suivie n'est pas du cadre de cet ouvrage. Constatons seulement qu'à l'intérieur il a suffi du rétablissement de la liberté des entreprises pour rendre la Russie à la vie économique. Elle est aujourd'hui en pleine renaissance ; le fantôme de la famine est conjuré, les champs sont cultivés, l'industrie se réorganise, on répare les maisons et les rues, les produits circulent.

En même temps et comme conséquence, le gouvernement des Soviets est à peu près reconnu par les puissances capitalistes ; ses relations diplomatiques avec elles tendent à devenir normales. Il commence à traiter avec des groupements industriels et financiers pour l'exploitation de leurs anciens établissements et de concessions nouvelles.

Comment se développera et se dénouera cette étrange situation? Il est bien difficile de le prévoir. L'appui du capital étranger ne paraît pas moins dangereux pour le gouvernement bolchevik que son abstention. S'il afflue en Russie, ainsi qu'on peut le supposer, d'après le courant qui s'établit de plus en plus, ce pays se retrouvera, comme avant la révolution, en plein régime capitaliste, avec de grandes entreprises privées étrangères et de petites entreprises privées nationales. Or, peut-on admettre que ce régime soit compatible avec les institutions soviétiques qui excluent de tout droit politique les personnes qui emploient des salariés, celles qui vivent sur un revenu ne provenant pas de leur travail et les commerçants privés?

Dans le conflit permanent qui existera entre le politique et l'économique, qui l'emportera? C'est le secret de l'avenir.

En tout cas, dès à présent, le retour de la Russie à l'ancien régime économique est une arme terrible pour les adversaires du socialisme. Ils constatent que l'application du communisme avait ruiné ce pays et qu'il a suffi d'en revenir à la liberté de la production et des échanges pour le remettre dans la voie de la prospérité. Nous savons que cet argument n'a de valeur que contre le marxisme qui ne contient aucune notion pratique et n'aboutit qu'à créer des théoriciens impropres à toute réalisation économique du communisme. Mais le grand public continuera à l'ignorer, et, en exploitant ce fait contre nous, les ennemis du socialisme auront de leur côté les apparences de la raison. Ils prétendront motiver leur condamnation par une expérience décisive. Et beaucoup les croiront. Nous allons entrer dans une période où la lutte sera difficile. Le socialisme, pourtant, en sortira vainqueur ; mais à la condition de se dégager au plus tôt et bien nettement du marxisme qui lui a été si fatal.

CHAPITRE XII

Le Socialisme reconstructeur

Au milieu des pires épreuves de la guerre, un espoir soutenait les socialistes : il leur semblait que, devant un déchaînement d'horreurs sans exemple, même aux époques les plus barbares, l'humanité éprouverait un sursaut de révolte et comprendrait enfin que le socialisme qui, par son principe, exclut toute possibilité de guerre, était son seul port de salut.

Aujourd'hui cette illusion se dissipe et nous sommes en face de la plus amère des réalités : la guerre a seulement réveillé les instincts de sauvagerie qui commençaient à s'assoupir dans la bête humaine, étouffé les aspirations généreuses, mis à nu les égoïsmes répugnants et remplacé la foi en un avenir meilleur par un désenchantement résigné, un dégoût maladif de l'action, une morne indifférence à tout ce qui n'est pas la jouissance immédiate.

Nous sommes plus loin que jamais du socialisme. Et de cette triste situation, les socialistes sont, au moins partiellement, responsables.

*** Ils auraient dû montrer sans cesse l'idéal de fraternité, de paix et de bonheur universel qui est le véritable but du socialisme. Une longue et active propagande sur ce terrain lui aurait gagné peu à peu le cœur des foules et lui aurait donné le caractère d'une religion nouvelle, la religion de l'avenir, fondée non sur une foi aveugle, mais sur la raison, apportant aux déshérités la promesse à brève échéance du paradis sur terre et entraînant ainsi l'humanité entière dans un de ces grands élans d'enthousiasme qui brisent toutes les résistances.

Mais sous prétexte de ne présenter au public que des réformes immédiatement réalisables, les socialistes de droite ont tellement obscurci la splendeur de cet idéal, les résultats pratiques de leur politique ont été si nuls qu'ils n'ont exercé autour d'eux aucune attraction. Et quant aux socialistes de gauche, ils ne se sont révélés que comme un parti de violence, de haine, de subversion, menaçant les uns dans leurs intérêts, les autres dans leur tranquillité, donnant l'impression d'une absolue inaptitude reconstructive, montrant du socialisme tout ce qui pouvait rebuter et dissimulant tout ce qui pouvait séduire.

Si le socialisme était apparu comme une grande force bienfaisante, capable de panser les plaies de l'humanité meurtrie et déchirée, de toutes parts, les bras se seraient tendus vers lui. Mais il ne s'est manifesté que comme un danger à fuir.

Le plus grave obstacle à l'avènement du socialisme est que le très grand nombre des gens qui, à l'heure actuelle, comprennent la nécessité d'une refonte totale de nos institutions impuissantes, et seraient tout disposés à accepter un régime nouveau s'ils croyaient qu'il en peut exister un en dehors de la base individualiste, ignorent qu'un tel régime existe en puissance, que ses principes économiques sont déterminés, que les détails essentiels de son fonctionnement sont élaborés, qu'il pourrait entrer en vigueur presque immédiatement si on le voulait. Ils l'ignorent parce que les socialistes ne l'ont jamais dit.

De sorte que, dans la détresse économique sans bornes, et jusqu'à présent sans issue, où la guerre a plongé le monde, personne ne paraît se douter que la puissance souveraine du socialisme pourrait seule résoudre les difficultés inextricables au milieu desquelles on se débat, et qui — c'est l'évidence même pour ceux qui comprennent — étant inhérentes au régime capitaliste, disparaîtraient avec lui.

Ce ne sont pas seulement nos adversaires qui n'ont aucune idée de la force créatrice incommensurable incluse dans le socialisme, mais les socialistes eux-mêmes. En France, au lieu de revendiquer énergiquement le pouvoir en montrant quel usage ils sauraient en faire, ils se dérobent en disant : la succession du régime capitaliste n'est pas bonne à recueillir en ce moment ; attendons qu'il ait rétabli la prospérité pour prendre sa place. Sans doute ce ne sont que les opportunistes qui tiennent ouvertement ce langage timoré. Mais les communistes, tout en faisant appel à la Révolution, savent très bien — du moins les plus avisés le savent — qu'ils ne sont nullement préparés à l'exercice du pouvoir et que le plus grand malheur qui pourrait leur arriver serait qu'on les prît au mot. Ils savent aussi que, présentement, ce danger n'est pas à redouter et c'est de là que vient leur audace.

En Russie, où il s'est trouvé des hommes de plus de tempérament, sinon d'une capacité reconstructive plus large, on n'a pas hésité à proclamer le socialisme ; mais on n'a pas réussi à l'organiser. Et devant les obstacles qu'ils rencontraient par suite de leur inexpérience économique, au lieu de compter sur la force du socialisme, les bolcheviks n'ont su qu'appeler les capitalistes russes et étrangers à leur secours.

*** L'impuissance des uns et des autres est le fruit de l'éducation purement négative qu'ils ont puisée dans la doctrine marxiste, plutôt que de leur propre infériorité. Des marxistes de droite comme Vandervelde, Albert Thomas, Branting, ont prouvé qu'ils avaient l'étoffe de membres et mêmes de chefs de gouvernement en régime bourgeois. Des marxistes d'extrême-gauche, comme Lénine et Trotzky font figure d'hommes d'Etat de premier ordre. Ce n'est que sur le terrain de l'économie socialiste que tous sont également nuls.

Et cela se conçoit puisque l'œuvre marxiste, dont on a fait la base de l'action socialiste, n'est en réalité qu'une introduction, un préambule au socialisme. Elle marche vers lui, elle n'y entre pas.

Le socialisme ne commencera qu'après la destruction du régime capitaliste. Or les travaux de Marx n'ont pour objet que la période préparatoire qui doit se terminer par cette destruction. Même s'il a pris la voie la plus sûre et la plus rapide pour atteindre ce résultat — ce que nous contestons énergiquement — il ne va pas au-delà. A supposer qu'on ait eu raison de le choisir comme chef pour marcher à l'assaut du capital, il faudra bien, si l'attaque est victorieuse, chercher en dehors de lui des directives pour l'œuvre organique à accomplir ensuite, puisqu'il n'en a fourni aucune.

On ne trouve dans ses écrits d'autres indications sur ce problème capital de la transformation de la société que les mesures transitoires du Manifeste communiste, dont nous avons montré au chapitre VIII le caractère dérisoire.

Des lois économiques nouvelles qui régiront une société à base communiste, et qui seront aussi différentes des lois en vigueur que le principe du communisme est différent de celui de l'individualisme ; de l'organisation qui assurera l'application de ces lois ; des conséquences heureuses qui en résulteront pour l'humanité, Marx n'a pas dit un mot.

Et qu'on n'objecte pas qu'il a laissé à ses continuateurs le soin d'apporter ces précisions, car l'esprit même de son œuvre est contraire à cette nature de recherches ; il a même paru — autant qu'on peut percer les nuages dont il enveloppe sa pensée — les désapprouver complètement. Si bien qu'aucun marxiste, de quelque nuance qu'il soit, n'a jamais traité ce sujet et que lorsqu'il a été abordé par d'autres, les marxistes réformistes se sont trouvés d'accord avec les marxistes révolutionnaires pour passer leurs travaux sous un dédaigneux silence ou les couvrir de sarcasmes.

*** Il est pourtant de toute évidence que le socialisme ne passera dans les faits qu'après une élaboration idéologique ; par la faute de Marx ce travail préalable est à peine ébauché, et le peu qui en a été fait l'a été en dérogation de ses prescriptions.

Pour aborder et accomplir cette tâche essentielle, il faut cesser de considérer le socialisme dans la phase historique où il lutte contre le régime actuel et l'envisager sous la forme positive qu'il revêtira après la conquête du pouvoir.

Sous cet aspect, le socialisme n'est plus l'action d'une classe contre une autre ; c'est une organisation économique supérieure, à la fois scientifique et harmonieuse, qui, par l'utilisation intégrale des forces naturelles et du travail humain, par l'application généralisée de tous les progrès techniques, par la mise en valeur de toutes les richesses latentes, portera à un degré de développement inimaginable la production industrielle et agricole et les moyens de transport ; et qui, d'autre part, assurant par l'extinction du parasitisme, la répartition équitable des produits accrus, fera disparaître la misère. La fin de la misère, ce rêve des philanthropes de tous les temps, que seul le socialisme peut réaliser, outre l'amélioration matérielle prodigieuse qu'elle entraînera, aura aussi pour conséquence une immense rénovation morale, puisqu'elle marquera la disparition de toutes les tares, de toutes les déchéances que la misère engendre.

En outre la substitution, entre les hommes et entre les peuples, du principe d'association au principe de lutte, de la solidarisation des intérêts à leur antagonisme général d'aujourd'hui, rendra tous conflits armés impossibles. L'humanité entrera donc dans une ère de paix définitive, en même temps que de bien-être, d'ascension intellectuelle et morale indéfinie.

******* Voilà la substance même du socialisme. Ce que les marxistes appellent de ce nom n'est que l'un des chemins — et non le meilleur — qui peuvent y conduire.

Mais, répondent-ils, nous n'avons à nous occuper quant à présent que de la route à suivre. Quand nous serons au pouvoir, il sera temps de songer à l'organisation.

C'est là leur erreur capitale.

D'une part, en effet, n'est-il pas insensé d'aborder une tâche aussi colossale que celle de la transformation complète d'une société, sans s'y être préparé par une longue étude des conditions de sa réalisation? Pour méconnaître la nécessité d'une telle préparation, il n'est que des esprits entièrement chimériques, qui, le cas échéant, seraient tout à fait incapables d'accomplir la grande œuvre reconstructive dont les immenses difficultés leur échappent.

En second lieu, pour que le socialisme devienne possible un jour, il faut qu'il soit compris et accepté par la partie éclairée de l'opinion. Or la propagande marxiste ne montre le socialisme que dans sa phase de combat, c'est-à-dire sous sa forme agressive, destructive, qui est inquiétante et même répugnante pour beaucoup.

Pour faire aimer le socialisme, il faudrait montrer son côté bienfaisant, c'est-à-dire son aspect organique.

Ainsi, pour conquérir le pouvoir aussi bien que pour être en mesure d'appliquer le socialisme après cette conquête, il est indispensable d'abandonner le terrain où Marx a placé le socialisme, et de le transporter sur le plan nouveau qui vient d'être indiqué.

*** On peut ergoter à perte de vue sur toutes choses et les mauvaises raisons ne manqueraient pas pour laisser le socialisme engagé dans l'ornière marxiste. Mais les faits sont plus forts que les sophismes; et la faiblesse actuelle du socialisme qui a contre lui l'immense majorité de la classe ouvrière et la quasi-unanimité des autres classes est une preuve décisive qu'il a été défendu jusqu'à ce jour par de détestables moyens. N'oublions pas que soixante-quinze ans sont passés depuis le Manifeste communiste. Un tel laps de temps est plus que suffisant pour qu'une méthode montre ce qu'elle vaut, et le marxisme peut-être jugé par ses fruits.

Si l'absence de toute doctrine reconstructive est la cause principale de son échec, aujourd'hui indéniable, elle n'est pas la seule. L'idée de lutte de classe, qui lui a aliéné à la fois presque tous les éléments non prolétariens et la plus grande partie du prolétariat lui-même, y a contribué pour beaucoup. D'autres erreurs secondaires, apportées par le marxisme ou nées des interprétations dont il a été l'objet, ont également nui à sa diffusion.

Certes, par le fait de la carence du marxisme, la cause du socialisme n'est pas définitivement perdue, puisqu'il représente la justice et la raison, dont les droits sont imprescriptibles. Son triomphe définitif n'est qu'une question de temps. Mais comme le monde ne commencera à respirer qu'à partir de sa réalisation, il importe de se mettre dès à présent à préparer la revanche. Et dans cette voie la première mesure à prendre est de rompre résolument avec le marxisme.

*** Cela ne veut pas dire qu'on doive rejeter en bloc tout ce que Marx a apporté ni ce qu'il a précisé mieux que ses prédécesseurs. Beaucoup de points de sa doctrine sont à conserver. Citons notamment :

L'objectif réel du mouvement socialiste qui est la propriété sociale et l'exploitation sociale de tous les moyens de production et de transport, en opposition avec le régime individualiste actuel et tous les systèmes bâtards qui ont pu être imaginés. (Cet objectif n'est d'ailleurs indiqué qu'implicitement par Marx.)

La conquête du pouvoir politique comme moyen et point de départ de la transformation économique.

La prépondérance des facteurs économiques sur les facteurs moraux que Marx a exprimée en ces termes :

Le mode de production de la vie matérielle détermine d'une façon générale le progrès social, politique et intellectuel de la vie. Ce n'est pas là conscience de l'homme qui détermine sa manière d'être, mais sa manière d'être sociale qui détermine sa conscience.

et d'où il résulte qu'on doit commencer l'œuvre de régénération non par la transformation mentale mais par la transformation économique.

La réaction indispensable contre le sentimentalisme niais, pour qui tous les hommes étaient des frères, et le rappel à la réalité, c'est-à-dire à l'opposition des intérêts qui est la conséquence caractéristique et néfaste du régime capitaliste, et qui existe non seulement de classe à classe, mais à l'intérieur des classes.

Tout ce qui pourra être retenu de la doctrine marxiste sera plus que suffisant pour que la mémoire de son fondateur reste hautement honorée. Mais la partie essentielle, ce qui en constitue les bases fondamentales, devra être écarté, savoir :

D'abord la conception matérialiste de l'histoire, fausse parce qu'incomplète, et surtout inutile.

Puis la théorie erronée de la plus-value.

Et surtout la lutte de classes, considérée comme une tactique à fondement historique.

Il faudra encore cesser de nous repaître de l'illusion que l'évolution économique fait disparaître les petites et moyennes entreprises et conduit à la concentration des fortunes entre quelques mains, ce qui rendrait la tâche des socialistes vraiment trop facile.

Il faudra aussi renoncer à cette forme brutale et agressive de l'esprit révolutionnaire qui présente le socialisme comme une menace plutôt que comme un bienfait et ne paraît concevoir pour sa réalisation d'autre voie que la force.

Il faudra enfin abandonner résolument le terrain critique et négatif qui est le propre du marxisme et transporter l'action dans le plan organique et positif. Le socialisme apparaîtra alors sous un aspect nouveau et dépouillera entièrement tout ce qu'il avait de vague et d'alarmant dans ses moyens de réalisation et dans ses conséquences.

******* Recherchons maintenant, en tenant compte de ce qui est à éliminer et à retenir de l'œuvre marxiste, sur quelles bases et dans quelles conditions de fonctionnement devrait être réorganisé le mouvement socialiste pour lui permettre de surmonter les obstacles qui l'ont paralysé jusqu'à présent et lui ouvrir la voie la plus directe vers le succès final.

Pour aborder ce problème complexe, il faut avant tout bien connaître les éléments humains si divers desquels dépend la solution, savoir ce qu'on peut attendre ou redouter des uns et des autres, déterminer les catégories morales et sociales auxquelles on devra plus particulièrement s'adresser et les moyens les plus efficaces de les amener au socialisme.

On peut classer l'espèce humaine, en l'envisageant à beaucoup de points de vue différents, et à chacun de ces points de vue, la diviser en un nombre infini de groupes et de sous-groupes séparés les uns des autres par des caractères plus ou moins tranchés ou même par de simples nuances.

Contentons-nous de l'examiner sommairement au point de vue de son équilibre mental qui entre pour une part au moins aussi large que le degré d'intelligence et d'instruction dans la formation du jugement des citoyens et la détermination de leurs actes.

Et constatons que, dans la plupart des pays, y compris la France, l'immense majorité des gens est dans un état d'équilibre moyen, avec des extrêmes en plus ou en moins bien entendu, c'est-à-dire que lorsqu'une question est posée devant l'opinion, cette majorité prend son parti selon les lumières de la raison et dans le sens d'un intérêt précis qui est ordinairement, ou qu'elle croit être l'intérêt général.

Par contre une minorité, le plus souvent infime, se laisse entraîner par des sentiments plus ou moins exaltés qui la mettent en opposition constante avec la masse.

Bien qu'en général l'état d'esprit de la majorité soit pour un régime une base plus stable, il ne s'en suit pas que les éléments humains qui la composent soient forcément bons ni que ceux de la minorité soient forcément mauvais. Tant s'en faut. Nombre des premiers se montrent indifférents au bien public ou enclins à confondre l'intérêt général avec leur propre avantage. Par contre l'exaltation des autres a souvent sa source dans les sentiments les plus nobles et les intentions les plus pures, et leur seul tort est de ne pas mesurer assez exactement les difficultés qui les séparent de la réalisation de leurs vues.

Ce n'est donc pas pour faire une comparaison entre la valeur morale et sociale des deux catégories, c'est pour constater un fait patent que nous distinguons entre elles.

Il existe incontestablement deux natures d'hommes entièrement dissemblables : les pondérés et les exaltés. Ils obéissent à des mobiles différents et sont toujours en désaccord. Il est donc chimérique de prétendre les faire marcher du même pas. Ce qui convainc et décide les uns laisse les autres froids et inertes. Les premiers constituent la masse de la population ; les derniers ne sont et ne seront jamais que des tirailleurs d'avant-garde.

Or le socialisme, tel qu'il a été enseigné jusqu'à ce jour, n'a de prises que sur les exaltés ; il s'en faut même qu'il les rallie tous : le plus grand nombre lui reste hostile. Il est clair que, tant qu'il ne s'appuiera que sur une fraction de la minorité, il ne parviendra jamais au pouvoir. Il doit donc conquérir au moins les meilleurs de la masse, et pour cela dépouiller ses formes violentes et devenir extérieurement ce qu'il n'a pas cessé d'être en substance : une doctrine raisonnable, la plus raisonnable, la seule raisonnable.

*** Qu'on ne dise pas : le socialisme ne triomphera que

par la force, et pour recruter une armée révolutionnaire, c'est aux ardents qu'il faut faire appel ; nous n'avons que faire des timorés.

Car, d'abord, nous ignorons l'avenir et il n'est nullement certain que la violence sera l'*ultima ratio* ; et même dans cette hypothèse toute tentative n'aura de chances de succès que si elle a le concours actif des plus énergiques de la masse pondérée et la neutralité sympathique du surplus. En supposant, ce qui est improbable, que réduite à ses seules forces, l'avant-garde des exaltés soit victorieuse dans l'assaut, elle s'effondrerait le lendemain par son impuissance réorganisatrice.

En d'autres termes une révolution violente ne sera possible que si elle est absolument nécessaire ; dans ce cas elle apparaîtra non comme un coup de tête inconsidéré, mais comme la seule issue à une situation intolérable, c'est-à-dire comme un acte de raison, auquel s'associeront en grand nombre les gens raisonnables. Car la raison n'exclut ni la fermeté ni le courage ; tout au contraire.

*** Il importe ici de dissiper une dangereuse équivoque : jusqu'à ce jour certains socialistes ont pris, devant l'opinion, figure de gens raisonnables parce qu'ils ont abandonné pratiquement le socialisme dans ce qu'il a d'essentiel. D'autres ont été jugés à moitié raisonnables parce qu'ils reculaient indéfiniment la réalisation du socialisme pour ne s'occuper que des réformes préliminaires, indispensables à leurs yeux, et agir pratiquement comme de simples radicaux.

Ce n'est pas du tout de cette façon que nous considérons le socialisme raisonnable : il ne comporte aucune abdication des principes fondamentaux ni aucun atermoiement, hors de ceux qui nous sont imposés par les résistances ambiantes ; il ne dévie pas du but et ne s'attarde pas en des tactiques dilatoires ; il se borne à éliminer les superfétations, comme l'antipatriotisme, qui rendent la doctrine moins acceptable. Il diffère en outre du socialisme démagogique pratiqué actuellement en ce qu'il est avant tout un principe de réorganisation. Il doit être essentiellement : *le Socialisme reconstructeur.*

*** L'adoption de la tactique de la lutte de classes a conduit les marxistes à tourner exclusivement du côté du prolétariat leur effort de propagande. On a constaté plus haut leur insuccès.

Le socialisme reconstructeur doit s'adresser à tous et faire appel plus particulièrement à l'élite morale, par laquelle il dirigera la foule incapable de se diriger elle-même.

Qu'est-ce que l'élite morale? Les meilleurs par le cœur et par la raison, sans distinction d'instruction ni de fortune. D'abord ceux qui sacrifieraient à la grande cause de la rédemption humaine leurs intérêts et leur vie ; ensuite ceux qui comprennent qu'ils ont tout à gagner dans une société solidaire et dont, par conséquent, l'intérêt particulier s'harmonise avec l'intérêt général.

Les uns et les autres sont plus nombreux qu'on ne le croit ordinairement. On les trouve dans toutes les classes. Seulement ils sont dispersés parce qu'on ne leur a pas jusqu'à ce jour montré la voie dans laquelle ils pourraient s'unir. Les uns sont déjà socialistes, et souffrent de voir leur idéal défiguré dans l'action des diverses fractions du parti. Beaucoup d'entre eux ont été passagèrement membres d'une de ces fractions et l'ont quittée, découragés. D'autres ont été détournés du socialisme par les formes violentes et irraisonnées que lui a données le marxisme et adhéreraient avec joie à un parti sage et raisonnable qui ne prendrait pas à tâche de heurter de front les sentiments les plus naturels de l'homme et du citoyen.

Le salut c'est-à-dire le triomphe du socialisme exige donc la formation d'un parti socialiste nouveau, le parti du socialisme reconstructeur.

*** Il peut paraître absurde, à première vue, de commencer par augmenter les divisions actuelles pour rendre au socialisme la force qui lui fait défaut. Un peu de réflexion en fait comprendre la nécessité.

D'une part aucune des fractions socialistes n'est mieux préparée que les autres à accepter les nouvelles bases en dehors desquelles l'avenir ne peut pas être meilleur que le passé. Et d'autre part, il n'y a rien à espérer d'une fusion possible des tronçons épars du parti socialiste qui rétablirait l'unité d'avant-guerre, avec tous ses défauts signalés plus haut.

La force de la routine est trop grande, les petits intérêts personnels engagés dans l'action d'un parti : ambitions satisfaites qui veulent se consolider, espérances qui veulent se réaliser, situations matérielles qu'il faut à tout prix maintenir, pèsent d'un trop grand poids dans les résolutions des Congrès pour qu'on puisse attendre soit d'une des fractions isolées, soit de l'unité restaurée l'effort de bon sens que nécessiterait un changement de tactique aussi radical.

La masse des militants, si elle était livrée à elle-même, pourrait comprendre parce qu'elle est désintéressée ; elle sacrifierait volontiers le marxisme, qu'elle ne connaît d'ailleurs que vaguement, pour atteindre plus sûrement et plus vite les réalisations socialistes qui lui importent seules. Mais elle est sous l'influence des meneurs qui ont intérêt au *statu quo* et qui, d'ailleurs, étant de purs agitateurs se sentent parfaitement incapables de jouer un rôle dans une réorganisation économique et sociale. Insistons sur ce point qui est important. Aucun des leaders ni des personnalités de second plan des fractions socialistes n'a la moindre aptitude pour une œuvre positive. En dehors des roueries de politiciens, familières à beaucoup d'entre eux, tout leur bagage consiste en quelques rengaînes tirées du marxisme et qu'ils débitent avec plus ou moins de verbosité. Ils n'ont jamais réfléchi aux problèmes complexes que soulèverait la réalisation du socialisme et à cet égard ils sont aussi ignorants que le moins éduqué de leurs adeptes. C'est ce que ceux-ci sont bien loin de soupçonner. Ils marchent avec confiance derrière leurs chefs dont ils s'exagèrent beaucoup la valeur et la sincérité, sans se douter que ces mauvais bergers ne demandent qu'à conserver le plus longtemps possible les situations confortables qu'ils ont su se tailler dans une opposition bruyante, mais peu dangereuse au fond, et tremblent à l'idée des responsabilités qu'ils encourraient le jour de la prise du pouvoir.

En somme, le parti socialiste reconstructeur n'a rien à espérer des organisations socialistes actuelles, dont les dirigeants, d'ailleurs indésirables, ne viendront pas à lui et dont les dirigés à quelques exceptions près, n'y viendront que plus tard. Il doit s'attendre même de la part des premiers à de violents dénigrements qui impressionneront les seconds et leur donneront mauvaise impression du mouvement nouveau. Le temps seul dissipera ces préventions.

C'est pourquoi le Parti socialiste reconstructeur est dans la nécessité impérieuse de se constituer à part.

***** Les éléments dont il pourra escompter le concours seront, en premier lieu, les anciens membres des fractions socialistes qui s'en sont retirés complètement désenchantés. Ils sont heureusement plus nombreux que ceux qui y sont restés. Et aussi le nombre, encore beaucoup plus considérable des bons citoyens qui jusqu'à ce jour n'avaient vu dans le socialisme qu'un principe de désordre et de ruine, mais qui s'y rallieront avec enthousiasme dès qu'on leur aura fait comprendre qu'il est au contraire le parti par excellence de l'ordre, de la raison, de la justice et de la liberté.

Il ne faudrait pas d'ailleurs s'illusionner au point d'attendre dès le début un grand courant de sympathie et d'adhésions. Les commencements seront durs. Les préjugés accumulés contre le socialisme par la faute du marxisme sont trop forts pour céder au premier choc. Toute idée nouvelle n'arrive que lentement et péniblement à faire son chemin, surtout à une époque de scepticisme et d'égoïsme comme la nôtre. Mais sûrement, le germe se développera tôt ou tard parce qu'il est sain et d'une puissante vitalité. La rapidité du succès dépendra des activités et des ressources dont on pourra disposer dans la période initiale. Espérons qu'elles seront suffisantes.

***** Ce premier volume a dû être consacré entièrement à déblayer la route au Socialisme Reconstructeur, travail préliminaire qui s'imposait. Mais il reste à indiquer avec toute la précision qui manque au marxisme ce que devra être l'action politique et économique du nouveau parti. Ce côté essentiel de notre tâche fera l'objet des volumes suivants.

Dans le second volume qui paraîtra dans quelques mois,

on démontrera, avec une accumulation de faits et d'argu‑
ments à laquelle nulle réfutation ne pourra être opposée,
que l'organisation rationnelle et scientifique du travail que
sera le socialisme aura pour conséquence d'accroître la pro‑
duction dans des proportions insoupçonnées, en même temps
que les facultés de consommation, restreintes par le régime
actuel. Nous croyons indispensable de commencer par là
l'exposé du Socialisme reconstructeur, bien qu'en dialecti‑
que pure, il paraisse plus logique de ne montrer les effets
qu'après les causes. Le socialisme est une science aride.
Avant de l'approfondir, et pour encourager à cet effort né‑
cessaire, les bonnes volontés hésitantes, il est bon d'en mon‑
trer tout d'abord les fruits savoureux. Le vieux monde ago‑
nise parce que la guerre l'a laissé dans un état d'épuisement
tel qu'il est impossible de remettre en marche l'appareil de
la production. Toutes les difficultés économiques et finan‑
cières viennent de là. Etablir que le socialisme possède une
puissance créatrice sans égale, qui lui permettrait de rendre
rapidement à l'activité les forces économiques paralysées,
et de les développer presque à l'infini, est donc la plus haute
justification qu'on puisse produire en sa faveur et le moyen
le plus efficace d'attirer sur lui l'attention et la sympathie.

Ceux qui auront été frappés par cette démonstration vou‑
dront pousser plus loin leurs études et se rendre compte
des principes économiques du régime nouveau de ses
moyens de réalisation, de son fonctionnement et des formes
d'action à adopter pour passer du présent au futur. Ce sera
la matière du troisième et du quatrième volumes.

D'autres suivront, qui sortiront des généralités et trai‑
teront successivement et tout à fait à fond chacun des arti‑
cles du programme d'ensemble.

*** L'auteur n'ose pas espérer que ses forces personnelles
lui permettent de mener à bien ce grand travail ; mais il
compte sur les collaborations qui déjà lui sont acquises et
sur celles qui lui viendront par la suite.

Dès à présent, il prie instamment ceux qui approuvent
son initiative et reconnaissent l'utilité d'un *Parti Socialiste re‑
constructeur*, de se mettre en rapport avec lui. Adresser
les lettres, 8, rue Christian-Dewet Paris (12ᵉ).

La nécessité d'établir une liaison, entre socialistes résolus à entrer dans la voie qui vient d'être indiquée, paraîtra évidente à tous. Toutefois il serait prématuré de constituer le Parti Socialiste Reconstructeur avant la publication des prochains ouvrages qui en préciseront la doctrine, à peine esquissée dans celui-ci. D'ici là on ne saurait envisager qu'une action préparatoire.

Les lecteurs désireux de ne pas attendre la publication des prochains volumes annoncés à la page précédente pour se faire une idée concrète des avantages d'une organisation économique à base socialiste et de son fonctionnement, pourront en trouver l'exposé dans les précédents ouvrages de l'auteur, savoir :

La France Nord-Africaine. *Cette étude puissamment documentée n'est pas, comme on pourrait le croire, une thèse coloniale. Si l'Afrique du Nord en est le sujet, elle n'en a pas moins une portée générale : c'est le régime capitaliste lui-même qui est sur la sellette. Son mode d'action purement anarchique, son incapacité créatrice, ses tares profondes sont établis par une accumulation de faits et de témoignages indiscutables. Et l'auteur lui oppose la colonisation organisée, c'est-à-dire socialiste, dont la supériorité est lumineusement démontrée.*

La France Nord-Africaine *est un fort volume de 730 pages, grand in-8° de texte serré. Son prix en librairie est de 15 francs. Elle sera envoyée* franco *aux lecteurs du présent livre contre un mandat-poste de 12 francs.*

La Résurrection du Docteur Valbel, *roman d'anticipation où, par une ingénieuse fiction, on voit le monde dans un demi-siècle, libéré de ses maux par le socialisme. Aucun livre n'est plus propre à donner une vision nette du fonctionnement du régime socialiste et de ses bienfaits. Prix : 6 fr. 50 franco.*

Le Maroc Socialiste, projet d'organisation socialiste au Maroc, fort volume de 358 pages in-16°. Prix : 3 fr. franco.

Notre doctrine, exposé des bases de l'Association générale, point de départ du socialisme ; sa formation ; son fonctionnement ; ses conséquences. Prix : 1 fr. franco.

Adresser demandes et mandats-poste à FRANCE-EDITION, 19, rue Gazan, à Paris (14°).

Voir la liste complète des ouvrages de l'auteur au commencement du présent volume.

TABLE DES MATIÈRES

IMPRIMERIE MORICE FRÈRES
7 CITÉ ADRIENNE, 7
PARIS-XXᵉ